手册 首席创新官

如何成为
卓越的创新领导者

| 第2版 |

陈劲　宋保华　编著

Handbook of
Chief Innovation
Officer　2nd Edition

机械工业出版社
CHINA MACHINE PRESS

本书试图从企业创新治理和创新管理的角度出发，探索企业可持续创新的实践途径，而启动企业成功创新的那把钥匙就是培养自己的创新领导者。首席创新官不是一个简单的职务或头衔，它代表企业将通过首席创新官这种创新治理模式来系统推动企业的创新工作，并通过有效的创新管理来不断提升企业创新能力，实现创新驱动的可持续成长。本书力求理论与实践的融合，既有系统的理论支撑和指引，也有实践经验与方法的提炼总结，将有助于高级创新领导者的创新实践。企业家和企业管理者能通过本书系统了解首席创新官这种模式的真正内涵、意义和价值，进而勇敢地亲自承担起这个角色，或者培养自己的首席创新官，从创新管理和创新治理的角度为中国企业创新驱动发展战略的实施与探索实践出一条成功之路。

图书在版编目（CIP）数据

首席创新官手册：如何成为卓越的创新领导者／陈劲，宋保华编著. —2 版. — 北京：机械工业出版社，2024.5

ISBN 978－7－111－75476－3

Ⅰ.①首… Ⅱ.①陈…②宋… Ⅲ.①企业领导学

Ⅳ.①F272.91

中国国家版本馆 CIP 数据核字（2024）第 063221 号

机械工业出版社（北京市百万庄大街22 号　邮政编码100037）
策划编辑：李新妞　　　　责任编辑：李新妞　刘怡丹
责任校对：郑　雪　张　征　责任印制：张　博
北京联兴盛业印刷股份有限公司印刷
2024 年5 月第2 版第1 次印刷
169mm×239mm·20.75 印张·1 插页·333 千字
标准书号：ISBN 978－7－111－75476－3
定价：99.00 元

电话服务　　　　　　　　　　　网络服务
客服电话：010－88361066　　　机　工　官　网：www.cmpbook.com
　　　　　010－88379833　　　机　工　官　博：weibo.com/cmp1952
　　　　　010－68326294　　　金　书　网：www.golden-book.com
封底无防伪标均为盗版　　　　机工教育服务网：www.cmpedu.com

业界权威推荐

虽然在众多企业的运营中并没有明确设定首席创新官这个职务，但在当今时代，创新能力尤其是持续创新能力对企业发展的重要性毋庸置疑。这也对企业管理者的创新能力提出了极高要求，从本质上来说，企业管理者要承担起首席创新官的角色，不但要有创新自信和创新定力，更需要掌握能够推动企业持续创新的方法，在组织中培养和实施创新，指引创新方向，建立起创新管理体系，通过持续创新的落地实现可持续发展。这本书实现了理论与企业创新实践相结合，为企业提供了宝贵的指南，对任何一位追求创新、渴望在激烈的市场竞争中保持领先地位的企业管理者和创新者都极具价值。

——胡自强　美的集团副总裁，北京万东医疗科技股份有限公司董事长

作为从事企业研发与创新工作 30 多年的老兵，提前拜读了陈教授和保华博士的新版《首席创新官手册》，顿感眼前一亮。这本书不仅是理论洞见与实践智慧的集大成之作，也是创新管理领域的一个重要里程碑。既能作为学术界的教科书，亦适合作为企业界的实务指南。两位作者通过丰富的案例与行业标杆，全方位展现了创新型企业或转型企业的首席创新官画像，并指明了创新的方向与途径。无论对于已设立首席创新官职位的企业，还是由企业高层亲自引领创新的企业，这本书都是不可或缺的智慧宝库。强烈推荐每一位致力于推动企业创新发展的人士，都应仔细研读此书，汲取其中的智慧与启迪。

——刘春峰　中集集团技术中心主任

创新很酷，创新也很难。难点在于创新是一个将想法付诸实施并且最终获得商业或社会效益的过程。这个过程会面临技术上、经济上和商业模式上的挑战，在大公司里还会受到来自固有思维和优势业务的制约，陷入创新者的窘境。在技术和社会发展快、不确定性增加的当下，公司领导者和中层力量必须善于创新，才能跨越周期，实现可持续发展。这本书全面阐述了创新的概念、目标和方法，强调了创新机制和文化在大公司里的战略作用，定义了首席创新官的角色和能力要求，并且有体系地介绍了创新方法论，是一本值得常读常用的企业创新指南。

——宋继强　英特尔研究院副总裁、英特尔中国研究院院长

从事国内外创新管理近20年，第一次看到国内创新管理学术界对首席创新官的工作内容和实践进行如此详细的整理、阐述和升华，为中国真正走向创新驱动的国策提供了有效的管理指导和实践工具。

中国的创新管理理论研究晚于海外几十年，但并不代表中国在实践中的创新管理水平全面落后，中国管理者将博大精深的中国文化基础与创新管理理论和实践相结合，发展出了一套有中国特色的首席创新官管理理论，是当下中国实现创新破局亟需深入发掘的管理理论方向，这本书值得创新管理者深入研读。

——温绍颖　埃肯有机硅全球研发与技术副总裁

作者提供了一种全面的方法来解决创新的核心问题，即：

● 包括战略、全面、协同和开放创新的整体创新管理。

● 创新中的系统思维，通过优先计划和项目组合来有效监控和控制连贯战略的成功实施，从而优化和利用关键资源，实现成本领先或差异化（价值创新，实现物有所值）。

● 创新中的批判性思维，实现有效的范式转变，改变我们的思维、工作、行为和表现方式，应对人工智能时代的数字业务转型生态系统，从而击败竞争对手。

● 创新中的横向思维，将昂贵、复杂的产品/服务转变为简单、可负担的产品/服务，并在主要利益相关者的支持和共识下不断创新产品和服务，实现零缺陷、零投诉的全面解决方案。

我强烈推荐这本原创且实用的手册。《首席创新官手册》将在21世纪蓬勃发展和奋斗的世界一流企业中起到至关重要的作用。

——陈家赐　整合终身学习研究院创办人

创新早已成为全球每一个组织的要务。无论身处哪个领域，也不论体量大小，每个组织都应当把创新放在最高管理层级上，当作头等大事抓好，然而现实往往事与愿违。研究表明，创新必须是主动出击、积极管理的，它不会从天上掉下来，也不会自然而然地长出来。这一点足够令人警醒。我们必须主动地发现、管理和开发与创新有关的各项任务、技能和特质。同时，一项早先的研究表明，这些与创新有关的工作常常是因人而异的，甚至是含混不清的。因此，这部有关首席创新官的著作理应被运用到每一支需要创新的团队当中，它能帮助企业进入更丰富、更稳定的创新层次，源源不断地实现更多的创新。这部著作实在是一项了不起的成就，在此祝贺我的同仁和好友陈劲教授！

——亚历山大·布雷姆（Alexander Brem）德国斯图加特大学教授，创业与创新科学研究院（ENI）主任，南丹麦大学客座教授

丛书序

创新是人类一项伟大的创造性活动，通过创新活动产生的实体，人类可以形成更高的物质文明和精神文明，国家获得经济的可持续增长，产业获得发展的活力，企业则获得可持续的竞争力。党的十八大以来，以习近平同志为核心的党中央高度重视科技创新，始终把创新摆在国家发展全局的核心位置。习近平总书记多次在重要讲话中强调创新的重要性，"创新是引领发展的第一动力"这一重大理论创新成果被写入党的十九大报告和新修订的党章，创新正成为中国发展的强劲动力。党的二十大报告进一步指出，"加快实施创新驱动发展战略""加快实现高水平科技自立自强"。

创新管理是企业管理的一项新兴的管理职能。由于创新活动的复杂性、风险性、系统性等特征，对创新进行有效的管理需要战略性视野和整合性思维。实施创新驱动发展的国家战略，需要我们进一步开展深入的创新研究，特别是系统地总结创新的客观规律、多学科研究创新的机制。习近平总书记指出："加快构建中国特色哲学社会科学，归根结底是构建中国自主的知识体系。要以中国为观照、以时代为观照，立足中国实际，解决中国问题，不断推动中华优秀传统文化创造性转化、创新性发展，不断推进知识创新、理论创新、方法创新，使中国特色哲学社会科学真正屹立于世界学术之林。"这为加快构建中国特色的创新研究指明了方向，提供了根本遵循。具有中国特色的创新理论与方法体系创立等，是创新研究的重点。

创新思想与实践丛书旨在推出反映我国创新研究工作者在中国特色的创新思想、创新理论与创新实践等方面的最新研究成果，加快构建并形成中国自主的创新管理知识体系。丛书着力于服务科技高水平自立自强，进一步赋能经济高质量发展，推动现代化产业体系建设，为培育世界一流创新企业做出应有的贡献。

陈劲

清华大学经济管理学院教授

教育部人文社会科学重点研究基地清华大学技术创新研究中心主任

2023 年 11 月 15 日

Handbook of Chief
Innovation
Officer

党的二十大报告提出，"必须坚持守正创新""创新才能把握时代、引领时代"。创新的时代需要创新的企业。当企业的发展由原来的要素驱动和投资驱动变成创新驱动，当创新与运营一起成为企业活动的重要组成部分，企业原来那种适应常规运营的治理架构和管理模式就需要重构和更新，创新驱动的转型和变革正逐渐成为我国企业当前发展的主题。如何打造一家创新型企业成为摆在企业管理者面前不可回避的现实挑战。对快速成长的初创企业来说也是如此，如何将初创期的创新经验和激情变成企业长期可持续成长的不竭动力和发展基因，成为创业者走向企业管理者的最大考验之一。

本书试图从企业创新治理和创新管理的角度出发，探索企业可持续创新的实践途径，而启动企业成功创新的那把钥匙就是培养自己的创新领导者。

创新是个挑战常规、突破现状的叛逆行为。如果说个人的发明创造可以依赖诸如逆向思维、敏锐洞察力和聪明才智等，那么打造创新型企业和推动企业持续创新则是个相当复杂的任务，其本质就是一种组织变革和转型，牵涉到企业战略、组织架构、文化机制、资源投入等公司层面要素的转变，而这不是公司中下层或者个体创新者可以做到的，这必须由公司最高管理层直接参与和领导。无论是自上而下的创新战略落地，还是自下而上的创新活力激发，都需要强有力的领导力和满足创新需要的环境氛围与平台，这背后需要一批懂创新、会创新的创新领导者来创造和支撑。对此，国际上的创新领先组织的做法就是专门设置自己的高级创新领导者——首席创新官（Chief Innovation Officer，简称 CInO 或 CINO），比如帝斯曼、IBM、可口可乐、空客、美国航空航天局、AMD、赢创、大都会人寿，以及中国的平安保险、海航集团等公司或机构。而有些优秀的创新企业更是直接让自己的 CEO 或最高领导者承担起这个神圣的角色，比如苹果、谷歌、宝洁等杰出的创新公司，以及国内的海尔、华为等创新领先企业，它们成功创新的背后都有强势的创新领导者，比如乔布斯、埃里克·施密特、雷富礼、张瑞敏和任正非等，他们发挥着巨大的引领和推动作用。当然还有更多的企业是把首席创新官的职责赋予高级（创新）副总裁、首席技术官、首席设计官等某个人或某些人。但无论具体什么形式或名称，这代表着首席创新官这个角色或其代表的职责对于创新型企业来说具有越来越重要的意义，更多的企业开始选择由他们负责推动和引领公司的创新业务和创新能力发展。这些以首席创新官为代表的高级创新领导者就是本书要深入讨论的主题。我们将揭示其中的规律、原则和方法，总结国内外最佳实践，为如何利用这种创新治理和创新管理模式推动企业可持续创新探索一条切实可行的途径。

到底什么是首席创新官呢？首席创新官看起来好像是在原来复杂的官僚体系内以创新的名义再插入一个光鲜的职位和头衔，但其实远非如此。首席创新官是公司或组织的高级创新领导者，其使命就是推动企业的创新活动持续发展，他们聚焦于公司的创新目标和创新战略、创新能力和创新执行，以及创新文化和创新活力，其职责就是推动和促进各种创新活动，激励创新思想，发现新的机会，对它们进行义不容辞的支持和保护。他们不断评估和提升公司创新效能，推动由单个和偶发的创新向系统化、可持续的组织或团队创新转变，从而确保企业或组织通过创新获得更强的竞争力和实现持续成长。之所以称为"首席官"，是因为他们不是一般的创新领导者，而是公司层面的，负责跨部门、跨领域的高级创新领导者。他们管理着公司的创新组合，监督创新策略的贯彻甚至创新项目的执行，他们致力于保护和鼓励各种创新活动，优化创新环境和氛围，为创新提供能量和资源保障。

首席创新官代表一种卓有成效的创新治理模式。对于创新型企业来说，创新与日常运营并驾齐驱，日常运营创造利润确保企业生存，创新创造新机会让企业未来还能继续生存。那么，企业的治理架构也应该与这两大核心任务相适应。因此，本书提出未来的治理架构应该是首席执行官领导下的首席运营官与首席创新官各司其职。当然，这是一种理想化的概念模型，还需考虑企业实际情况和创新发展阶段。因此，我们更愿意把首席创新官看作是全面负责创新管理或领导的职责和角色。现实中有的企业可能专门设置首席创新官一职，也可能是将这种职责或角色全部或部分赋予某个高级管理者，甚至是首席执行官。前面提到的苹果、海尔等公司其实就是把首席创新官的职责赋予其首席执行官或者公司最高管理者，这其实是一种最优状态。富有挑战性的创新领导任务如果能够和公司或组织最高权力相结合，将有助于保护创新活动和破除障碍及阻力，只是现实中很多公司最高领导者不一定有足够的精力专心投入这项挑战性工作，而是从创新治理的角度专门委任一名专业的首席创新官。所以，本书更愿意以"首席创新官"这个名字代表这种创新领导角色，而不是简单称为创新领导者，或者仅作为首席执行官的附加职能。

首席创新官更是企业创新管理的需要。创新需要适度的管理，而且创新管理非常具有挑战性。创新是个从创意到商业化的复杂、漫长的链条，不仅环节多、环节之间特点各异，而且创新环节形式多样、千差万别。加上创新需要面对各种不确定性及其带来的高风险，如何有效管理创新和提升创新效益成为创新管理者的巨大挑战。具体来说，创新不仅仅限于那种偶然的头脑爆发或灵光一现，自下而上的自由创意活动固然不需要太多的控制和监管，但其背后仍然需要各种创新资源、平台和环境的支持，需要一定的创新目标和业务约束，后续的创新产品开发、测试以及商业化更需要多方协作沟通，需要各种技术资源和知识的导入，以及基于各种指标的技术和商业评估等。尤其对于企业来说，创新已远非简单一个或几个项目，它更应该以一种多部门协作的、系统化的组合方式持续推进。因此，企业需要通过科学的创新管理来不断优化和提升创新能力，否则很快就会失去发展后劲。首席创新官就是要履行创新管理的职责，将创新作为一种投资，通过创新管理来实现创新效益最大化。

因此，我们说首席创新官已经不是一个简单的职务或头衔，它代表企业将通过首席创新官这种创新治理模式来系统推动企业的创新工作，并通过有效的创新管理来不断提升企业创新能力，实现创新驱动的可持续成长。这种创新治理和管理模式对我国企业走向创新驱动发展道路或许更有借鉴意义。中国的大中型企业普遍面临着创新驱动发展转型的挑战，这种挑战一方面体现在企业如何从原来以生产运营模式为主的治理和管理模式向创新型企业管理模式转变，尤其是很多企业还存在现代企业体制不健全、研发能力薄弱、管理水平落后、创新人才匮乏等不利条件，进行创新就更有挑战性；另一方面，企业领导者虽然渴望创新，但对创新规律掌握不够，创新实践与创新管理经验匮乏，加上创新本身就是个高风险的复杂活动，在推动创新过程中就更加容易失败，不利于持续创新。中国很多企业具有权威管理风格，企业最高领导者往往一言九鼎，如果他们能够真正授权给一名或几名专业的创新领导者，由他们承担起首席创新官的职责，真正尊重和听取其意见，并给予全力支持，将有利于公司范围内开展富有变革性的创新活动，打造一家真正的创新型企业。这些首席创新官为公司提供科学的创新咨询建议，发现和培养创新人才，调动更多创新资源，突破创新障碍，以更加有效的方式打造创新环境和保护创新（而不是指令式、形式化的创新），逐步培育企业的创新能力和创新文化。某种意义上可以说，引入首席创新官模式将成为我国企业走向创新驱动发展的重要抓手。

正是基于以上理解，本书将围绕首席创新官及其代表的职责和角色展开深入的研究，包括其背后的创新治理和创新管理等理论支撑，以及国内外在这方面的实践经验探索等，总结和发现其中的规律，对首席创新官这一角色的使命、职责、所需知识和技能等详细展开。希望本书能真正为承担或希望承担该角色的创新领导者提供一个学习和参考的知识和方法体系，为企业培养和引入首席创新官模式提供理论依据。

本书第一章从创新治理和创新管理的角度，结合当前创新时代的需要，介绍了为什么需要首席创新官，其使命和主要职责是什么。而作为专业的创新管理者，首席创新官首先要懂创新，掌握创新的规律和原则，成为创新领域的专家。第二章对首席创新官需要掌握的基本知识做了概要介绍，希望能帮助读者快速建立有关创新的知识基础，清楚自己（企业）到底为什么创新，需要什么样的创新。第三章至第八章，针对首席创新官负责的基本职责，从创新战略制定、创意与机会开发、创新流程优化、创新组织建设、开放式创新、创新使能要素构建等方面分别做具体深入的介绍，帮助创新领导者解决做什么、如何做的问题。另外，首席创新官还应该承担起企业的整体创新能力建设，不断评估和提升企业创新管理水平，为企业的创新发展打下坚实的基础。因此，第九章介绍了创新管理体系以及创新管理成熟度等概念，并提供了创新管理成熟度评估模型，以及创新绩效评价方法等，相对完整地提供了从创新管理评估到创新绩效评价的方法与体系。首席创新官是个富有挑战性的工作，它对承担该角色的人要求很高，第十章就此提出首席创新官首先应该具备三个关键素养，即卓越的创新领导力、做坚定的创新领导者和具备企业家精神。本书最后从创新实践的角度介绍了首席创新官可能遇到的挑战以及如何应对这些挑战，包括公司层面和个人层面。第十一章进一步收集整理了国内外有关首席创新官的实践经验总结，希望可以为从事该工作的创新领导者提供更加直观的经验借鉴。为方便读者理解本书基本内容或根据需要选择阅读，图0-1给出本书的知识结构简图作为参考。

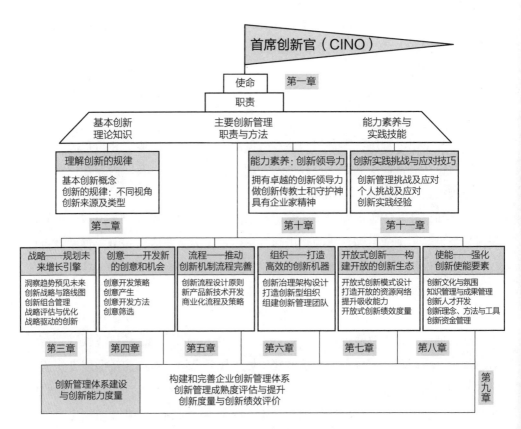

图0-1　本书知识结构体系示意

　　但就像首席创新官是个新生事物一样，本书有关首席创新官的知识体系开发工作也还只是一个开始。一方面限于首席创新官本身无论理论上还是实践上都需要继续深入的研究和探索，需要不断的提炼和完善；另一方面限于本书作者的知识、经验和精力，短时间内也无法以一个更加完整、完美的形式呈现给读者。我们衷心期望与更多从事首席创新官研究与实践的人士一起继续探索和研讨，逐步丰富和完善首席创新官知识体系。本书的撰写力求理论与实践的融合，既有系统的理论支撑和指引，也有实践经验与方法的提炼总结，让本书能够有助于高级创新领导者的创新实践。期望更多的企业家和企业管理者能通过本书系统了解首席创新官这种模式的真正内涵、意义和价值，或者勇敢地亲自承担起这个角色，或者培养自己的首席创新官，从创新管理和创新治理的角度为中国企业创新驱动发展战略的实施与探索实践出一条成功之路。

目　录

Contents

Contents

第一章
为什么需要首席创新官

　　创新的时代，不管你是哪家企业的领导者，都几乎面临着一个共同的任务：创新驱动的发展。传统上，很多企业会有各种首席官，以专业化的能力满足公司各种职能管理需要。对创新型企业或者寻求走向创新驱动发展的企业来说，为了推动公司走向系统性、可持续创新，靠创新赢得市场，则需要有一群专业的创新管理者或者具有创新领导力的人，来系统且全面地推动这项富有挑战性的工作。如果考虑当前企业创新转型和创新发展所面临的实际困难与挑战，考虑到创新活动本身高度的复杂性、系统性及其变革性特征，在公司顶层架构设置首席创新官这样一个角色，或者将首席创新官这个角色赋予某个公司高管甚至是董事长或 CEO，让其发挥核心的创新领导作用，或许是让公司快速有效走向创新道路的最佳选择。

　　首席创新官是组织的高级创新领导者，其职责就是推动企业的创新活动高质量、高效率持续开展，满足公司发展对创新的需要。即对公司各种创新活动进行全面的管理和支持，不断评估和提升创新绩效，将零散、偶发的创新行为变成系统化、可持续创新，从而不断提升组织的创新能力和市场竞争力，确保公司长期战略目标的达成和可持续成长。之所以称为"首席官"，意味着首席创新官是公司层面的，负责跨部门、跨领域的创新管理岗位，一般这样的创新管理者需要得到首席执行官甚至董事会的认可（或者他本身就是首席执行官），能够激发公司上下行动起来。他们管理着公司的创新组合，并监督创新指标的整合以及整个组织的创新项目。他们负责开发和推动公司的创新战略，为公司创新不断摇鼓呐喊。他们负责探索和提议如何将技术、公司架构、日常运作实践结合起来，并进行完善，推动公司创新业务向公司目标前进。他们的角色就是为创新者提供最佳的创新环境，明白谁拥有真正的能量和资源来支持创新。

一家企业要存续和发展，既需要当前业务的卓越运营，也需要不断有新业务成长起来，或者现有业务的创新突破，从这一点看，设置总体负责创新发展的首席创新官也具有其重要意义和价值，如图 1-1 所示。

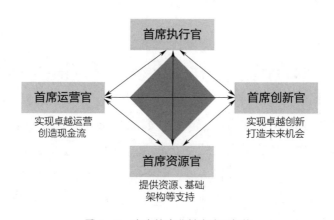

图 1-1　未来的企业基本治理架构

首席创新官最先于 1998 年在《第四代研发模式》一书中提到。如今在很多创新性很强的企业中设立该职位，比如可口可乐、帝斯曼、IBM、大都会人寿等公司，这样的公司一般都非常重视创新，或者以创新为企业发展主动力，比如一些广告、创意、营销与金融、保险等服务公司，以及一些互联网、生物医药、快速消费品公司等。随着商业领域多极化的竞争与发展，越来越多的企业开始将创新作为企业持续发展的动力和竞争优势，首席创新官将成为未来企业最为重要的几名领导者之一。这个人将会推动企业打造出新的流程，新的激励机制，以及新的创新指标，并对此进行义不容辞的捍卫，鼓励激进的创新思想，为企业找到新的增长点。这是一个可以帮助企业在本身已经成功的情况下继续进行内部自我创新的执行官，是一个排列在首席职位上的角色。

可以说，首席创新官对公司未来成功创新发挥关键作用。创新领导者作为公司或组织的创新负责人，既要确保对当前的创新活动有合理的投入，而且这些投入能够为公司带来明显的商业效益，为公司业务的健康发展做出贡献，同时又要带领公司不断开拓新的创新平台，确保公司具备必要的创新能力、人才，以及科学有效的流程，为公司未来发展打下基础。

但也不得不承认，赋予首席创新官重任本身也向他们提出了更高的要求。首席创新官需要集营销专家、技术专家、战略家和企业家精神于一身，将人际能力、科技才智和商业理解力完美结合。这并不是我们可以轻松获得的能力，这也是为什么目前想要真正找到合适的首席创新官人选并不容易。

需要强调的是，首席创新官除了作为一个高管职务存在，更多的是企业实现系统化可持续创新的一种重要治理模式。这在本书后续有关创新治理的部分会有描述，我们更多地将他看作公司中全面负责创新管理工作的高级创新领导者。也就是说，公司可能会根据需要和自身治理特点，最终将具体的创新管理主导职责赋予一个人或几个人。比如，首席创新官、首席技术（研究）官、首席设计官，甚至由首席执行官负责（比如苹果公司的原 CEO 乔布斯就直接负责创新，他本人履行首席创新官的职责）。有些公司或许采取创新指导委员会、创新管理委员会等形式，没有所谓的首席创新官，但最终还是需要将创新工作的具体领导权责落实到一个人或有限的几个人身上，否则就很难有策略性和系统化的创新活动。因此，本书中描述的首席创新官更大意义上是这个高级创新领导者群体的代表。

一、首席创新官是创新时代的需要

创新的重要性已毋庸置疑。很多企业已经将创新作为业务发展的驱动力甚至核心竞争力，一改以往靠低成本、大批量和爆发性的市场需求博得企业的快速成长的发展模式，因其在当前经济、技术和市场发生急速变革的形势下已不具有可持续性。不管是实行跟随战略还是引领战略，中国的企业都开始寻求通过创新来提升自己的竞争力，维持和拓展市场份额，获得更高的利润率。

尽管创新能够带来高额的回报，但它本身却是一个复杂的过程，而且充满了不确定性和高风险。其复杂性在于创新种类的多样性及其跨职能、跨学科的特点，创新活动不仅仅是一个企业或组织的某个部门或某些人的职责，它涉及企业多个职能部门和公司上下，同时还有与外部客户、供应商等利益相关者及各种合作伙伴之间的协作互动，以及对经济、社会等外部环境的反应。对此克莱顿·克里斯坦森（C. M. Christensen）与迈克尔·雷纳（M. E. Raynor）在《创新者的解答：颠覆式创新的增长秘诀》（*The Innovator's Solution：Creating and Sustaining Successful Growth*）一书中就提到："六成新产品在上市前就夭折了。在得见天日的四成产品中，40%无利可图，从市场上撤下来。总计起来，在产品开发上，75%的投资在商业上以失败告终。"另外一项研究也表明，在新药开发领域，3000个原始的创新想法中，往往仅有一个最终能够成功，而且从新药发现到上市要经历12年或更长的时间，耗资巨大。创新过程中的不确定性和风险可能来自企业内部（比如管理、技术、生产、资金等），也可能来自企业外部（比如政策、市场、社会、自然环境等），只有在整个过程中进行周密的管理，才有可能获得成功。

因此，创新需要管理，创新管理的关键就是精心设计和控制创新风险，提升创新的效率和质量，使失败的概率最小化，创新收益最大化，确保创新战略的实现，同时能确保从失败中不断吸取教训，不断提升自身创新能力和水平。虽然有观点认为企业创新是自发的，即所谓创新本质上是个自由、自下而上的活动，特意设计和严格规范往往不利于创新。但创新不同于发明，它还是有一定的目标和条件约束，需要各种资源的支撑，需要有利的环境和平台、工具支持。这些目标、资源、环境都是需要精心引导和培育的。

因此，企业的创新需要在创新领导力和创新战略、技术与创新管理、创新文化和机制等方面得到长足发展，有效支持公司的整个创新过程——从创意到研发，到产品的商业化等。而这一切管理职责最终都要落实到具体的部门和管理者身上。也就是说，一个企业或组织内部要想实现创新的系统化与可持续发展，需要一个合理的制度安排和相应的组织架构设计相适应，于是形成了所谓的创新治理模式。而首席创新官就是适应这种创新管理活动特点的需要，在特定创新治理模式和创新组织架构下应运而生的。

1. 首席创新官代表一种卓有成效的创新治理模式

企业如何才能有效地引导和管理一个复杂的、跨职能和跨学科的创新活动呢？很多公司设立了专门的管理机构，通过赋予专门职责和设计特定机制来管理诸如新产品开发等创新活动。但是这些公司怎样才能持续地激励、引导创新活动，保持变革的持续呢？这关系到创新管理和创新治理的问题。

公司创新目标的达成需要有效或者适当的创新管理，而公司创新管理工作的有效执行需要一个合理的治理制度（创新治理）安排。这里的创新治理和创新管理分别属于公司治理和公司管理的范畴。所谓公司治理，就是公司运作的一种制度构架，是引领公司发展方向的一种基本安排。它和公司管理的区别在于，公司治理的基本目的是要实现责权的合理安排与制衡，公司管理的目标是达成企业经营的目标，即企业财富的最大化，一般是通过计划、组织、控制、指挥、协调和评价等功能的具体实施来达成。从终极目的来看这二者是一致的，公司治理基本目的的达成，最终也是为企业达成其经营目标而服务的。

对于创新治理的定义，瑞士 IMD（洛桑国际管理发展学院）教授让-菲利普·德尚（Jean-Philippe Deschamps）将它归纳为在整个公司范围内以及与外部各方一起，协调企业创新目标、为创新分配资源和决策权的一个系统机制。他认为，创新从产生想法到把技术推向市场需要几个跨职能部门的流程，而且还涉及硬件方面和软件方面的挑战。硬件方面，比如业务增长战略、技术投资、项目组合和创造新的业务等；软件方面，比如促进创造力和纪律、刺激创业、承受风险、鼓励团队精神、促进学习和改变、促进网络和沟通等。当前的创新管理，往往把重点放在硬件方面，但是缺乏软件方面的元素。实际上创新的范围非常广泛，应该采取综合的方式来引导和管理创新。创新治理模式就是要如何选择一家公司的管理团队，赋予他们全部或部分组织内的创新职责。促进和监督创新的使命可以正式委托给一个特定的人来负责或部分负责，也可以安排给其他负责不同职能部门的经理们一起执行。

让-菲利普·德尚教授在对全球约 110 家企业进行的一项网上调查显示，具体的创新治理模式很多，至少有九种，这与公司不同时期的创新战略、创新能力甚至最高领导者的个人理念密切相关，而且很多公司还会同时采取多种治理模式（具体请参考本书第六章）。但无论如何，公司一般都需要一个或一批人组成的团体负责整体的创新管理和领导，可能是公司 CEO，也可能是包括公司 CEO 在内的创新委员会或者跨职能高管团队，或者是由 CEO 和管理委员会直接赋权给特定的一个人或几个人，比如首席创新官、创新副总裁、首席技术官等。但不管他们的头衔如何，这批在公司层面负责创新管理的人就是我们所说的创新领导者，或者也可以统称他们为公司的首席创新官（不代表具体头衔）。因此，对于创新型企业或追求创新驱动转型的企业来说，培养自己的首席创新官并赋予他们职责和权力，由他们推动公司的创新事业发展，是未来的一种基本的创新治理模式。

2. 首席创新官是创新时代的需要

首席创新官的出现具有时代的意义。"创新"在企业里并不是一种新生事物，自从企业存在以来，"创新"就存在了。为什么现在创新成为企业的主题？为什么现在要设立首席创新官这样一个专门管理创新的职位呢？

一个时代有一个时代的主题，我们当前正处于创新的时代。而创新的时代就意味着要有大量的创新性企业来满足市场的创新需求。对此，Kumpe 和 Plet（1994）在对近几十年企业发展模式的历史分析研究后，论证了创新为什么成为我们这个时代的主题，创新驱动发展为什么成为企业发展的根本模式。

最早从第二次工业革命开始，特别是到了 20 世纪 60 年代，最成功的企业大多是采用效率型管理模式，当时就有著名的以泰勒制为代表的科学管理思想以及后来的以福特制为代表的流水生产线，其目的就是追求生产效率的提高，生产更多更便宜的产品。在当时的卖方市场环境下，企业不需要过多地注重产品的质量和创新。最初的很长一段时期，我国的很多成功企业也是以价格/成本作为关注焦点的效率型企业。

进入 20 世纪 70 年代，随着全球贸易壁垒的逐渐打破和产品的逐渐丰富，卖方市场逐渐向买方市场转变。企业发现单纯依靠价格已无法继续扩大市场份额，而且由于过分强调低成本，导致产品质量低下，不利于市场拓展。于是，开始引入全面质量管理等手段提高产品质量。比如，利用著名的六西格玛改善企业质量管理水平，通过 ISO9000 质量管理体系认证等。于是，质量型企业成为 20 世纪 70 年代最成功的企业。这种企业的管理模式与效率型企业的一个很大区别是开始以用户为导向。20 年代 80 年代中期，海尔的张瑞敏通过"砸冰箱"确立了海尔的质量观念，这种具有前瞻性的动作为海尔长期发展打下坚实基础。

20 世纪 70 年代末至 80 年代初，市场竞争日益激烈，企业遇到了生产过剩、利润下降的情况。由于市场产品的日益丰富，用户的眼光更为挑剔，更追求时尚和最新潮流。能够最快地推出符合最新潮流的产品成为市场成功的主要因素。企业开始注重小批量、多品种策略，以满足不同类型的需求，并且努力缩短产品开发和生产周期以尽快占领市场。这时最成功的企业是灵活型企业，其最核心的要素是速度——最快地开发出新产品并最先进入市场。灵活型企业通过并行工程、项目管理、辅助制造和辅助设计、部件的标准化、搭建平台等方法来缩短开发时间，典型的如以柔性与敏捷制造为特征的丰田管理模式。

而进入 21 世纪以来，随着世界经济全球化和竞争的进一步发展，有些企业已不满足于对质量和灵活性等方面的精益求精。消费趋势更加个性化和追求新颖性，为了与竞争对手拉开距离，抢占市场，许多企业把创新放在了突出的位置，寻求成为创新型企业。创新型企业的典型特征是：企业在其所涉及的领域内持续不断地寻求新的突破，从而降低成本、提高质量、增强灵活性，最终将价格、质量和性能各方面都很突出的产品提供给市场。创新型企业具有鼓励创新的文化，以及促进有效沟通和加速创新的组织结构和激励机制。当然，创新不仅仅是开发出新产品和技术，也应包括开拓新的市场、建立新的生产资料的来源、拓展原有产品的新用途等。同时，高效、高质量、高度灵活仍然是创新型企业的基础，如图 1－2 所示。

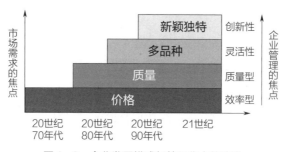

图 1－2　企业发展模式与管理焦点的演进

目前我国大多数企业仍处于效率型、质量型的管理模式阶段，一部分先进企业已经具有灵活型企业的特征，仅有少数领先企业开始向创新型企业迈进。

当前，以创新为主题、以创新驱动成长确实已经在技术、经济、社会等各个领域充分体现，成为不争的事实。

首先，以数字化、互联网为代表的先进技术的急速发展，推动经济、社会进入一个剧烈变革的时代，全面创新、全员创新、颠覆式创新和模式方面的深度创新等成为时代的特点。那些先进技术，包括物联网和传感器技术、无线普适计算技术、机器人与人工智能技术、基因组合和合成生物技术，以及3D打印技术等，在方方面面冲击和改变着我们的生活，推动着各个方面的急速嬗变和前进，反映了很多领域在经历着从线性发展向指数级发展的转变。为了适应这种形势的变化，企业在创新方面的压力和诉求迅速增加，它们需要在创新的速度和规模上实现突破性发展，以免被淘汰或颠覆。据统计，在1958年，一家企业在标准普尔500股票指数榜单上平均能保持57年，而到了1983年，由57年降为30年，到了2008年，平均只能保持18年。而在创新强度提升和竞争加剧的同时，创新活动的复杂性和质量要求则越来越高，开放式的环境和全民智力的融合，都对企业创新模式和创新能力形成直接的挑战。以首席创新官为代表的创新领导者，可以充分担负起全面的创新管理责任，帮助公司规划和运营一套科学高效的创新模式和体系，全面监督和完善公司的创新流程，更加有效地推动系统化、可持续的创新，使创新成为公司的核心竞争力。

其次，现实的创新困境和窘境。尽管面临着强大的创新压力，现实中很多企业却反应迟钝或有心无力。比如，由于各种各样的原因，很多公司包括大型公司的创新工作常常缺乏清晰的目标和机制。比如在一家欧洲公司里，至少有四个不同的小组在进行创新工作，但没有一个小组在支持业务部门的工作。更糟糕的是，这些小组经常为了办公室和各种资源内斗，而且还互相抄袭工作成果。这不仅仅是那些管理不善的公司存在的问题，就是以最佳管理著称的公司也可能生成不利于创新的环境，并对此毫无察觉。特别是对于公司的基层部门来说，它们的业务程序和绩效指标制定针对的是公司短期目标，但短期目标关注的是它们当前的工作，而不是创新项目。所以，创新对于这些部门来说难度很大。如果生产线的管理者不能因创新项目得到直接收益，他们将自觉抵制创新。因此，这些公司设立的首席创新官作为获得强大授权的执行官，能够化解公司的业务单位部门对创新的抗拒和各行其是，创造一个对创新更为有利的公司环境。

最后，我们已对创新的动力作用有了更好的理解，同时对于创新带来的市场威胁和机遇有了更好的认识。这要归功于许多商业学者和企业管理者开展的市场调查工作。他们不仅得出了许多关于破坏性创新的认识理论，同时将相关理论运用到工作实践中进行验证。因此，企业能够更好地了解如何进行创新管理，以及作为企业高层的首席创新官应该如何行使自己的领导力。

　　创新的时代需要创新型的企业和组织，创新型的企业和组织需要创新领导者。适应当前我国创新驱动发展战略的提出，以首席创新官为代表的创新管理和治理模式更加具有实际意义。党的十八大以来中央发布创新驱动发展战略，强调企业作为创新主体和市场引导的创新，而我国企业，包括国有企业和大中型民营企业都面临着从规模经济、要素驱动和投资驱动向创新驱动的转型，尤其是有些行业领先企业正处于从跟随者向引领者的转变，逐渐聚焦于原创性、前瞻性创新。这意味着创新不再是单兵作战、一时一势、随机而为的行为，而是企业的系统任务和核心能力，它需要一个明确的创新战略引导和系统化的创新体系作平台，需要先进的创新模式和合理的治理架构作保障，更需要了解创新、喜欢创新、追求创新的一批创新领导者来推动。当前快速变化的市场青睐那些能快速处理新信息和独当一面的管理者。专职的首席创新官或高级创新领导者有利于系统推进企业的创新发展和争取更多的资源支持，帮助解决一些制约创新的关键问题和障碍，比如鼓励公司上下合作，有效克服那种自上而下的思维模式，以及高层领导和基层员工各行其是的混乱局面，有利于企业迅速提升创新管理水平，加快创新能力建设等。对于渴望实现增长的企业来说，随着创新意识越来越强，它们认识到必须了解可持续创新所带来的商业潜在力量，并以此振兴创意，创造全新的商业机会。因此，这时任命一个专业的首席创新官或将相应责任赋予一名高阶管理者也就成为顺理成章的事情。

　　一项针对国际大型公司的调查发现，2014 年 43% 的大型公司都有正式的创新负责职位，而 2011 年该数据是 33%。譬如强生集团（Johnson & Johnson），即使没有首席创新官，也会有其他职位的高层管理者专门负责创新工作。而正式任命首席创新官的企业也越来越多，较早的如可口可乐、DSM、美国杜邦、花旗、欧文斯康宁（Owens-Corning）、日产、AMD 等，以及后来的飞利浦照明、德国赢创工业集团（EVONIK）、美国的家庭安全报警公司 ADT 和社交游戏公司 Zynga 等。甚至中国的平安保险集团也于 2011 年聘请美国人计葵生（Gregory D. Gibb）出任集团首席创新执行官，这在国内应该是比较早的。这类职位的设置传递出明确的信息：创新是当务之急，应由专人负责推动。多数大型猎头公司都表示，对此类人才的需求激增。海德思哲国际咨询公司（Heidrick & Struggles International,

Inc.）负责在全球搜寻首席营销官业务的简·史蒂文森（Jane Stevenson）发现，3年来这些职位增加了4倍，其中多数是在后18个月中增加的。

由于各公司长期以来就有副总裁级的科学家负责研发工作，或是由营销主管引领新产品开发，因此首席创新官代表着新杂家。如果他们不直接向首席执行官汇报工作，通常也有可以直接与其接触的渠道，他们的职位定义更为广泛。随着各公司不断更新创新的定义，负责创新的经理们也发现其职责在不断发生变化。与其说创新仅仅包含了新产品，不如说创新包罗万象，从发现新业务模式、收集用户洞察的新途径到塑造更具创造性的企业文化无所不包。比如在 ADT 公司（美国一家安保公司），首席创新官亚瑟·奥杜纳（Arthur Orduna）直接向首席执行官汇报工作，负责整个公司的技术创新管理和技术策略。他为新的和现有解决方案的整个过程创建战略路线图，帮助确定未来的解决方案以及产品结构和功能，加强 ADT 公司和其他主要技术公司之间的关系发展，将 ADT 公司打造为他们的首选合作伙伴。

现实中各公司首席创新官的职责架构往往大相径庭：有些首席创新官拥有规模可观的团队，而其他一些首席创新官则更像企业的内部顾问，其职位可能与战略、营销或研发工作的联系更为紧密。猎头公司光辉国际（Korn Ferry International）的常务董事蒂尔尼·雷米克（Tierney Remick）发现，首席创新官所领导的团队一开始大多规模很小，而随着其职责的扩大，创新队伍也会不断壮大。

美国医疗保健公司胡马纳（Humana）便是如此，该公司于2001年任命首席医疗官乔纳森·洛德博士担任新设立的首席创新官一职。最初，洛德组建的15人团队肩负着进一步开发胡马纳核心保险产品的创新任务。"当初团队规模较小，工作范围较窄，业务计划也很有限。"洛德说。然而随着时间的推移，洛德的团队已经发展成了独立部门，办公地点位于在路易维尔的公司总部的"创新中心"。创新团队已发展壮大为150名员工，其中有多名是洛德从通用电气、宝洁等公司及国防部门招募来的，旨在为公司带来外来者的视点和专长。洛德目前掌管着公司形形色色的计划，其中包括人种消费研究、外部合作以及并购计划等。正如胡马纳公司所展现的，创新领导人在各行业的公司中均占有一席之地，但是他们在食品与消费品领域尤为炙手可热。宝洁、家乐氏、好时、箭牌和纽威尔近几年均在管理阵容中增加了创新高管。在寻求增收的成熟公司中，首席创新官一职更为普遍。"仍处于迅猛增长期的公司往往不需要单独的首席创新官，因为这些公司的首席执行官往往仍兼任这一职位，"海德思哲的史蒂文森说，"在更为成熟的公司中，创新可能不再是首席执行官的唯一工作重点。"

二、首席创新官的使命与职责

首席创新官这个名称相对比较新颖，关于该职务或角色的使命和应该行使怎样的职责还没有普遍性的统一定义。另外，由于每家企业都有自己不同的情况和出发点，因此首席创新官必然会因为各个行业和各个企业的不同情况而有所差异。但总的来说，首席创新官具有代表性的使命和职责还是相对明确的，那就是负责公司创新效益的最大化，使得公司的创新能力和创新绩效达到预期的目的，让公司更富有创新力和竞争力，保障公司的可持续、有机成长。

实践证明，无论是对创新领导者本人，还是对打算设置首席创新官的公司或组织来说，如果对首席创新官这个职位的使命和职责定义不够明确合理，或停留于浅表的理解，或奢望不现实的结果，都会容易导致流于形式或陷入绝境，而无法获得实质性成功。尤其对于创新领导者来说，对创新目标和所谓创新成功定义的模糊，会使其工作逐渐陷入个人狭窄的思路中，逐渐偏离公司对其的期望和要求，以至于逐渐被边缘化，坐上冷板凳。

1. 首席创新官的使命

首席创新官的核心任务是负责公司的创新领导和提升工作，引导和支持公司的创新活动，通过各种手段提升公司的创新能力，达到公司的创新目标，并最大化创新效益。实践证明，企业创新成功至关重要的三个关键要素就是创新领导力、创新执行力和创新活力。首席创新官的使命也就是围绕这三个核心要素展开，如图 1-3 所示，那就是推动公司的创新目标制定和创新战略路线图开发，不断提升和优化公司的创新能力，增强公司从创意到新产品开发的执行力和提升创新效率，并激发从个体到团队到整个公司组织的创新活力。这三个方面相辅相成，创新目标和战略指明了创新方向和期望结果，创新能力确保创新活动执行和创新目标实现，创新活力和动力是达到创新目标的重要保障和支撑。而支撑这三大使命的重要手段或途径就是创新管理，需要首席创新官全面负责公司的创新管理建设任务，通过科学高效的创新管理体系和创新管理实践来推动公司创新活动开展。首席创新官不一定从事具体的创意工作，但他可能部分或全部地肩负着诸如为公司的创新之旅指明航向的重任，肩负着建设一套流畅有效的创新流程和可行的模式，并打造一支强大的创新力量，以及提供必要的各种创新资源和环境的使命。

创新从本质上说是为公司打造未来，探索未来成长的机会、动力和竞争优势。那么创新也就必然和公司未来的发展战略息息相关，或者说创新已成为公司发展战略的重要组成部分。因此，制定富有挑战性的创新目标，探索各种潜在的富有前景的创新机会，并规划先进的创新路线，确保公司的创新战略与公司的发展战略和目标相一致，便成为首席创新官的重要使命之一。可以说，制定创新战略和开发创新机会是一个公司或组织最为重要的战略性

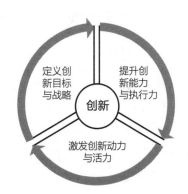

图1-3　首席创新官的使命

优先任务之一，首席创新官就是要在其中担负起部分甚至全部领导责任，并负责组织和协调各方资源，来设计和开发合理可行的创新路线图和组合，设定战略指引下从创意到商业化的整个创新活动的政策和预期，并为此提供必要的预算和资源、氛围，确保创新战略的顺利执行和创新项目成功。

创新战略和目标的实现依赖于强大的创新能力，创新能力最终还需要执行力来体现。建设和提升创新能力，并能高效执行是公司创新成功的重要保障。这里的创新能力与执行力以公司的技术和产品开发能力以及市场开拓能力为基础，既包括作为个体的创意创造能力，也包括组织的学习能力和知识创造能力；既包括基于科学的创新流程带来的创意产生及其向市场顺利转化的效率，也包括组织的外部资源生态联结能力以及获取外部创新信息和技术资源的能力。从创意筛选到创新项目执行及其商业化是个复杂的过程，需要系统合理的创新流程支持。好的流程有助于创新项目的顺利执行和提升创新效率，也便于管理。首席创新官有责任监督流程的顺利运转和执行，不断进行必要的优化和保障工作，提升创新成功率。另外，企业的不同创新战略诉求，长期形成的具有自身特色的创新价值观，以及面对的市场和产业环境特点，往往需要采取不同的创新模式与之相适应。比如有的企业重点通过开放式创新的方式获取新创意、新技术，而有的企业则是借

助风险投资的方式达到公司的创新目标。首席创新官应该结合公司具体情况，跟踪技术和市场发展趋势，积极探索适合自己的创新模式，并通过开发切实可行的创新流程来保证创新模式的实现。公司或组织的创新能力还来自科学有效的创新方法和工具支持，尤其是必要的资金等各种资源。首席创新官对公司或组织的创新能力提升具有义不容辞的责任，应该对创新能力现状做定期评估和分析，提出能力完善和提升的有效途径和行动计划，并为此争取各种资源和各方支持。

有了明确的创新目标和一定的创新能力，如果缺乏必要的创新动力和活力，结果往往也是不尽如人意，或者效率低下。一个组织的创新动力和活力主要来自积极的创新文化和科学有效的激励评价机制，来自合适的创新氛围和环境，当然也需要明确的富有感召力的创新价值观，以及内部的创新定位、张力和外在的竞争压力。首席创新官就是要为公司的创新活动设定预期的创新目标和效果，设定优先项或优先领域，对创新成功进行庆祝和奖励，对正常的失败也能及时鼓励。作为高级创新领导，在言行上都应该能体现出榜样的力量，对创新持有正确的态度和深刻的理解，把握创新趋势，不断更新并保持先进的创新理念。另外，还要掌控一定的预算资源调配权，为创新活动的开展和激励提供必要的保障。

首席创新官角色的本质在于为企业创新打造一个积极、合理、有效的软硬基础设施作为创新平台，去引领和促进创新活动和创新项目的发展。构建和完善企业的创新管理体系就显得至关重要，通过体系的不断发展来提升企业创新管理水平，为创新战略的制定、创新能力的增强以及创新文化的提升打下坚实的基础。同时，首席创新官的重要使命就是发挥承上启下的作用，获得公司的充分授权，协调公司范围的各种创新活动与公司管理层的创新决策，为创新活动争取资源和支持，将管理层的创新决策贯彻落实。

当然，由于不同企业的不同情况，在实际运作中对首席创新官或创新领导者的使命（或职责）定义是有很大差别的，不一定完全涵盖上面提到的三点。比如有的企业要求首席创新官重心在创新战略的制定和创新机会的开发上，至于创新流程和能力建设可以由研发部门和各事业部具体负责。有的企业将创新活力的责任更多放在人力资源部门；而有的企业，比如关注市场创新的快速消费品公司，可能会把创新机会的发现交给市场部门，而把创新能力的建设和流程的优化工作留给专职的创新领导者；等等。一般情况下，企业的创新战略由首席创新官负责统领，而具体的创新内容，包括创意和创新项目开发实现及其商业化，由不同的或专门的团队执行，并在实际运作中各方相互协作。

2. 首席创新官的职责

首席创新官的工作职责是对其使命的具体化。也正是基于首席创新官的使命和企业创新实践需要，并结合当前企业创新实践中对创新领导者职责的不同经验探索，我们总结出首席创新官的九项职责，每项职责还可以细分为多项任务。

（1）推动创新目标与创新战略设定，引导创新方向。通过对未来的洞察和研究预见，推动产生富有感召力的创新愿景和创新方向指引，组织力量制定可行的创新战略模式和创新路线图、创新组合等，并确保公司的创新活动与战略目标一致。

（2）激发创意产生并管理创意管道，开发创新机会和新的增长点。基于合适的创意流程，洞察市场和用户需求，拓展创意来源，激发和促进更多、更优创意的产生，确保合理的创意能够被支持进入下一阶段，不断发展形成新的创新机会和增长点。

（3）优化创新流程与项目管理，改善创新效率，推动商业化进程。建立满足创新需要和适应创新活动特点的各种流程和策略，并不断优化完善，包括新产品开发、平台建设、项目管理、商业模式开发等，以优质的创新平台来支持创新，以强大的执行力确保创新实现。

（4）构建创新网络和打造开放的创新生态，提升开放式创新能力。推动实施开放的创新模式，为企业打造一个开放的创新生态，与内外部创新伙伴建立广泛的合作关系，形成创新网络，从而提升企业创新能力和创新效益。

（5）优化创新组织与机制，完善创新体系，打造优秀的创新团队。不断完善和优化创新治理模式和组织架构，以合理清晰的权责和机制设计去激发创新动力和活力，打造富有创造力和执行力的创新团队，并组建和领导一个专业的创新管理团队，服务和支持公司上下的创新活动。

（6）强化创新使能要素，培养创新人才，开发创新工具箱。巩固和强化创新的"基础设施"，包括知识管理、知识产权管理与经营、创新人才培养、先进创新理念和创新方法工具的引入，以及创新资金的投入和配置等，形成有利于创新的环境和平台。

（7）培育有利于创新的文化和氛围，完善创新激励制度，激发创新活力。

以持续的投入不断完善和培育有利于创新的文化和氛围，包括宽容失败、追求改变的创新价值观，充满信任和有利于沟通与协作的创新环境，以及各种创新激励制度等，为公司打造一片持续创新的沃土。

（8）构建和完善创新管理体系，提升创新管理成熟度。从企业创新管理的角度，构建和完善企业创新管理体系，形成内部共同的创新语言，学习引入最佳创新实践，促进内部对创新的共识和合力，逐步推动企业创新管理成熟度的提升，打造一家创新型企业。

（9）推动创新度量和创新绩效评价，提升创新效能。推动建立合理实用的各种创新度量标准和方法，并加强基于创新度量的沟通，实现对创新方向的有效引导和对创新绩效的不断优化。

以上九项创新职责来源于首席创新官的使命，它们之间具有内在的逻辑关系，相互协同，分别从不同的角度满足和服务于创新实践成功的三要素：创新领导力、创新执行力和创新活力，如图 1－4 所示。

图 1-4　首席创新官的九项职责

延伸阅读：首席创新官应该做好的 7 件事

大型公司的创新工作常常缺乏清晰的目标和机制。在我们考察的一家欧洲公司里，至少有四个不同的小组在进行创新工作，但没有一个小组在支持业务部门的工作。更糟糕的是，这些小组经常为了办公室和各种资源内斗，而且还抄袭对方的工作成果。

这不仅仅是那些管理不善的公司存在的问题，就是以最佳管理著称的公司也会生成不利于创新的环境，并对此毫无所知。特别是对于公司的基层部门来说，它们的业务程序和绩效指标制定针对的是公司短期目标，但短期目标关注的是它们当前的工作，而不是创新项目。所以，创新对于这些部门来说难度很大。如果生产线的管理者不能因创新项目得到直接收益，那么他们将自觉抵制创新。

这正是大型企业需要首席创新官的原因：首席创新官作为强有力的执行官，能够化解公司的业务单位部门对创新的抗拒，创造一个对创新更为有利的企业环境。

根据欧洲战略创新中心（European Center for Strategic Innovation）的研究结果，我们设计了一个框架，可以帮助首席创新官们了解他们的工作成效如何。我们认为首席创新官有如下七个重要职责：

（1）支持最佳实践：发掘新颖想法和洞见的市场研究方法；战略创新；促进开放式创新；以及引入鼓励创造性思维的团队工具和流程。

（2）开发技能：对公司人员进行培训，使其掌握所需技能；制定和实施相关方案，跟进创新活动以及促成创新所需技能。

（3）支持业务部门开发新产品和服务项目：为公司里最重要的创新团队当好参谋和助手，鼓舞他们不断创新。培训其他部门经理来支持业务部门的创新活动。

（4）确定新的市场空间：对市场现状及发展趋势进行分析，寻找新市场机会。如果在某些情况下，新市场不在当前公司的业务范围内，就要从企业全局出发，考虑新市场开发。

（5）帮助开发创意：建立和运行产生创意的平台，比如即兴构想会、编程马拉松，以及为公司利益考虑，实施内部或外部众包等。

（6）支配种子资金：支配年度预算，为"无路可去的创意"提供资金。这些创意本来是不可能得到资金支持的，因其对业务部门来说不是风险过大，就是超出了现有业务范围。企业因此就为扶植和保护新创意提供了孵化基地。

　　（7）为有前途的项目设计保护方案：通过制定资源分配流程，比如投资组合、门径管理、资本支出和预算，使可能遭受破坏的创新项目得到保护，得以从种子阶段向市场发展，而免于被眼界狭窄的经理所摒弃。

　　通常首席创新官将时间和精力投入以上职责。我们为了解宝洁公司2000年到2010年之间的创新工作，制作了一张蜘蛛图，如图1-5所示。从中可以看到，阿兰·乔治·雷富礼（A. G. Lafley）的成长型企业竭力履行了六项职责，却并未投入到第五项职责。企业认为不需要投入时间和精力的唯一一个方面是"帮助开发创意"，因为企业的业务和研发部门已经在这个领域中建立了成熟的流程。

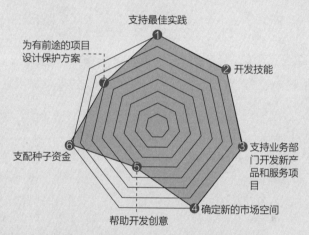

图1-5　宝洁公司的七项创新职责履行情况

　　其他公司所面临的挑战可能完全不同。我们考察三星公司贵宾中心时发现，该公司尤其关注的是发掘最佳实践、开发技能和支持业务部门的创新项目，以使新奇的想法不至于被埋没。在三星公司，其他方面的创新工作在操作层面得到了相对完善的管理。这家公司想要做的是，建立一个"顶尖高手"中心来培训业务部门的小组成员，以保护本公司最重要的创新理念和动力的源泉，如图1-6所示。

　　制作以上七项职责蜘蛛图是为了帮助首席创新官明白哪些是他们目前所关注的领域，哪些领域他们可能需要增加或减少投入的精力。比如，他们可以根据公司的战略意图及公司在管理和组织方面存在的问题，了解他们当前的工作与应该做的工作之间的差距。

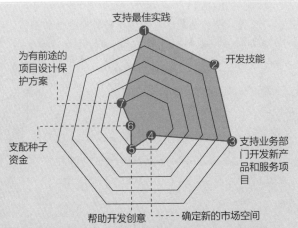

图 1-6　三星公司的七项创新职责履行情况

诚然，创新是一个基于洞察力的创造性过程。而建立相应的管理流程，并指定一位通晓公司业务的企业高管负责创新工作，可以让整个创新实践过程出错率降低。

资料来源：Alessandro Di Fiore. 首席创新官应该做好的 7 件事。哈佛商业评论，http://www. hbrchina. org/2014-12-08/2615. html. 2014-12-08.

第二章
理解创新的规律

　　首席创新官也许本身不是创新项目执行者，但他们必须深刻理解创新的内涵和认可创新的价值，并掌握创新的本质和规律，成为先进创新理念的倡导者，创新活动的推进者和守护者。

　　创新是一个国家兴旺发达的不竭动力，是企业生存与发展的不竭源泉。创新的观念已经被广泛接受，其重要性毋庸置疑。事实证明，对创新的理解流于肤浅或片面都不利于创新的真正深入开展，反而会招致怀疑和失去支持。对于那些从事创新，尤其是负责管理和领导创新的人来说，理解和尊重创新的规律，学习和结合创新管理最佳实践，对于推动创新工作至关重要。

一、创新及相关概念

1. 关于对创新的理解

创新（innovation）是从拉丁语的动词"innovare"或"in novus"衍生而来，意思是更新、制造新事物或者改变，"成为新的"。我们一般以哈佛大学教授约瑟夫·熊彼特创立的创新理论为基础。熊彼特第一个从经济学角度系统提出创新理论，他把创新定义为从来没有过的"生产要素的新组合"引入生产体系，创新的目的在于获取潜在利润（熊彼特，1912）。随着创新经济的实践和创新理论研究的深入，也出现多种关于创新的理解和定义。这里不做深入分析和探讨。但我们不妨试图从下面不同角度去探索创新的内涵，它们各有侧重，综合在一起或许可以帮助我们对创新有更加深入和全面客观的理解。

（1）创新本身是手段，不是目的。创新的目的在获取更大利润和市场竞争优势，实现企业或组织的可持续发展。创新的实现途径是把新的"生产要素的新组合"引入生产体系。

（2）创新的形式是多样的，可以是产品创新，也可以是工艺、流程创新，还可以是服务创新、管理创新和商业模式的创新。创新不一定是技术上的变化，技术的领先也不等于创新成功。

（3）创新要创造价值，尤其是客户价值。创新不是仅仅有个好创意那么简单，它需要把新创意和概念变成实际的东西，解决客户的问题，才能创造价值。价值可以是商业性的、社会性的，也可以是组织性的。

（4）创新就是发现蓝海——发现新的机会和价值定义，重建市场边界，开创全新市场，获得先发优势甚至垄断优势。

（5）创新既是一种过程，也是一种能力。它是从新思想（创意）、研究、开发、试制、生产，到首次商业化的全过程，又是一种将远见、知识和冒险精神转化为财富的能力（陈劲，郑刚，2016）。

（6）创新是适应外界环境改变的需要，创新本身也意味着改变。创新的目的是适应改变，又同时带来改变，并争取在更大范围领导这种改变，获得领先优势。比如，随着互联网技术的深入发展和扩散，很多传统制造企业必须及时在产品、生产和商业模式上快速跟进和转型，领先企业则不断提出新的理念和解决方案，比如，工业4.0或工业互联网，等等。

（7）创新有风险。创新本身带有很大不确定性，对未来的需求和趋势的预测都可能是模糊和不确定的，创新过程、结果也具有很大不可控性。这种不确定性意味着巨大的投入可能会付之东流，或者收益甚微。但风险是可以管理的，不同的创新也具有不同的风险水平，我们需要学会如何面对创新的风险。

（8）创新是所有人的事情，创新体现在各个方面，但创新也不是一切。创新不仅仅是单个创意天才或者研发、市场部门的事，创新是个系统工程，是全公司或组织的行为，它超越个人发明的范围，需要不同环节的参与。创新可以带来诸多方面的改进，意义不言而喻。但创新又不是公司或组织的全部。在效率、质量等方面保持优势对于一家企业来说至关重要。

（9）创新的真正战场是市场。市场是创新的动力源，商业成功是检验创新的最终标准。将创新局限于狭义的研发投入而缺乏有效的商业化手段是危险的。

（10）创新，从认知用户开始。创新可以是技术驱动型或市场拉动型，但最终都是要服务用户的。创新的出发点应该来源于对用户需求的准确洞察，创新过程中也应时刻保持与用户的交互来验证创新方向的正确性。以用户为中心是创新的基本法则。

（11）创新的本质究竟是什么呢？创新从根本上应该包括两个过程；一个是知识创造的过程；一个是将新的知识商业化的过程，即创新是从研究创造向应用开发转化的全过程。成功的创新需要在这两个阶段之间搭建桥梁，否则创新的价值难以实现。如图2-1所示，如何搭建研究创造到应用开发的桥梁成为创新的关键，这就是所谓的创新"死亡之谷"，很多创新活动最终失败都是因为未能越过它（陈劲，郑刚，2016）。

（12）从另一个角度看，创新就是一项投资，创新的过程也体现在资本的投入和产出过程。研究创造与发明依赖资本的投入，新知识和创意的产出以及新产品的开发是花钱的过程，新知识作为创新的基本要素为创新的涌现提供基础，创新最终形成新的更大的资本益处，即通过商业化实现赚钱的过程，如图2-2所示。

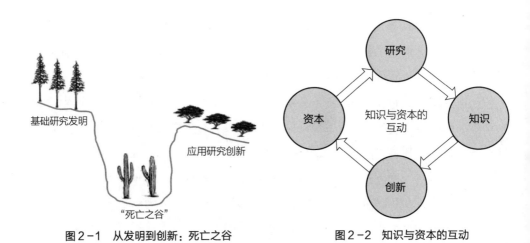

图2-1　从发明到创新：死亡之谷　　　　图2-2　知识与资本的互动

2. 创新与发明

前面对于创新做了详细介绍，简单理解就是从需求出发产生创意，并对创意进行应用开发验证，实现商业化，最终满足需求，它更多地是个经济或社会术语，是现代创新经济的基础。

发明是指发现并利用规律，产生新的具体有形的事物或新的做事方式、原理，比如，新方法、新工艺、新产品，侧重于技术的应用，强调新颖性、先进性和实用性。现实中创造和发明有时被人们混在一起使用，统称为发明创造。一般来说，发明创造是创新的一部分，是创新的基础，但关键是创新还包括创意或发明的商业化，这是个多要素介入和大量资源投入的富有风险的过程。发明创造既可以是个体行为，也可以是团队行为，但创新一般是复杂的组织行为或过程，尤其在当前日益复杂的经济环境下，创新必须依赖于组织实现，创新是团队的游戏。比如，历史上美国发明家查尔斯·马丁·霍尔以及法国科学家保罗·埃鲁分别发明了铝的工业化冶炼方法，后来称为"霍尔－埃鲁法"。但该发明的成功应用及商业化是在后来著名的美铝公司实现的，经过美铝等公司创新性研发和推广应用的努力，最终形成一个庞大的铝材料产业和广泛的应用市场。因此保罗·特罗特认为"创新依赖发明（和创意），而发明需要被运用到商业活动上才能为一个组织的成长做出贡献"。

3. 创新与研发

19世纪，爱迪生把发明创造转化成了一门科学，推动系统的、有目标的技术开发活动，即研究与开发，从此研发成了国家和企业技术创新能力的重要指标。研发的定义很多，经济合作与发展组织（OECD）认为："研发是一种系统的创造性工作，目的在于丰富有关人类、文化和社会的知识宝库，并利用这些知识进行新发明、开拓新应用。"

经济合作与发展组织将研发划分为基础研究、应用研究和试验开发（产品开发）三个部分。研究与开发是一个从创意产生，到研究、开发、试制完成的过程，它强调的是"过程"与"产出"（由设想到试制品）。有些处于技术进步、引领前沿的企业在基础研究方面很成功。比如，杜邦公司1987年的研发经费为12亿美元，其中7%被用于基础研究。但大部分企业一般是从应用研究开始，基础研究的工作还是以政府资助为主。公司仍然以技术和产品开发为核心，并辅以技术优化服务的职能，如图2-3所示。这里的基础研究指研究事物本质规律或形成特定领域的新知识，研究成果一般以学术论文形式公开发表，为新技术开发提供理论基础。应用研究则是指运用已知的科学原理解决特殊问题，形成新的可进行生产和应用的技术和专利，一般由大企业和大学主持进行。产品开发进一步以产品为中心，开发新产品，实现相关的技术和解决方案，通过各种途径提高产品性能和质量。技术服务是指为现有的产品和工艺提供服务，一般指降低现有产品、工艺和系统的成本及改良它们的性能。

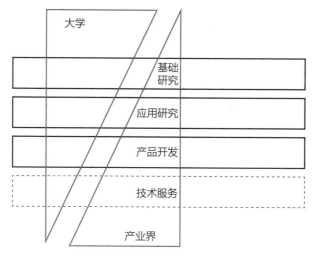

图2-3　研发分类及大学与产业界在其中的角色

可以说，一个公司或组织在其研究与开发方面体现出来的技术能力构成其创新能力之一，这包括未来技术发展趋势把握能力，技术路线规划与评估能力，产品开发实现能力，各种专业知识，等等。企业进行研发的目的就是通过开发新产品和开辟新业务而获得成长机会和盈利能力。研究表明，一定的研发投入和企业长期增长之间存在正相关关系。越来越多的企业开始重视自身的研发能力，国内外一些大的企业都有自己专门的研发机构，像 IBM、微软、西门子、华为、中兴和海尔等。

4. 创新与创业

创新创业也常常被一起提起。两者虽然属于不同概念，但联系紧密、相互促进，充分理解它们之间的关系对于创新具有重要意义。

关于创业的定义，普遍被认可的包括哈佛商学院创业课程先锋人物霍华德·H. 斯蒂文森（Howard H. Stenvenson）给出的解释：创业是不拘泥于当前资源条件限制的对机会的追求，将不同的资源组合以利用和开发机会并创造价值的过程。创业是个人追踪捕捉机会的过程，这一过程与当时所控制的资源无关。杰弗里 A. 蒂蒙斯（Jeffry A. Timmons）也给出这样的定义：创业是一种思考、推理和行动的方法，它为运气带来的机会所驱动，需要在方法上全盘考虑并拥有和谐的领导能力。他们将创业作为一种过程进行了诠释。其实创业就是一种特殊的创新活动，本质是独立开创并经营一种事业，使该事业得以稳健发展、快速成长的思维和行为。创业的要素包括机会、资源和人。在这个过程中商业机会是创业的核心驱动力，创业者是创业过程的主导者，资源是创业成功的必要保证。可以说创业过程是这三个要素匹配和平衡的结果，而且这种平衡是个动态的过程，需要创业者在模糊和不确定的环境中具有创造性地捕捉商机、整合资源、构建战略以及解决问题的能力。

因此，创业的特点在于它是机会导向与顾客导向型的，创业的关键就在于把握顾客需求，发现并利用机会，通过经营一家企业来整合资源，推动创新和变革，以超前行动，提供产品或服务来创造价值。它需要个人付出一定的努力和投入必要的时间，承担相应的金融、心理、社会风险，并能最终在金钱和个人成就方面得到回报。

创业是一种过程，也是一种精神，表现为创业精神，是企业家精神的重要特征。经济学家熊彼特将这种企业家精神称为一股"创造性的破坏"力量，是一种首创精神或创新精神。彼得·德鲁克继承并发扬了熊彼特的观点。他提出企业家精神中最主要的是创新，创新是企业家精神的灵魂。此外，冒险、合作、敬业、学习等也是企业家精神的典型特征。创业精神的载体是人，即企业家。最具创业精神的是创业者，他们一般具有创新、超前行动、风险承担、进取和自制的特质。

创业无论对于个人、企业还是国家都具有重要的意义。创业活动是国家经济内生性增长的动力，可以激发民间经济的活力，促进就业，推动技术和社会创新。虽然创业不一定包含创新性活动，但高质量的创业活动本质上一定是富有创造性的创新行为。创新强调的是新发明、新产品或新工艺的首次商业化，而创业可以视为创新技术或产品的进一步商业化拓展和持续发展。同时，创新也提供了源源不断的创业机会。比如，谷歌公司的两位创始人拉里·佩奇和谢尔盖·布林在 1996 年时都是斯坦福大学计算机学院的博士生，他们在进行一项美国国家科学基金会资助的研究时，开发了一种高效的网络搜索技术——BackRub 系统。后来他们惊喜地发现，每天有成千上万的人在使用原本只有数位导师知道的 BackRub 系统。刚开始两人准备出售 BackRub 系统，但当时各大门户网站对这项技术非常冷漠，于是他们决定放弃学业，尽快将这项新技术商业化。1998 年 9 月，他们依靠从一位斯坦福校友那里拿到的 10 万美元，在朋友的一个车库里创办了谷歌公司。15 年后，2013 年 5 月，谷歌公司的市值超过 3 000 亿美元，成为仅次于苹果公司的全球第二大科技公司。

对于一个人来说，不管是否创业，丰富的创业精神或企业家精神都是提升其职业素养和创新能力的强大动力。尤其对于企业管理者来说，需要具有开创性的思想、观念、个性、意志、作风和品质。而对于企业来说，激发和保持组织上下的创业精神或企业家精神，更是保持企业长期可持续发展的不竭动力。因此，创业和创新是密不可分的。它们都是基于外部变化来探索发现机会，都需要资源的整合和推动变革，都需要创造价值，面对风险，并获得高额回报。其实有一种特殊的创业行为，即在公司进行的内部创业，其本身就是一种创新活动。这一点在后续章节中会陆续提到。

二、企业创新的规律

企业的创新是个包括多种类型以及跨职能、跨学科的复杂活动。它以产品为中心，涉及市场、组织、文化、战略等要素。众多要素以技术为核心，共同构成创新系统。同时，创新又是一个完整的过程，从创新战略规划部署，到包括创意开发、新产品新技术研发和商业化的创新项目运作，以及对创新绩效和整个系统的评估优化，其中充满不确定性和高风险，各创新要素在这个过程中相互作用和协同，共同完成科技创新的价值创造。创新活动的各基本要素及其相互关系如图2-4所示，对于创新的理解及其规律的认识也应该从这些要素出发。

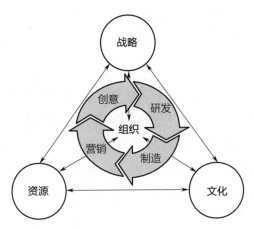

图2-4　创新活动基本要素架构

1. 创新目标与创新战略

创新需要企业的战略引导，创新战略要服务于企业发展战略。我国企业自主创新不足与企业自身战略管理能力的薄弱有很大的关系。许多企业只有利润和销售额指标，而没有基于自主知识产权及技术创新的增长指标。因此，中国企业在对增长（如创新）的投资和对股东回报的投资方面一直失衡，甚至没有这样的策略安排。企业要自主创新，首先要突破企业的传统发展模式，实现从基于引进与简单制造的经营到整合国内外新兴、突破性科学技术和商业资源，创造更高附加值、更环保的产品或服务的转型。

世界创新的典范3M公司一直在战略上要求当年开发的新产品与新服务要为

下一年的销售收入创造10%的贡献，这样的战略目标导致了3M公司每年开发的新产品高达1 500种。部分中国领先企业从早期的单纯复制国外样品，发展到生产高质量产品，进而努力掌握核心专利，更加积极制定或参与制定国际标准，已经反映了中国企业在创新竞争上的新认识、新作为。因此，增强战略管理能力，增强战略创新能力，加强企业战略与技术创新的良性互动，是实施自主创新的重要条件。没有"企业战略——产品设想——技术实现"的战略路径分析，中国企业的自主创新将难以真正实现。

创新战略是企业战略的一部分，它与企业总体战略一致，属于其中未来型、富有创新性的关键组成内容。企业（经营）战略是企业对外部环境改变的应对之道，是在分析外界环境变化和自身条件的基础上，确定未来的发展方向，为达到企业发展目标所遵循的策略和路径，是企业具有整体性、基本性和长期性的行为。

创新战略应该服务于企业总体战略，同时对企业总体战略有能动作用。可以说，创新战略依附于企业总体战略，辐射和涵盖到各个职能领域，比如，技术领域的创新战略，市场领域的创新战略，品牌领域的创新战略，等等。它是对企业未来发展方向、目标的探索和富有创新性的发展路线图，目的是实现企业未来长期的竞争优势和可持续发展，如图2-5所示。

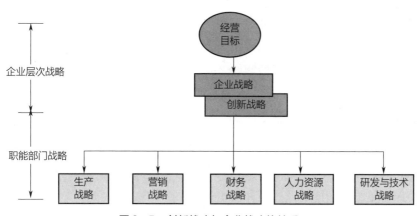

图2-5 创新战略与企业战略的关系

但创新战略又不完全等同于传统的企业经营战略，这是因为它需要面对和接受很大的不确定性。这种不确定性来自创新本身带来的节奏、时间和结果的难以预测。因此，用于开发传统运营战略的那些常规方法往往并不适合于创新业务。

什么是创新战略？创新战略就是要在如何为达到公司的创新目标投入资源从

而创造价值和竞争优势方面提供指引，是要解决为什么创新和创新什么的问题。创新战略包括对公司竞争环境和技术环境的分析，对外部挑战和机会的评估，以及明确公司优势所在。它涉及遴选和开发正确的创新，并为之提供合适的资源、能力和流程支持，保证创造最大价值。但创新战略的价值在多大程度上体现出来，主要取决于公司对创新的期望和选择的创新类型。创新战略的成功，需要公司在创新过程中使创新战略与公司经营战略紧密配合，以及努力去理解用户的需求和期望。

最后，需要强调的是，创新不仅仅是技术创新，创新战略也不仅仅是技术战略，但二者确实密不可分。正如保罗·特罗特（Paul Trott）提到的，"技术战略把创新战略和经营战略联系起来"，而创新战略的实施必须通过技术管理来实现。

2. 创新过程与创新系统

企业创新行为是由一系列关键活动组成，并需要一个职责明确的组织系统来协同实施完成，这涉及创新过程和创新系统的问题。

从企业管理的角度看，创新就是从一种新思想的产生，到研究、开发、试制、生产制造的首次商业化的全过程。创新就是"发明 + 开发 + 商业化"。在这一复杂过程中，任何一个环节的短缺都会导致不能形成最终的市场价值创造。在美国，80% 以上的创新失败都是由于创新过程组织不当造成的；在中国，这一现象更加严重。相当多的企业家忽视了一个十分重要的事实：创新过程是最复杂的商业过程，是创新管理最重要的问题之一。从产生一个想法到实现创新，其间是有很大距离的。鼠标是 PARC 实验室发明的，但别的公司把它作为创新推出；WINDOWS 也不是微软发明的，但微软是创新者。这说明，仅仅有好的构思和技术，不能保证就能成为成功的创新者，差别在于创新过程组织方式，市场上的表现是衡量创新功效的标准。可以说，创新过程从创新构思产生到创新实现，直至投放市场，是最复杂的商业过程和组织过程。

根据罗思韦尔（Rothwell）对产业创新模式的划分，20 世纪 50 年代以来，以技术创新为核心，至少经历了五代具有代表性的创新过程模型，包括技术推动的创新过程，需求拉动的创新过程，交互式创新过程，一体化创新过程，以及系统集成和网络化的创新过程。尤其是第四代和第五代创新过程模型的出现，反映了从技术创新管理向包含创意、商业的扩展，以及从封闭向开放式创新的转变，是创新管理理论与实践的飞跃，标志着从线性、离散模式转变为集成、网络化复杂模型。由于创新过程和对象的复杂性大大增加，创新管理需要系统观和集成观。而现代信息技术和先进管理技术的发展为第四代、第五代模型的应用提供了有力支撑。

较全面的企业创新管理过程模型如图 2-6 所示。其核心过程包括前、中、后三个阶段，前端是远见与创意，即所谓的前端创新；中间是研究与开发，即所谓的新产品与新技术开发；后端是应用与扩散，即商业化开发。整个过程是个与外部开放交互的过程，包括通过与外部合作或技术转移获得外部的创意和技术资源，知识产权的管理和经营，向外部的技术转化与技术孵化，等等。

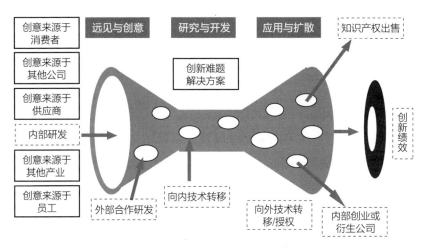

图 2-6 企业创新管理过程模型

其中一个重要发展就是开放式创新的发展。基于亨利·切萨布鲁夫提出的开放式创新的概念，目前形成了关于开放式创新的一个基本理解，即开放式创新是指在创新过程中，在创新价值链的各个环节与多种合作伙伴多角度动态合作，集中内部和外部各种创新资源，实现优势互补和创造最佳效益。在开放式创新下，企业的边界逐渐被打破，创新过程从封闭走向开放，它能够把内外部洞察、创意、技术等创新资源或商业化渠道等紧密融合到自身的创新链中，形成一种更佳的创新能力和竞争优势。开放式创新的核心在于构建信任的关系，它强调的是通过建立一种互信的合作关系，最大化各自的创新优势，推动创新资源和能力的有效整合，实现分享和共赢，并形成一种可持续发展的生态体系。

另外，创新的最终实施需要一套组织体系来保障。在某种程度上，企业实施创新和转型最大的挑战可能来自组织结构的变革。传统企业延续的是工业社会的科层、等级制的组织结构，使得研发、生产与营销等的联系很容易被割裂，即便高强度的研发也不足以冲破部门的樊篱，市场需求与技术供给难以得到真正的匹配，科技成果转化为生产力在企业组织中难以实现。现代创新型企业必须从根本上改革企业的组织，使之成为面向顾客的网络状组织形式，更快、更有效率地将创意孵化成可制造、有商业价值的产品。海尔不断调整组织结构，努力达成商流、产品流与物流的和谐统一，努力实现业务订单与员工工作任务的匹配，甚至跨向透明的、"零"管理层的组织结构，对其创新的发生及最后的价值实现起到了重要的作用。尤其是海尔历时十年发展的人单合一双赢模式，目前已经形成平台组织下的自经体并联平台生态圈，在其基础上形成大量的小微企业。海尔这种人单合一的探索，是对传统企业组织形式的巨大变革。宝马集团则是采取另外一种方式，在保持原有组织体系的基础上，一旦开始研发一款汽车，宝马集团下属的包括工程、设计、生产、营销、采购及融资等部门在内的 200 ~ 300 名项目组成员都得从各个地方集中到这家汽车制造企业的研究创新中心（FIZ）一起工作 3 年。这种紧密关系可以促进沟通和面对面的交流，从而避免营销和工程部门在后期产生矛盾。企业应该不断加强组织变革与创新，为新思想变成新价值搭建卓越的流程平台。组织结构进一步面向顾客和扁平化，减少组织的官僚控制，增强组织的服务功能，是促进企业自主创新的良训。

3. 创新来源与创新生态

创新是创造性地实现资源的重新组合，这些资源包括信息、资金、人才、品牌、知识产权等一系列有形与无形的资源。实现企业自主创新，要求企业不断丰富与扩大创新资源，特别是信息与知识产权资源。为了加快这一进程，企业对内需要充分调动员工参与创新的积极性，逐步实现企业自主创新的全员参与。

在开放式创新体系下，企业获取外部知识的能力越来越重要。而互动式学习（Interactive Learning）是获取外部资源、产生创新的重要条件。因此，学习和研发将成为创新的两个重要方面。与此同时，用户尤其是领先用户直接参与创新，将加快创新的速度和提高创新的成功率。基于用户的民主化的创新对中国的创新实践将有很大的影响。同样，供应商也是主要的创新者。而对于资金实力雄厚的企业，可以通过种子资金和风险资金帮助技术先进的小企业研发具有创新性的项目，通过小企业成功的研发而获得技术能力。为避免重复研发，或者弥补本企业技术方面的不足，企业也可以通过购买外部技术或技术并购以有效而经济地获取先进技术和关键技术，加快创新的速度。总之，企业创新资源多元化整合的过程，也应该是企业创新生态网络建立的过程，创新资源和创新生态网络相辅相成，共同推进企业创新。

4. 创新文化与制度、环境

创新文化对创新的有效开展具有重要意义，与信息、资金和组织结构相比，创新文化被称为"技术创新硬币的另一面"。海尔的创新之所以比较成功，是因为其有效地将中国的儒家文化（合适的等级制）、美国的创业精神、日本的团队文化、德国的质量文化整合在了一起。重视创新文化将有更大的意义。张瑞敏将自己定义为首席文化官（Chief Cultural Officer），其比一般的首席执行官有更广阔的视野，因此，也进一步促进了海尔的创新。

价值观、制度体系、行为规范、实物载体是创新文化的四个维度，我国企业推动创新必须高度重视这四个方面。价值观是文化的根本特征，当代创新文化应以企业家精神为核心，追求超前、开拓、变革、卓越的创新文化。创新文化决定着企业创新的价值导向，企业创新的规模、水平、重点及方式往往由其价值导向决定。索尼公司一直把"技术领先"作为其创新文化的根本导向，其技术创新活动十分活跃，在电视机、数字音响等方面取得了世界领先的成果。3M公司以"新产品/新业务收入占销售收入的比重"作为企业经营的主要目标，从而走上全球最佳创新公司的舞台。

创新文化得以运行，必须有一定的制度体系为保障。与创新相关的制度体系包括技术与市场的沟通制度、人力资源管理制度等。以人力资源管理制度为例，我国企业的人力资源管理制度的等级固化让人不愿意变革自己。真正适合创新的人力资源管理制度应该是变动的。比如，微软公司的员工分为15级，而且每年都不同，薪水根据相应的等级制定。合理的考评制度促使员工强化自我创新能力，以取得更高的报酬。

行为规范是创新文化的基本特征与具体表观。创新文化在行为规范方面表现为企业家和企业员工对创新的高度重视，理解创新、参与创新与重视创新，能够容忍失败，以及企业对员工背景（国籍、所在地区和家庭等）的尊重。

实物载体是创新文化的客观标志，具有明显的指导与示范效果。比如许多创新型公司非常鼓励个性化办公室的建立，设立明显的最佳创新员工标志，建设企业创新产品的展示场地，这种场地应向企业内外的人员开放，以建立企业员工对本企业创新产品的荣誉感。

总的来说，创新文化应该是一种独特的二元文化。在保持统一性、协调性的基础上略微增加个性与宽容失败的内涵，是企业实现自主创新的文化基础。创新文化柔性面的最佳体现是3M公司。3M公司推出了"15%规则"（员工可以花15%的时间从事自己喜爱的探索工作）等措施，公司经理对正常的创新失败做到"善意的视而不见"，这是自主创新产生的关键。创新文化纪律面的最佳体现是我国的一些优秀企业，比如华为、海尔等，它们均具有严明的纪律，甚至有些军事化管理的色彩，这种纪律性文化保证了各类资源在企业的畅通流动和决策的贯彻执行。

三、我们需要什么样的创新

创新的复杂性还体现在创新类型及其来源的多样性。对于创新领导者来说，在明确创新目标或者制定创新战略的过程中，需要清楚自己重点追求的是哪种类型的创新。这是因为不同的创新类型往往意味着不同的创意来源和创新方法，它们具有不同的创新特点，需要不同的资源投入和机制保障，需要具备的能力和条件也有可能不同。而且不同的创新类型适用于不同的创新环境和战略需要，给公司带来的创新效果和优势也会不同。显然，只有准确和深入理解这些不同类型创新的属性，才有可能更好地规划创新活动、明确创新重点，更加顺利有效地推动创新，满足企业的创新需要。这也是区分不同创新类型以及明确创新来源的原因所在。

从不同的角度分类，可以形成不同的创新类型。主要的分类方法包括从三个不同的维度进行划分，第一种从创新的内容来看，可以划分为产品创新（Product Innovation）、工艺流程创新（Process Innovation）、服务创新（Service Innovation）和商业模式创新（Business Model Innovation）；第二种按照创新程度划分，典型的是依据创新程度由低到高分为渐进性创新（Incremental Innovation）和突破性创新（Breakthrough Innovation），其中突破性创新中特色鲜明的颠覆性创新（Disruptive Innovation）又往往被单独拿出来分析和强调；第三种是从创新的市场定位划分，比如面向普通大众的低端创新和面向高端市场的高端创新，如图 2-7 所示。当然，还可以从其他角度对创新进行分类，比如按照创新所涉及的领域，有制度创新、管理创新、理论创新、组织创新等。最近又出现了诸如爆炸式创新、指数式创新等新的概念，都是对新的技术和市场环境下出现的新的创新现象的总结分析。

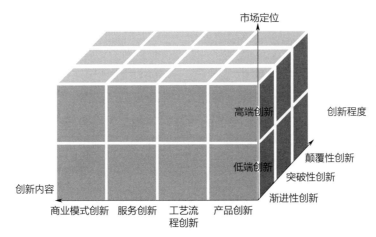

图 2-7 不同维度的创新类型

四、创新的驱动力量：技术与市场

历史上很多重大的创新都是来自一些重要的科学发现和技术发明，包括三次工业革命也都是科技发展的结果。因此，人们认为创新来自于技术的驱动，是技术发展的结果。难以想象，没有霍尔－埃鲁法的发现，从铝冶炼到铝材加工的现代铝工业，从易拉罐到飞机的铝应用创新都要依赖于什么发展；没有通信技术和互联网技术的发展，我们现代生活中的各种便利性从何而来。但人们很快也发现，技术似乎也并非一定能给企业带来商业机会和竞争优势，没有经济和市场的力量发挥作用，或者说没有客户的需求，再好的技术也难以在市场上占有一席之地。比如失败的摩托罗拉铱星计划。因此可以发现，创新的发生既可能是技术驱动，也可能是市场需求拉动的结果。一项针对美国和英国创新成果的统计发现，科学技术的推动、市场需求和生产需求三者对创新的驱动都占有一定的比例，如表 2-1 所示。

表2-1　创新的来源

	美国	英国
来自科学技术的推动	22%	27%
来自市场需求	47%	48%
来自生产需求	31%	25%

　　关于技术驱动与市场拉动的争论，我们应该辩证地去看。创新活动本质上是一个不断产生新知识的过程，而知识的产生来自大量数据、信息和事实的分析和洞察。这些信息和知识既可能来自对技术规律的研究和发展，也可能是非技术的，比如对人类需求变化的洞察。其实这也体现出创新中技术与需求两个驱动因素的作用。从本质上来讲，科技发展的使命在于满足人类需要，而创新就是联结科技与需求，行使这种使命的过程。因此，创新应该是技术推动和市场拉动二者相互作用的结果。其实企业创新实践基本上也是有需求后寻求技术解决方案，或者有技术后探索应用机会（满足需求）的过程。技术发展了却没有被应用起来，或者需求已经出现而没有合适的技术解决方案被开发出来，创新最终都难以发生。

　　但通过表2-1也可以看出，不同的创新，在不同阶段和时期，技术和需求可能起到不同程度的主导作用，理解这一点有助于我们明确创新的重点在哪里，应该采用什么样的创新策略。比如，西门子公司拥有从新能源到城市基础设施、工业自动化、医疗仪器等多个领域的业务，但在创新策略上并没有采取完全统一的路线：对于新能源技术如分布式能源和天然气应用，以及基础设施自动化方面，西门子认为其技术驱动和市场拉动的成分各占一半；而对于工业自动化中的智能制造来说，更多的是市场拉动。针对县镇市场的通用医疗设备，则需要更多强调当地市场需求带来的创新诉求，比如医疗设备的功能配置、成本控制、技术支持与培训服务等，商业模式创新显得尤为重要。

　　需要指出的是，在很大程度上，市场与生产需求对创新活动的拉动作用远大于技术发展的推动力，在当前技术快速发展和扩散的情况下尤其如此。"需求是创新之母"，可以说，创新总是应需求而生，最终围绕需求而展开，只是有些需求是显性的，有些需求是隐性的，即那些潜在的或者人们说不出的需求。比如只有福特创造出汽车人们才发现他们需要的就是这种具有四个轮子的机器（汽车），而不是"一匹更快的马"。当前网络通信、生物技术、智能技术等日新月异快速发展，催生了大量各种各样的创新产品和服务出现，但实际上这些创新并没有任凭技术发挥，而是更加关注用户的需求。

另外，我们还需要透过技术、市场和用户需求看到其背后那些间接的驱动因素。市场的变化和新需求的产生皆因这些外界环境因素的影响，比如政策的制定或改变，市场竞争态势的变化，各种社会矛盾及不协调，以及企业内部设计理念、品牌与价值观的变革等，这些都会刺激创新机会的发生。比如，国家能源政策和大气污染治理政策的制定，会引导大量企业和机构投入巨量资源到相应领域，在可再生能源以及大气和水处理方面产生大量创新成果。而具体到一家企业来说，比如苹果公司追求"简洁"和"极致"的设计理念，促使苹果公司的工程师乃至供应商在苹果产品上，从外观到操作都创造出大量令人惊诧的创新之作，也因此为苹果公司赚取了巨额利润。

第三章
规划未来增长引擎

　　一流的公司，比如苹果、亚马逊、优步及其他行业领导者，都是因为依赖于创新而持续发展，他们不断地通过重建市场，以更低成本、渠道再造等创造价值。他们的成功经验就在于将创新融入自己的商业行为，承接公司战略和业务战略，开发出一个成功的创新规划来增强组织驾驭创新的能力。这包括将创新融入战略开发中，制定创新的且走向市场的策略，促进企业增长，创造更大价值，确保竞争优势，发现和探索新的蓝海市场，消除各种障碍，有效管理风险，确保创新成为战略优先项，推动全组织的创新，等等。也就是说，通过制定创新战略定义和传达了创新的愿景，设定了创新目标，并将增长目标与企业长期发展路线相协调，以实现业务成功和公司可持续发展。创新战略在整个公司战略体系中的角色和逻辑关系如图3-1所示。

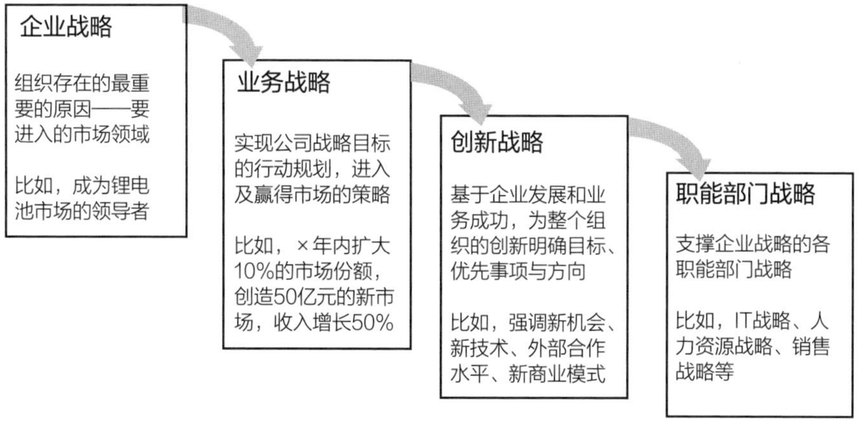

企业战略

组织存在的最重要的原因——要进入的市场领域

比如，成为锂电池市场的领导者

业务战略

实现公司战略目标的行动规划，进入及赢得市场的策略

比如，×年内扩大10%的市场份额，创造50亿元的新市场，收入增长50%

创新战略

基于企业发展和业务成功，为整个组织的创新明确目标、优先事项与方向

比如，强调新机会、新技术、外部合作水平、新商业模式

职能部门战略

支撑企业战略的各职能部门战略

比如，IT战略、人力资源战略、销售战略等

图3-1　创新战略在整个公司战略体系中的角色和逻辑关系

　　作为负责管理公司创新活动的创新领导者，首席创新官首先应该是创新战略的重要推动者，担负起领导创新战略制定和落实的重任，包括相关的战略资源分配。因此本书第一部分关于首席创新官的使命论述中，将（负责领导或者组织、召集）开发和定义创新目标与创新战略作为首席创新官的核心使命之一，或者首要职责和任务，并拥有一个专业的团队具体负责开展实施。其实，对于没有设置首席创新官或类似创新主管职位的公司或组织来说，创新战略的开发可能要落到首席执行官的身上，比如苹果公司的乔布斯，就亲自负责创新战略的制定。因此，创新战略是CEO和首席创新官等高级管理者的职责，显然这是由创新战略的重要性决定的。因为创新几乎涉及每个职能，只有他们才能够驾驭这样一个复杂系统。他们需要在流程、组织、人才和行为等方面负起首要责任，来引导公司如何寻求创新机会，将创意融合成概念和产品设计方案，以及选择做什么和不做什么。

　　但对首席创新官来说，不管是新手还是身经百战者，制定创新目标和创新战略都是富有挑战性的工作。一个具体问题（比如产品优化、质量提升等）可以基于过往的成功经验、严谨的数据分析或已知原理来解决，一项市场营销策略也可以基于当前的市场分析和用户研究来制定，但面向未知的未来，制定创新方向和行动路线，则具有极大不确定性和高度风险。尤其是中长期创新战略和愿景开发，无论是市场还是技术的发展都是不可准确预知的，过往的经验和数据不但价值不大，甚至会带来负面效果。其实这也是创新本身特点决定的。因此，在创新战略开发中，我们首先需要明确，创新战略到底是什么？它应该包含什么内容且具备哪些特点和要求？然后就是，创新战略开发具体包括哪些任务？有哪些具体的规则和方法可以遵循和借鉴？

首先，创新战略设定了创新的角色和创新的方向，它主要包含几个关键要素，即创新目标、内容和创新形式、模式。创新目标指明公司创新方向和未来期望，创新内容进一步描述了公司定位，具体在哪些领域或方面（比如技术或技术能力、市场、产品、客户群等）取得突破或赢得竞争力。创新形式和模式则明确了公司通过什么方式、手段和途径达到以上目标，比如可以是通过前瞻性技术创新来获得未来的技术优势，也可以是通过产品创新来充实产品组合，应对当前市场需求的变化。

其次，创新战略是创新实践的路标和决策依据。对于追求创新的公司来说，没有清晰的创新路线图，公司的创新努力很可能会很快陷入那些令人眼花缭乱、热血沸腾的各种具体创新战役或创新项目中，最终却因苦苦看不到期望的结果而迷失方向。虽然这些创新活动本身也许并没错，但由于缺乏明确的创新目标和战略，公司可能很难做出正确决策，去选择真正适合自己的创新项目和抓住最佳的市场机会。

其实，创新战略是公司上下对未来创新发展的一个契约。其中既意味着公司和高层的承诺，也应获得基层的认可和自觉配合，力求各方面达成一致和共识。没有统一的创新战略和目标作指引，公司各部门的创新行为往往会各行其是，甚至因为相互冲突的优先项而陷入争斗和自我保护之中，这样会导致创新难以成功，或者效率低下。

创新战略的开发实现，基本上包括四个方面的重要任务。第一是对技术、市场等未来发展趋势的分析和情景规划，形成对公司创新愿景和创新机会的深刻洞察，制定公司未来中长期创新目标；第二是制定可行的创新战略，包括创新类型、创新战略类型，以及战略行动计划和路线图，明确创新的重点和策略；第三是创新战略的落地执行，包括具体的创新组合、创新项目启动和相应战略资源分配、管理；第四，创新战略的定期评估和调整，需要建立一套机制对战略执行情况进行跟踪和分析，实时评估内、外部环境变化，定期更新创新战略。这四个方面也基本概括了创新战略开发的完整过程。总的来说，在开发创新战略时需要认真考虑以下五个方面的问题：

1）创新战略应该为公司描述出一个令人期望的未来，并能真正激励公司上下。

2）创新战略需要表现出足够的野心，去超越和击败当前的竞争，开拓新的增长空间（蓝海）。

3）创新战略开发应该是开放的过程。

4）创新战略应该包含明确具体的创新路线图，相应能力、技术和资源，存在的差距和不足，以及具体的创新策略。

5）创新战略应该具有适应性，随时进化和发展，通过不断学习来挑战战略。

下面将基于创新战略开发的实践需要，分别从创新愿景和目标定义、创新战略开发、创新战略实施、创新战略的评估与优化调整四个方面分别展开，为首席创新官提供可以遵循的方法。

一、趋势分析和预见未来，定义创新愿景与目标

家居零售商宜家由 17 岁的英格瓦·坎普拉德（Ingvar Kamprad）于 1943 年创建，当时宜家就立足于"为更多人创建更好的生活"。宜家非常清楚地确定了他们是谁，他们为谁服务，以及为什么要这样做等，从而能够不断创造出适合人们家居生活的创新性产品。而谷歌著名的激动人心的使命"整合全球信息，使人人皆可访问并从中受益"则一直在激励着谷歌内部大量互联网创新的涌现。因此，对于一个立足长远的公司或组织来说，需要对未来中长期创新的愿景和使命有一个清晰的理解。公司创新战略的制定来自对未来发展趋势的探索和预见，其重要意义则在于发现影响公司未来发展的重大创新机会，并据此定义创新愿景和创新目标，这是关于为什么创新和创新什么的根本性问题。

创新愿景和目标是基于对外部环境未来变化趋势的基本判断，创新战略则是为达到创新目标而制定的切实可行的策略路线。从趋势分析到愿景和目标制定的整个过程如图 3-2 所示。首先是要识别出影响外部环境改变的关键的驱动要素或驱动力量。其次根据这些驱动力量可能带来的未来变化去设想未来可能的具体情景。比如未来工作、生活和产业场景等，形成深刻洞察或预见，然后结合公司自身核心能力和资源，关注的领域及价值追求等，确定未来公司应该聚焦于哪些方面、达成什么愿景、又存在哪些创新机会，为实现这种愿景公司应该具体在哪些方面做出创新努力，抓住这些机会能为公司未来发展带来什么价值和意义，形成所谓的创新目标。一旦未来的愿景和创新目标明确了，我们可以反观当前状态和形势，分析现实和未来目标之间的差距，规划如何逐步缩小这种距离，形成可

执行的创新规划，包括具体的创新策略、步骤和路线图。

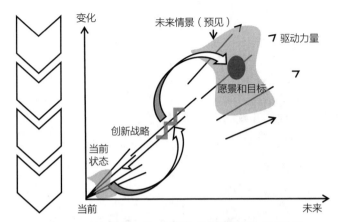

图3-2　创新战略开发：从趋势分析到愿景和目标制定

（一）PESTEL 分析法

对于外部环境的变化和未来发展趋势的分析方法，世界上有大量的研究。关键是要探索那些变化背后的驱动因素或驱动力量，它们会对未来带来什么样的变化和冲击。如对于外部宏观环境的 PESTEL 分析法，PESTEL 分别代表政策（Political）、经济（Economic）、社会（Social）、技术（Technological）、环境（Environmental）和法律（Legal）六个方面的环境影响因素，它为我们提供了对外部环境变化的系统分析。这里的政策因素包括政府政策、税制改变、外贸规则以及可能的政策风险等；经济因素包括商业周期、利率变化、消费者可支配收入、汇率以及失业率、GDP 变化趋势等；社会文化因素包括人口结构变化、收入分布、生活方式风格变化、文化与潮流等；技术因素包括技术新发现及其开发、各种技术创新、技术失效率、研发投入等；环境因素包括环保法规、能源消费、全球变暖、废物处理和循环利用等；法律因素则包括竞争法、健康和安全法规、雇佣法、知识产权法等。这些因素可以为我们提供一个外部环境变化的系统理解，但一般还要基于我们的目标产业和市场的特点，选择那些具有关键影响的因素，去探索外部环境的变化趋势，判断其带来的机会和威胁。但类似 PESTEL 这种传统的方法，更多用于公司战略或者短期创新战略开发中，对于中长期的创新探索来说，我们应该修正或者选择那些影响未来的 PESTEL 具体因素去分析，这其中技术因素的作用更值得重视。

（二）大趋势分析法

大趋势（Megatrends）则是另外一种对于未来中长期趋势的综合分析。大趋势是指那些对我们的地球以及全人类带来重大、长远影响和冲击的具有全局性的力量及其演变模式的分析总结，这种大趋势是驱动我们生活中各种改变的根本性力量，是对未来发展趋势的基本判断，是指那种根本性和全局性的重要变化，对我们的未来几十年将产生重大影响或冲击。它们推动全球变革，给我们的未来带来挑战，也蕴含着重大机遇。根据研究，目前这种大趋势正在史无前例地加速推进，包括快速变化的人口迁移分布，对自然资源需求的快速增长和气候变化，技术进步的快速扩散，等等，这都是导致我们的社会和生活在未来几十年内发生巨变的重要驱动力量。它们不但决定着我们未来的商业战略和公共政策，而且在改变着政府、公司、组织和我们每个人的做事方式。因此，这些具有根本性和全局性的重大变化，由于其巨大确定性，已经成为很多公司、组织制定未来创新愿景和探索创新机会，以及进行重大决策的重要依据。

 案例

帝斯曼基于大趋势的创新使命和战略

具有一百多年历史的荷兰企业帝斯曼公司（DSM）是一家聚焦健康、营养和材料领域，覆盖食品、保健品、饲料、医疗设备等产品和服务的国际化公司。在定义公司未来发展愿景和战略时，它对驱动未来发展的判断总结为三个基本因素，即全球转移（Global Shift）、气候与能源（Climate & Energy），以及健康和保健（Health & Wellness）。在全球转移方面，帝斯曼认为全球财富由东向西、由北向南加速转移。同时随着人口的增长，人们的联系越来越紧密、城市化程度越来越高，对能源、食品、电子产品等资源的需求也越来越大。在气候与能源方面，帝斯曼认为水能、风能和太阳能等替代能源的研发竞赛正如火如荼。同时，人们也在开发更可持续、更易回收的材料，比如化学品和塑料。人类必须找到更智能、更高效的方式来利用能源和资源——从保护水资源到避免食物浪费。而健康和保健方面，帝斯曼认为全球仍有相当一部分人（约40亿）每天都在为食品的数量和质量发愁。我们应该努力开发可持续业务模式帮助这些人群。同时也有很多人正变得越来越富足，他们寿命更长——这就意味着对健康和营养解决方案的需求将继续增长，从全方位营养膳食到延长活力生活的生物医疗设备无不如此。

正是基于对以上大趋势的理解和判断，帝斯曼公司将自己定位在生命科学和材料科学这两个领域。因为全球转移表现为个人财富增加和城市化程度提高，从而将促进加工食品的增长、提高食物链效率。人们更加注重健康，并有能力负担更为健康的生活方式；帝斯曼可以提供营养及保健方面的产品和解决方案；而基于材料科学的发展，帝斯曼能够帮助改善汽车能效，减少碳排放，让建筑更耐用，电子产品可回收，更环保等。于是，这就构成了帝斯曼公司基于健康、营养和材料三大领域的使命，包括延长健康生活的生物医疗设备和药物研制技术、为人类和动物提供完善的营养组合，以及各种更环保的塑料、树脂和纤维等，都成为帝斯曼进行创新的目标和方向。

案例
西门子公司基于大趋势的创新机会开发

工业巨头德国西门子公司基于未来发展趋势和自身业务领域，将影响未来数十年人类生活的主要趋势归结为四个基本驱动因素：人口结构变化、城市化、气候变化和全球化。西门子对这四个大趋势的基本判断，如图3-3所示。后来西门子在2020愿景中进一步强调了数字化变革的趋势，更精准把握当前世界发展的本质，同时也显示西门子对数字化相关领域的战略重视。

人口结构变化
- 到2050年，全球人口将从2010年的70亿增长至90亿

城市化
- 到2050年，城市人口预计将占全球总人口的70%；而2010年，城市人口占总人口的一半

气候变化
- 气候变化已成事实，将威胁着人类和生态环境
- 我们应及早采取行动，以避免不作为所引起的严重后果

全球化
- 经济、政治、文化及生活等方面的相互依存将更为紧密

图3-3　驱动西门子业务发展的基本趋势

这些基本的发展趋势都直接影响到西门子公司的业务发展方向和创新机会。比如具体到城市化方面，西门子公司分析认为在十年后全球城市人口将达到 47 亿，城市经济将为全球生产总值增长率贡献 40%，而同时城市将消耗全球 2/3 的能源和 60% 的水资源，排放的二氧化碳占全球总排放的 70%。剧变的未来城市，其基本需求将表现在诸如高效的运输方式，可靠及高效的能源供应，舒适及安全的城市生活，以及低排放等方面。对于西门子来说，则意味着诸多方面的商业机遇和创新机会，比如城市轨道交通技术解决方案及基础设施、电动车技术、物流、智能建筑、智能电网及智能城市，等等。

（三）预见未来与情景分析法

基于那些关键驱动力量的作用，能够勾画一个未来情景，作为公司规划未来发展愿景和发现创新机会的平台。这涉及一个重要的技能，即预见能力（foresight）。预见未来一直是个神秘的课题，让很多未来学家孜孜不倦地去探索。同时也形成很多预见未来的方法，著名的如德尔菲（Delphi）法和情景（Scenarios）法等，帮助我们去探索各种可能，预见可能发生的事以及我们期望的未来是什么样子的。具体的分析方法可以是定性的（基于直觉和观点、想象），也可以是定量的（基于数据和数学、建模等）；可以是探索式的（基于过去，立足现在，预见未来），也可以是规范式的（从期望的未来开始，回溯到现在，该如何到达未来）。有三种思考未来的基本方法，即探索式（Exploratory）、不确定式（Uncertainty）和规范式（Normative）。

探索式预见，即首先预见我们将去向哪里，在发生之前看到未来，假设未来可预测，持有比较积极的态度，认为我们可以去适应、去准备，降低坏的影响，但不改变未来。它是基于这样的理念：未来只是过去和现在的延续。相应的预见方法包括外推法（基于时间轴、趋势发现、S 曲线等）、预测法（预知、特异功能、预言、占星术等）和分析法（因果模型、解释系统等）。

不确定式预见，即接受未来的不可预见性和不确定性。重点是去管理这种不确定性和变化，可能是反应性的，比如危机管理，也可能是积极性、战略性的。具体方法包括分析判断（德尔菲法，专家观点、内容分析、交互法、扫描法）和管理（风险管理、冲击评估、角色扮演、情景法）等。

规范式预见，即立足发现或创造全新的未来。它强调创造，是积极主导型的。先产生对未来的想象（期望或渴望的未来），然后问为什么，进行反推。这里想象力至关重要。主要的方法有政策制定法（问题解决、决策法、规划法、逻辑步骤、回溯法、战略定义法、路线图法）、投机法（科学小说、想象、推理文学）、想象法（头脑风暴、未来工作坊、愿景法、创造性想象）等。

当然，不管用什么方法，都是基于对我们和未来之间关系的想象，选择什么方法关键也要基于当前的情景以及考虑为什么要使用这种方法（目的）。

基于战略开发需要，比较经典的预见未来方法是情景规划与分析法（Scenarios Planning & Analysis）。该方法是预期未来并支持制定相应的战略准备的一种方法。在当今环境动荡频繁、不可预知性极大提高的时代背景下，传统的分析方法已经不能胜任组织管理的需要，情景分析的推广运用具有重要的意义。

最早的情景分析法源于基于情景的规划，可以追溯到1950年的赫门·卡恩（Herman kahn）及 RAND 公司。赫门·卡恩引入好莱坞弃用的"场景"（scenario）概念，为美国政府、军队进行战略研究。随后，他将该方法扩展到其他领域，并通过各种研究和著作积极地推动了情景分析的流传。在20世纪70年代，一些国际公司特别是壳牌以及一些咨询机构如 SRI 国际采纳情景分析法构建战略库，从而有力地推动了情景分析法的发展。目前来看，除了美国政府、军队部门外，很多西方大公司包括壳牌、西门子、摩托罗拉、迪士尼、埃森哲、诺基亚等也很好地利用了这种方法。其中壳牌公司是情景分析法应用的典型代表，而且取得了巨大成功，甚至不单单是战略规划，壳牌还将情景分析法用到一些具体的业务上，比如市场预测和供应链计划等。

目前关于情景分析法的定义并没有一致意见，不同的研究人员和机构对情景分析法有不同的定义，如表3-1所示。

表3-1　关于情景分析法的不同定义

代表人物	年代	定义
迈克尔·波特	1985	一个内部一致的观点，描绘了可能出现的未来
彼得·施瓦茨	1991	用来排列各种可替代未来方案的方法，以支持决策
吉尔·林兰德	1998	战略规划的一部分，用以管理未来不确定性的方法和技术
保罗·休梅克	1995	一种严格的方法，用以构想组织决策制定的可能未来

当前，我们面对着非连续性的巨大环境变革，比如新市场的出现、新技术的产生，等等。这些非连续性变革的可预测性很低、战略影响巨大。许多企业组织都面临着风险危机，这种危机主要来自环境演化背离战略范围导致企业组织毫无战略准备。通过对可知和不可知未来的预期，情景分析法可以将关键的未来反映到战略规划中，从而为企业从容面对环境变革奠定基础。

其实在预见未来趋势和规划愿景的实际工作中，很多公司会根据需要综合多种方法，比如西门子创造的"未来之窗"（Picture of Future）方法，就是综合了大趋势、情景规划法、外推法和德尔菲法等。

西门子的"未来之窗"

创新战略，尤其是中长期的战略，需要对未来社会、经济和技术发展趋势进行预测，但这是非常具有挑战性的工作。西门子则认为，与其想尽办法来预测，不如亲自设计和构建未来。

于是，西门子中央研究院和公司内部的其他部门，开始合力设计一系列的工具，进而形成一套流程，以优化研发效果。他们通过"展望"和"回溯"，来估算他们所构想的未来图景和现实间的距离，以及实现未来构想所需要克服的技术问题。这就是所谓的"未来之窗"。

"未来之窗"是西门子用于规划创新方向的工具。它通过类似科幻小说的形式，结合现在、预测未来，通过两种互补的方法——"展望法"和"回溯法"，为我们描绘一幅清晰的未来世界工作和生活的场景，从而确定未来的发展趋势，以及影响未来发展趋势的关键技术，为确定创新方向提供依据。

1. "展望法"——结合现在

"展望法"从"今天"开始推测"明天"，即通过现有技术和产品的发展路线图，预测现有技术和产品在未来的发展。其目的是尽可能准确地预测新产品问世的时间和什么时候人们将需要这些产品。这种方法的优点是立足现在、客观现实，保证了具体实施的可行性。但是，这种方法难于发现技术发展过程中的不连续性和跳跃性。因此，"未来之窗"还综合了另外一种方法："回溯法"。

2. "回溯法"——预测未来

"回溯法"从"明天"回溯到"今天"。这种方法就像写一本科幻小说，首先将人置于一定时间后的未来，通过综合分析影响未来社会的各种因素，比如社会、政治、经济、环境、技术趋势、客户需求等，预测未来社会的具体工作方式和生活方式，以及满足这些工作方式和生活方式所需的技术。

在实施"未来之窗"项目过程中，有个很重要的环节是需要和公司内外部富有代表性的意见领导者（专家）做大量访谈工作，这其中包括访谈对象的挑选和邀请，访谈话题的设计，以及访谈结果的分析处理等。一般来说，访谈对象包括来自大学、行业、智库等各领域的专家、学者等。

通过"展望法"和"回溯法"的融合，"未来之窗"的专家可以描绘出一幅清晰具体的"未来之窗"画面，揭示未来社会的工作场景和生活场景，并进一步预测未来将面临的挑战，以及解决这些挑战所需的关键技术。通过"未来之窗"，我们可以发现未来市场、探测不连续性并提前发现具有巨大增长潜力的新技术。

在这个从未来回溯到现在以及从现在展望未来的过程中，关键是要深刻理解对公司核心业务的影响。比如针对未来的场景，我们要考虑：如何去构建这种"未来"？我们目前的业务架构是否与这种未来相匹配？我们的产品和技术组合是否匹配？而从未来场景出发，我们要考虑：未来的市场和客户需求是什么？我们的商业机会在哪里？应该启动什么样的商业计划？影响未来商业成功的关键因素有哪些？

西门子就这样一方面基于现有的技术、产品和客户需求进行未来展望，与此同时再将"个人、社会、政治、经济、环境、技术变化、客户新需求、竞争"纳入思考，而后做出不同业务领域20年或者30年之后的设想。另一方面，在完成业务领域场景设想之后，西门子中央研究院的人员需要回溯，将未来设想和现实情况进行比较，进而确定要实现该设想所需要的技术是什么。

"未来之窗"对于西门子制定创新战略有重要意义。通过该方法，规划出西门子核心市场未来10年的发展愿景，包括可能具有颠覆性的商业机会。同时为管理层提供一个基于共同愿景的协同平台，为未来共同规划，在大方向上达成一致，并作为对未来发展路线图、各种挑战和商业机会进行研讨的基础，也有利于在短期规划和长期研究之间达成平衡。这种预见未来的方法也是西门子作为趋势设定者和意见领导者的能力体现。目前，西门子的"未来之窗"项目已经将研究结果以杂志形式对外公开。他们主要通过未来情景描述、最新趋势分析文章、各种报告、对国际专家的访谈以及经济分析的形式，报道那些重要的技术趋势，并提供深入的、在西门子从事的研究中已经明确的各种洞察，从而为读者提供一个具有战略性价值的且主题全面、权威、精确的概述。

二、制定创新战略，规划创新路线图

一个令人激动的使命和愿景只是战略的开始，它给予我们开始的机会，但仍然只是个创意。我们还需要打造一个能够实现这个愿景的行动路线图，将来可以遵循。这意味着我们需要制定切实可行的创新战略，这包括：如何定义战略机会？我们的战略定位是什么？需要开展什么类型的创新？通过什么样的创新策略去实现？有什么具体的创新行动计划和路线图？

（一）创新机会地图与战略定位

通过对变化趋势所引起的机会的洞察可以制定机会地图。机会地图也被称为战略定位分析。我们基于对外部环境变化背后驱动因素的分析，识别出哪些是真正具有潜在市场需求的机会，对他们进行定性的分析和定量的描述，将机会清晰地列示出来，并且对它的规模、增速和潜在收益等因素进行定量的评估，找到我们可以聚焦的目标机会。

一般的战略定位在于公司的市场定位，打算聚焦于具体哪个市场和产品领域，而创新战略定位更多是基于我们前期对未来创新愿景的设定，确定未来聚焦的市场范围和技术领域。美国一家制药公司百时美施贵宝（BMS）公司早期在战略的重新定位中，决定将癌症治疗药物作为其医药业务的关键部分。在认识到基于生物技术的药品，比如单克隆抗体类，很可能是一种富有成效的抗癌途径后，BMS公司决定将自己的技术能力储备从传统的有机化学转向生物技术。这种新的商业战略（聚焦抗癌市场）需要一种新的创新战略（技术能力转向生物学领域）。

像这种高质量创新战略的产生，首先要从一个非常清楚且明确的目标开始，确保能够为公司带来可持续的竞争优势，而不是那种模糊的理解和描述。比如"我们必须通过创新来成长""我们需要通过创新来创造价值"，或者"我们需要通过创新来超过竞争对手"，等等，这不是真正的创新战略，它们无法为我们选择创新类型和创新模式提供任何有意义的信息。对于战略目标的定义，应该是富有启发性的，有野心的，但又立足现实，具有较高适应能力。尤其是创新目标还需要进一步分解成为更具体的创新子目标，比如百时美施贵宝开展的单克隆抗体类抗癌药物开发就是在生物学药品研究目标下的更具体的描述，甚至还可以再具体一些。

在具体定义创新战略性目标和方向的时候，有几个问题需要认真考虑。首先是创新将如何为潜在客户创造价值？创新创造价值的形式很多，可以是节省客户的钱，提高产品性能，更易于使用，更可靠、持久，或具有社会价值（比如清洁的空气和水），也可以是解决重大挑战性难题（比如前面提到的癌症治疗）。选择通过创新创造什么样的价值很关键，因为它们可能需要不同的创新能力和时间、资源投入。比如贝尔实验室在半个世纪里创造了很多突破性创新成果，包括程控交换机、太阳能电池、晶体管、卫星通信、激光、移动电话和 UNIX 操作系统，等等。但贝尔实验室的战略方向在于提升和开发通信网络的传输能力和可靠性，其一项固态器件研究项目——最终导致晶体管的发明——目的就是为通信系统开发更新、更可靠的器件提供科学基础。而卫星通信则是部分受海底电缆带宽限制和可靠性风险启发而来。苹果公司持续聚焦于创新努力，目的在于让自己的产品比竞争对手的更容易使用，并为其整个产品家族提供无缝的统一产品和服务体验。于是，它强调硬件和软件开发的集成，自主的操作系统，以及通过设计带来全新感觉。

其次就是，公司将如何分享创新创造的价值？创造价值的创新很快就会有模仿者，只靠知识产权是不足以抵挡模仿的。随着模仿者的进入，他们带来的价格压力将会缩减原始创新带来的价值。而且，如果供应商、分销商和其他公司占据主导地位，他们就会有足够的讨价还价能力去享受创新带来的利益。公司应该考虑自己有哪些辅助资产、资源、产品或服务能够阻止客户转向竞争者，能够保持自己在生态系统中的强势地位。苹果公司就是通过控制操作系统，让自己成为数字生态圈的不可替代者。康宁公司的用户伙伴战略则帮助它战胜了那些竞争者，一旦自己的梯形元件被设计到用户的产品系统中，用户如果选择其他供应商将承受巨大转换成本。当然，如何提高议价地位和战胜竞争者也很重要，但最好的办法还是持续投资于创新。

（二）创新类型的选择

在明确创新目标的条件下，就需要思考应该通过追求什么类型的创新来让公司创造和获取价值，需要什么样的资源？前面我们提到创新类型很多，可以是渐进性创新，也可以是突破性创新；可以是技术创新，也可以是服务创新，或商业模式创新。当然，技术创新能够带来巨大的经济价值和竞争优势，但有些重要的创新可能和新技术无关。当前我们可以看到很多公司是靠商业模式创新取胜，比如亚马逊、优步、网飞，领英等。因此在考虑创新机会时，要选择需要付出多少努力在技术创新上，要投资多少到商业模式或服务创新上。一种有效的办法是采用创新全景图，它分别从两个不同维度去分析，比如它涉及什么程度的技术和商业模式改变，如图3-4所示。

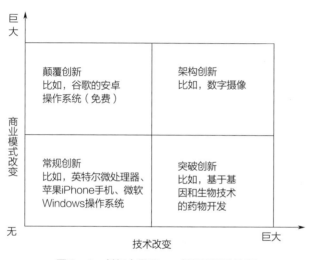

图3-4 创新全景图——创新类型的选择

公司的创新战略应该明确采取什么类型的创新来适应企业战略的需要，以及应该为它们分配什么样的资源。当前来说，突破、颠覆和架构创新被认为是企业成长的关键，而常规创新往往被贬低，往好了说是短视，往坏了说是自杀，显然这种线性思维过于简单。实际上绝大部分利润还是来自常规创新，比如英特尔自1985年推出i386芯片这个颠覆创新以来，通过升级换代的常规创新已经获得2 000亿美元收入。微软也常常被批评长期靠已有技术存活，而不是引入真正的颠覆创新。但自从1993年推出Windows NT操作系统以来，依靠这种战略它已经获得3 000多亿美元的运营收入。苹果公司也是如此，自2010年推出iPad以来，已经没有太多颠覆创新，但运营收入高达1 900亿美元。

当然，也不是说公司应该只集中于常规创新。采取不同的创新可以作为补充，而不是替代。显然如果没有当初的突破创新，英特尔、苹果和微软不可能有机会享受常规创新带来的这些诱人收益。相反，如果一家公司引入颠覆创新后不能为其带来持续的常规创新，那么长期看它也无法阻挡新进入者。

因此，在战略性思考创新类型的选择时，应该是根据创新战略需要做合理的权衡。作为创新战略，应该关乎公司未来，对公司发展具有重大影响，因此从某种意义上重点应该不是关于那些持续性创新一类的事情，它需要更高的目标，绝对不是"我也是"（me too）。谷歌当然是在基于它的广告业务中的常规创新享受快速增长，但同时它也在探索根本性和架构性创新的机会，比如谷歌 X 实验室的无人驾驶汽车。苹果也没闲着，比如它在探索可穿戴设备和支付系统。当那些汽车公司巨头通过传统燃油汽车获取大部分收入和利润的时候，大部分也在引入可替代能源汽车，包括混合式和纯电动的，甚至投入相当大的研发力量在先进的技术诸如氢燃料电池发动机上。

需要指出的是，对于那些大型公司，其事业部或职能部门仍然掌握着资源分配决策权，也更愿意投入到目前看起来利益更加诱人的领域。只有高层制定明确的目标，并分配一定比例的资源到根本性创新项目上，公司才可能会在那些支持长期发展战略的项目上取得进展。因此可以看出，创新战略在一个企业或组织打算改变以前发展模式（转型）的时候意义更加重大。

（三）创新战略模式的选择

在选择了合理的创新类型组合后就要明确具体的创新战略模式，即：通过什么方式去实现？具体什么时机进入？这关系到创新战略模式的选择问题。根据企业自身条件和外部环境的不同，不同的企业会选择不同的创新战略，即使同一家企业也会在不同的发展阶段和市场环境下采取不同的创新战略。目前关于创新战略和模式的分类很多，比如按照企业在市场中竞争地位的不同，可以分为领先型创新战略和跟随型创新战略。

领先型创新战略：企业在相关的技术、产品和服务领域占据领先地位，不断率先推出新技术、新产品、新理念、新的商业模式等，开拓新的市场，引领相关领域发展，成为行业发展先行者。因此选择领先战略意味着企业的创新以原创性为主，或以原创性为基本特征，对未来发展趋势把握能力强，善于进行高风险的探索和大量早期投入。当然，处于领先地位的企业往往能够因为抢占市场先机而获得高额利润，即所谓的"早起的鸟儿有虫吃"。

跟随型创新战略：企业采取跟随和模仿再创新为主，在市场、技术相对明确的条件下发挥自身优势快速推出富有竞争性的产品，从而赢得市场机会和一定的市场份额。采取跟随战略，企业可以不必像领先企业那样投入巨量资金到风险性比较高的技术和市场探索，这样可以少走弯路，有效降低企业的研发投入和市场风险。同时，成功的跟随型企业往往具有较强的学习能力和持续性创新能力，加上在诸如成本、生产、市场开发等方面的竞争力，同样可以为企业带来可观的市场机会和利润收益，甚至相对领先者获利更多，正所谓"第二只老鼠有奶酪吃"，因为率先尝试的老鼠被夹子夹住了。

以上两种创新战略还可以进一步细分，分为进攻型（Proactive）、积极型（Active）、被动型（Reactive）和消极型（Positive）四种。其中进攻型属于典型的领先型创新战略，积极型可能是领先型、也可能是跟随型创新战略，被动型是典型的跟随型创新战略，消极型则几乎算不上创新战略，如表3-2所示。

表3-2 创新战略模式类型

创新战略模式	特点	企业
进攻型	一般具有很强的研究能力：它们经常具有先发优势，是技术市场领导者，这样的公司从各种资源中获得知识，承受很高的风险。用于进攻型创新战略的技术创新类型包括突破性的和持续性的。突破性指那种改变产品或服务属性的根本性创新，持续性创新指持续的技术或工艺改变，从而能够提升产品或服务的绩效和性能	比如，杜邦、苹果和新加坡航空就采取进攻型战略
积极型	首先保护现有技术和市场，一旦市场和技术明确，可以快速反应。这样的公司以内部研发部门进行持续性创新为主。它们也有广泛的知识资源，并采取低风险展示创新成果的手段。他们倾向于避免风险	比如，微软、戴尔、英国航空就采取积极型战略
被动型	主要是被那种跟随者类型的公司采用，聚焦于运营方面，一般采取等待观察然后寻找低风险的机会，它们一般模仿已被证明的创新。采取该战略的企业基本上是持续性创新者	比如，瑞安航空公司就成功地学习了西南航空的无基本服务模式
消极型	公司等到他们的客户提出改变产品或服务的要求时才会行动。他们等到汽车生产商提出具体的改变需求，才会行动起来实现这些改变	很多汽车部件供应商采取消极型战略

波士顿咨询公司（BCG）的马丁·瑞夫斯（Martin Reeves）、克莱尔·洛夫（Claire Love）和菲利普·蒂尔曼斯根据产业未来的可预见性和可塑性，将创新战略分为经典型战略、适应型战略、塑造型战略和愿景型战略，具体请参考本章阅读环节内容。

另外，普华永道的战略咨询部门从与企业经营战略匹配的角度以及与客户的亲密度，将企业创新战略分为三种：需求探索者、市场解析者和科技驱动者。

1）需求探索者：公司积极跟踪和挖掘当前和潜在用户需求，并力争在市场上第一个推出新的产品、服务和工艺流程等，比如苹果公司。

2）市场解析者：公司会深入观察市场发展，但更多采取相对稳妥的方式通过持续性改进来创造价值，比如华为公司。

3）科技驱动者：主要基于技术研究探明未来发展方向和机会，通过内部研发实现技术突破，并在此基础上竭力满足客户未阐明的需求，比如谷歌、西门子公司。

图3-5从四个维度（创新类型、市场策略、技术原创性和用户洞察获取方式）对这三种创新战略模式的特点做了简化分析，可以大致了解它们的各自特点和相互区别。

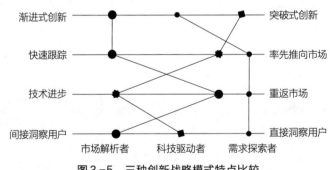

图3-5　三种创新战略模式特点比较

但根本的还是需要在市场拉动为主还是技术推动为主这两种基本模式之间选择。基于市场需求的创新方式适合于那些战略定位于在既有市场快速响应用户和市场需求的公司。显然，没有对用户的深度理解，开发出用户喜欢的产品是非常困难的。需求拉动方法会受到用户想象力和意愿的影响，如果不能选定正确的用户，它可能会错失市场的变化。而技术推动的方法，即开发技术然后寻找或者创建市场，适用于那些尚不存在的市场的开发。典型的例子就是集成电路，20 世纪 50 年代由得州仪器和仙童半导体发明。它们都想到了这种将多个晶体管放在一个芯片上来解决可靠性问题的想法。实际上，除了军方，人们对基础电路的需求很少。电脑、电子设备和通信系统制造商更愿意采用分离的晶体管，这样更便宜，风险也低。为了创造需求，得州仪器发明并商业化了其他设备——手持计算器，结果打开一个全新的巨大市场。有些医药公司，包括诺华，当需要决策选择哪个项目时，会明确地将它们的研发部门与市场导入信息隔离，因为它们相信，由于药物的开发周期很长，以及市场的复杂性，准确的市场预测几乎是不可能的。

因此在选择到底是市场拉动还是技术驱动的创新策略时，需要精确的选择衡量。如果选择前者，可能会错失那些市场中尚未出现或不明显的技术。如果选择后者，则可能创造一批永远找不到市场的技术。不过实际的战略开发中大多情况是市场和技术的因素都要考虑到，只不过是因为重心不同而影响到后续商业策略的不同。

但不管创新战略如何分类，创新战略只是实现创新的策略和模式，其最终目的都是满足创新的需要。创新战略的选择主要是取决于公司的发展阶段和内外部环境，行业特点和发展阶段，以及它的未来发展方向和期望通过创新得到什么，即所谓的创新目标。然后看看实现这个创新目标，什么样的创新战略更可行、更可靠。

从创新需求的角度看，一般通过创新期望达到以下一种或几种目的：

- 开发一个新产品——比如发现了针对当前市场上产品的根本性改变的机会。
- 维护市场份额——在一个动态的环境中，很多情况下持续创新是维持市场份额所必需的。
- 扩大市场份额——比如通过提供现有产品到其他市场。
- 创新成果授权而获益——如果开发出创新成果，但没有能力或资源通过商业化获得全部价值，可以寻求销售或授权该创新成果给其他组织。
- 保持更大的员工稳定性——对创新的投入可以为员工提供一种富有挑战性和创意的环境，从而激励和留住那些高素质的员工。
- 提升运营效率——希望通过优化运营流程有效降低成本。
- 提升市场认可度——希望通过创新的市场战略提升市场形象。

从公司发展阶段的角度进行分析，梅尔达德·巴格海（Mehrdad Baghai）、斯蒂芬·科利（Stephen Coley）和大卫·怀特（David White）在《增长炼金术》（*The Alchemy of Growth*：*Practical Insights for Building the Enduring enterprise*）中将企业发展划分为三个阶段。这种阶段划分为企业发展战略提供一种架构，它平衡了当前发展和投资未来的需要。这三个阶段不是巨大的跳跃，只是逐步提升的渐进性过程：

阶段1：扩展和保护核心业务，聚焦于经营提升和短期绩效。

阶段2：推动创意的快速商业化，创建新的业务。

阶段3：为未来发展创造多种选择，探索未来的业务增长新机会。

在公司开始发展阶段，需要扩展和保护公司的核心业务免受竞争侵蚀。然而，随着越来越多竞争者进入，我们需要寻找新的商业机会。最终我们需要构建一个有利于创意产生的环境，为未来商业发展提供创意资源。而随着竞争的进一步加剧和竞争对手的强大，我们又不得不着眼于未来的发展机会。因此，创新战略应该充分考虑到公司当前所处阶段，打算往哪里走。

一旦决定期望的结果以及如何与公司的发展阶段相适应，那么就应思考什么是最合适的创新战略类型。公司可能实际上追求多种结果，那么也将因此需要多种战略组合。而一旦选择了创新战略，往往决定了公司将选择什么类型的创新，采取什么样的创新途径，以及需要具备什么样的创新能力和资源。比如一种电动割草机的制造商希望采取领导者的战略，这将要求其在已有的技术如电动机技术、刀片技术和注模技术上相对市场竞争者有较高水平的竞争能力。同时，应该意识到新技术的运用，比如新的轻型材料、可转变的能源控制系统。相反，采取跟随者的策略要求将重点及资金放在工程和制造的开发上。

（四）创新产品——技术路线图

创新战略不能总停留在宏观的目标和模式上，而需要反映到具体产品（及服务）和技术创新上。创新产品 – 技术路线图就是对战略目标和机会的进一步规划，是对创新战略细化实施的重要支持。所谓产品 – 技术路线图，就是多个利益相关者关于如何达到创新目标所达成的共识，目的是帮助公司在合理的时间内运用合适的能力和资源来达到公司的商业目标，可以说它在创新战略的制定和执行之间建立桥梁，把市场需求及机会和产品性能及技术创新联系起来，将企业内部的业务发展需求和外部市场的技术演化趋势紧密结合。产品－技术路线图的基本框架可参考图3-6。图中可以看出其特点在于它基于时间序列，有明确的时间节点，并且分层呈现，分别连接市场、产品和技术。

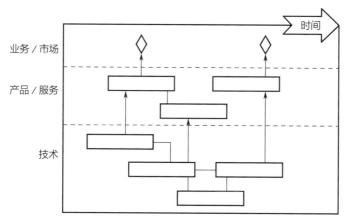

图3-6　产品－技术路线图的基本框架

　　产品－技术路线图最早是20世纪70年代末至80年代初由摩托罗拉和康宁等公司率先开发应用。当时康宁公司通过路线图标出战略中的重要事件，摩托罗拉则利用路线图描绘出技术的演化与定位，用于预测未来技术发展，平衡长期和短期业务发展，以及战略和执行之间的关系。后来它们的经验被更多公司认可和学习，产品－技术路线图逐渐发展成为很多大型企业的重要战略和技术管理工具。

　　当初，产品－技术路线图是适应缩短研发周期和加快技术转化的需要而来，其实真正创造价值的是路线图的制定过程。路线图设计的本质是培养一个团队对于他们未来希望达到的目标能够形成一致观点，路线图设计是一种发现自身差距、找出新方向的学习过程。尤其是它建立市场驱动要素和产品特征及技术资源之间的关键联系，在市场、产品和技术情报方面明确重要知识差距，有利于评估技术可行性和商业利益，降低技术开发和创新的风险。另外，产品－技术路线图是一个重要的沟通平台和工具，其开发过程有效促进跨部门跨学科协作，提高沟通效率，确保企业技术、能力和资源、产品和服务以及市场的相互结合，支持企业内部技术和业务部门的沟通。其规划活动能帮助团队成员形成一个共同的目标，增进成员之间的交流与沟通，有助于团队与客户、供应商、合作伙伴以及其他组织交流自己的见解和计划。总之，路线图可以用于诸如产品规划、战略规划、能力规划、项目规划等，具有广泛的应用领域和应用价值。

产品－技术路线图的规划制定流程和方法工具目前已经比较成熟，但由于其复杂性和灵活性，具体实践起来仍具挑战。标准的路线图规划是以四个研讨会为基础，如图3-7所示。前端的规划准备工作，在于明确创新需求与目标，明确分析单元，即选择具体针对的是产品领域，还是产品线、产品平台、业务单元，直至公司层面。第一场研讨会的主题是市场，综合考虑各方面因素：确认外部市场与企业内部驱动要素并分析排序，尤其考虑战略性因素，明确知识差距。第二场研讨会聚焦产品，找出产品的特征概念并进行分类，评估其对市场和企业驱动因素的影响，考虑其他替代性产品的发展战略，找出知识差距。第三场研讨会聚焦技术，找出替代性技术方案并分类，评估其对产品功能的影响并确定关键知识差距，界定两个内部相互关联的演进图，用来分析技术路线图的分层结构，并对产品功能和技术解决方案进行优先排序。第四场研讨会是完成制图，将市场、产品和技术层面整合到技术路线图中，找出里程碑，绘制产品演进图及考虑技术层面可能的反应，找出知识差距和下一步方案。

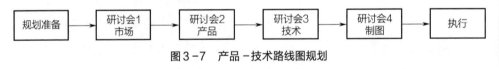

图3-7 产品－技术路线图规划

实际上不同公司的技术路线图规划过程和最终结构形式上都各不相同，各有特色，这与它们具体的需求、风格和行业特点相适应。但最终形成的路线图应该确保具有简洁的形式，支持关键问题的沟通，并能将业务需求以一种高度浓缩的观点反映出来。另外如前面提到的，要重视过程，包括质量和可信度，规划过程具有巨大价值。再就是要记录详细的过程信息，保持开放性和及时沟通，让更多人了解和参与进来。最后是路线图的实施和执行，并不断推动路线图的更新和完善。

中国一汽的制造低碳技术路线图

作为"新中国汽车工业的摇篮"，中国一汽坚持以创新驱动为主线，全面对标全球汽车产业前沿技术和未来趋势，聚焦技术窗口，以电动化、智能网联化、造型新锐化、驾乘体验化、安全健康化、节能降耗化、精致精湛化、研究前瞻化为技术方向，布局未来技术创新发展路径。2022年5月，中国一汽以全面创新驱动为主线发布《创新·2030 中国一汽阶旗技术发展战略 R.Flag1785》（以下简称"阶旗发展战略"）。阶旗发展战略以电动化、智能网联化、造型新锐化、驾乘体验化、安全健康化、节能降耗化、精致精湛化、研究前瞻化为技术方向，布局未来技术创新发展路径，重点推进突破 100 余项关键核心技术。

在生产制造环节，中国一汽对制定了制造领域的四大降碳战略——低碳技术战略、效率提升战略、清洁能源战略、过程协同战略。在这四大降碳战略之下，中国一汽制定了具体可行的制造低碳技术路线图，从能源入口、能源使用、能源管理三个维度识别出 12 类 34 项低碳技术。通过这些低碳技术的实施，累计可降低全价值链碳排放 56 万吨。2021 年，中国一汽应用节能技术开展碳排放治理项目 13 项，已实现降低二氧化碳排放 5 万吨/年。

三、管理创新组合，让创新战略落地

创新战略的落地和路线的实施还需要具体的创新行动（计划和项目）去实现，需要必要资源的保障，更需要明确的团队去执行。从相对抽象的创新战略到具体的创新行动需要一个科学的规划工具和平台。

创新组合管理就是一种将战略性创新目标和策略转换为一系列项目等具体创新行动的重要工具。组合管理的价值在于：它提供了一种直观的架构，将原始的创意转换为真实的投资机会，并基于一定的标准（如战略方向）实现不同项目的合理配置，便于管理和优化；它通过合理的投资比例分配来确保一定的投入有最大的效益产出，降低风险，同时也确保投资战略的实现；它还确保整个组合与公司战略尤其是创新战略相一致，让创新战略真正得到贯彻执行。

一般来说，除了按照短期、中期和长期的时间阶段划分，创新组合还可以分为战略性组合部分和运营性组合部分。战略性组合管理的目的是确保正确的创新计划得到执行（"做正确的事"），包括得到资源支持；运营性组合部分则是规划出具有可操作性的项目，目的是让这些选择的项目得到成功执行（"正确地做事"）。

未来的不确定性和复杂程度的增加使得企业几乎不可能精确判断未来，所谓"可持续的竞争优势"的概念可能要被抛弃了。今天的战略需要与多变的商业环境相适应，需要足够灵活，以适应不断变化的外部和内部情景。

要想在这种高度动态性和内部相互关联的市场中取得成功，需要考虑以下两个关键问题：

1）需要不断将战略开发、提升优化与战略执行充分融合，确保有效的产出。很多公司很纠结，不是因为它们没有行之有效的战略，而是因为它们没有将战略转化为一系列创新计划，并融入整个组织的行动中。

2）将关键的资源和资金分配到系列创新计划中，确保价值最大化，并尽可能降低风险。由于资源的限制，大约只有5%～10%的项目资源需求能够真正得到满足。

创新组合管理就是要解决以上两个问题，它就像定性战略定义和可衡量项目执行之间的传送带，真正确保战略性和运营性目标都能达成，如图3-8所示。

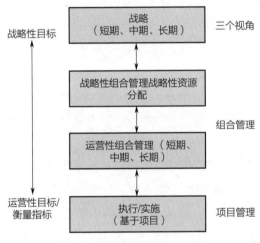

图3-8　创新组合管理开发原理

类似传统战略管理，创新组合（尤其是战略部分）的管理最好由首席创新官下属的创新项目管理办公室（IPMO）负责，并得到公司高层的支持。而具体执行层的创新组合可以分配到各相关事业部或研发中心管理，并确保受首席创新官的监督。组合管理的本质在于不断的评估和优化，是对各种计划的组合进行平衡和控制的过程，目的是为公司创造最大价值。

创新组合可以通过一套IT系统来管理，一般通过系列定性和定量标准来衡量：

- 项目对公司战略的贡献在哪里？（定性和定量）
- 项目的风险水平？（定性）
- 项目的预期投资回报？（定量）

但显然和项目管理一样，组合管理也是一个富有挑战性的工作。据统计，一般只有大约10%的企业能够做到成功管理自己的创新组合，而大部分项目都会遇到被延期的情况，也只有60%~70%的项目能够达到预期的目标和商业目的。

另外，创新组合管理还需要在以下两个方面取得平衡：涵盖短期和长期创新计划，取得平衡但不是均衡；既要不失焦，又尽量涵盖不同的创新计划。

（1）短期和长期创新目标的平衡。一方面我们需要通过对现有产品、服务和商业模式的优化等创新来实现短期的回报，另一方面又需要通过探索新的成长空间，不管是新的市场还是新的业务，来确保长期的发展需要。很多公司不自觉地在核心业务方面追求短期业绩，却没有投资于长期项目来确保未来的竞争优势。而可持续的创新管理需要在优化当前业务创新的同时去识别和开发未来的商业机会。实践证明，综合考虑短期、中期和长期三个阶段的创新需要是创新管理的重要内容，另外就是在渐进性创新和突破性创新项目上确保平衡，如表3-3所示。

表3-3 创新组合管理中不同阶段项目的战略平衡

	短期	中期	长期
业务范围	核心业务	增长业务	未来业务
战略焦点	探索和优化现有业务，持续性创新	扩展现有的和构建新的业务、关联创新	探索各种可能，对潜在机会、突破性和商业模式创新进行投资
衡量标准	投资回报率，净现值	实物期权价值	实物期权价值
主体角色	维护者	构建者、企业家	冠军、探索者、异见者
能力要求	已经具备	能够获得或开发	需求不确定

 案例

IBM 的"新型商业机会"计划

1999年，IBM当时的CEO郭士纳在读月报时发现当时财务压力迫使一个事业部不能连续资助那些富有前景的项目。他问："为什么我们不断错过那些新出现的业务？"IBM的战略团队也确认公司确实没能从29个独立的技术和业务中获得收益。后来一个详细的分析报告揭示了IBM确实在聚焦于短期和中期的创新，却忽视了长期创新计划。

基于这样的理解，IBM决定通过"新兴商业机会"（Emerging Business

Opportunities，简称EBO）计划，识别和实施一些实验性长期创新计划来平衡创新组合。在2000年共有7个EBO项目，包括Linux、生命科学、普适计算、数字媒体、网络处理器和电子商务。自EBO计划启动到2009年，共有25个EBO项目，其中有3个项目失败，22个项目为IBM创造了15%的业务收入。IBM当时对于从EBO项目到独立的增长业务发展的筛选标准就是：强有力的领导团队就位；清晰的战略规划，确保利润产出；早期市场成功；市场认可的价值定位。

目前IBM不同的业务部门都有了自己的EBO计划，通过该类长期创新规划，IBM不断拓展业务能力和新的商业模式。

（2）在创新计划的聚焦和多样性之间取得平衡。既然未来很难预测，公司应该不断实验新的技术、产品和商业模式，尤其是不断聚焦于那些未满足的市场需求，并以足够快的速度和足够宽的视野去定义组合。最近研究表明组合管理可以有效管理创新风险。适当的风险管理有助于进行一些实验性的突破性或根本性创新，抵消那种只追求安全的持续性创新的倾向。这包括少量投资那些高风险的突破性创新项目，期望其中一些项目将来能带来较大回报来弥补当初的实验性投入。既然那些实验性计划组合涵盖了未来各种可能性，很明显所有的计划都应该能够产生价值。但为了避免过于分散，资源和资金最终也只能投入到那些可靠和重要的（比如数字技术、老年化、新兴市场开发）领域。未来一般都是依赖于那些基本的驱动力发展的结果，因此这些根本性发展指标可以帮助我们预期未来的情景，从而限制实验性计划的数量。谷歌公司经典的70/20/10组合战略，即按照项目所处阶段、确定性以及可能的风险对它们进行划分，然后按照70%的短期低风险高确定性项目投

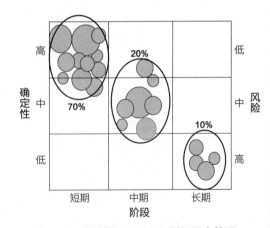

图3-9 谷歌的70/20/10创新组合管理

入，20%的中期中风险中确定性项目投入，以及10%的长期高风险低确定性项目投入，形成相对合理的产品开发和创新组合，如图3-9所示。当然，不同的公司会有自己的组合比例，比如华为就在产品和技术开发方面进行了不同的比例设计，如表3-4所示。这和它自身的战略和所处行业、发展阶段有关。

表3-4 华为的研发投入组合

	产品开发	技术开发	产品预研	技术预研
	投入10%		投入90%	
目的	根据项目任务书要求，保证产品包在财务和市场上取得成功	开发公共技术和平台，使之符合客户产品的业务目标	验证或引导客户的潜在需求，把握正确的市场方向和抓住市场机会	验证产品技术方案或产品技术，并做技术储备
市场	针对公司近期的目标市场和客户，有明确的市场需求	满足公司当前产品对技术的需求	着眼公司未来发展和未来市场，市场前景不明确，销量低	着眼公司未来发展和未来市场，可能产品没有明确需求
技术难度和风险	较小	较小	大	较大
研发模式	-	优化演进型	市场探索型	技术探索型
使用情景	-	自身企业问题解决；比如性能优化、业务归一化CBB；解决性能、效率、成本等问题	适用于市场方向百花齐放的情况，企业不必冒风险投入过深	行业技术正发生重大变革，趋势明朗
主要工作	-	把握业界趋势发展，适配产品演进节奏内部需求分析，部门利益诉求，保持好与产品进度配合节拍，为技术向产品转化做好支撑与服务	Demo设计提取用户价值需求，渐进逼近用户需求确定方向，转化为深度投入阶段	关键技术验证积极与先进供应商合作，关键技术突破研发发布、汇报、产品化

1. 战略性组合管理

如前面提到的，战略性组合管理就是要把创新战略转换为相关联的创新项目组合。该组合需要定期基于特定的标准进行讨论和优化。一般是由一个组合管理委员会（Portfolio Management Board，简称PMB）负责战略性决策，该委员会要包括管理层，这保证他们能够充分从战略的角度考虑，并确保足够的资源投入。首席创新官作为成员之一，主要负责向委员会提交创新战略组合规划情况，提请委员会评估，并负责组合的具体调整和执行，以及相应资源的分配建议、管理和落实。而委员会的主要任务包括三个方面，即对组合的评估和优化，针对组合的资源分配，以及创新计划的启动和终止决策。

2. 基于战略性和优先级进行资源分配

创新组合优先级规划应该和资源管理（战略层面）完全协调一致，对于各种决策和优先排序是否有相应资源支持的可行性核查是必需的。战略性资源管理涉及将资源供应限制因素充分结合到组合不同组成的分析中。如果组合中的项目立项超过资源承受能力，就会影响组合的组成，导致拖延或放弃一些项目。为了确保战术性资源分配的成功，战略性资源分配应该和战略性组合管理过程紧密协调。

3. 系统持续地推动战略沟通

战略的价值在于执行，而执行的关键在于沟通，达成一致。关于制订沟通计划，戴尔公司董事会主席戴尔曾提到："在制定战略时，我要和客户进行沟通，和各个员工群体以及其他人进行沟通。战略的一个关键环节就是把它传出去。"沟通需要明确沟通的渠道、方式、力度、前后一致性和明确性，由高层主动参与，最好制定一个沟通战略或计划。另外，战略沟通应该是一个长期持续的循环过程，是学习型组织的重要特征。显然，那种刻板、层级森严的机构体系会阻碍沟通。

4. 适时启动和推出创新计划

选择新的、战略性创新计划需要充分的尽职调查。尤其是在混沌时期或危机时期，这是必须要做的，不能为了做事而做事。由于各种影响因素、相关性以及不同利益相关方的存在，组合管理具有高度复杂性。为了公司利益的最大化，项目管理委员会需要确保各种因素都能考虑进去，创新计划能够基于相关的最新标准进行评估。另外，及时终止那些不再有吸引力或不成功的计划是一种负责的行为。必要的约束不但不会扼杀创新，反而有利于激发创意。不停的具有约束性的筛选，可以帮助我们聚焦和向前推动创新事业。

前面多次提到资源的分配和管理，其实这对公司的创新是至关重要的。作为首席创新官，很重要的职责就是充分利用自己的创新管理职权等优势，为公司的创新战略和创新活动争取包括预算、人力、场地等资源的支持，尤其是获得高层同事甚至是董事会的支持，让他们成为创新的盟友，这也是设置高级创新主管这个角色的重要原因之一。而对于如何为不同的创新分配资源，没有可以严格依循的公式。这会因公司不同以及其他因素而不同，比如技术改变程度、技术性机会大小、竞争强度、核心市场成长率、客户需求被满足的程度，以及公司的实力等。对于核心技术快速发展（比如医药、媒体、通信）的市场，突破性技术创新一般更有利于获取商业机会和竞争优势。而如果核心业务是成熟的，或许不得不通过商业模式的创新和根本性技术突破来寻求机会。当然，如果一家公司的业务正在快速成长，它当然会集中大部分资源去维护和扩展这块业务。

最后，抽象的创新目标和战略最终都变成具体的创新项目，变成公司真实的创新行动。我们应该让战略真正成为组织的自主行为和原动力，将我们美好的创新使命与组织行动结合起来。在这个过程中，还需要基于战略需要，不断开发引入创意和创新项目，充实到创新组合中，需要高效的创新流程和强大的创新资源生态的支持，在后面的章节中将陆续对这些方面进行介绍。

 案例

西门子的技术与创新组合管理

西门子的技术与创新组合制定与管理由中央研究院的一个创新管理团队负责。该团队有三个主要职能：技术组合开发与管理、创新组合开发与管理、业务领域的创新协作。

在技术组合制定中，西门子公司的CTO会和各事业部的技术负责人、研究与开发部门负责人一起讨论是否需要对西门子的技术领域进行调整。一般按照年度性的讨论制定和调整，主要基于技术领域的路线图、各事业部需求，以及愿景规划和技术搜索结果。技术领域规划主要是制定技术路线图和预算，并综合考虑公司自营和竞争力开发计划，以及知识产权战略等因素。最终确定公司要集中投入的技术领域和方向。技术评估主要是整理项目信息，听取项目介绍和讨论，以及听取内外部意见和反馈，定义实施评估标准，并最终向研发管理层汇报。

西门子识别、评估和推动技术驱动的商业机会开发，一般这些机会和西门子具有战略相关性，并且充分发挥西门子研究院和事业部优势。创新管道主要是对大量创新创意进行评估，并最终能够进入下一步的实施管道。创新项目开发实施流程如图3-10所示。

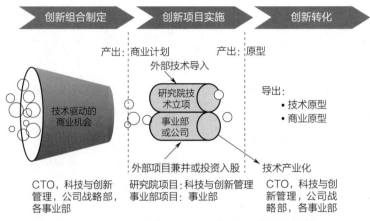

图3-10 西门子创新组合制定与创新项目开发实施流程

创新机会或新商业创意的主要来源：未来之窗（Picture of Future，简称 PoF）；战略性项目（如关联产业）；创新工作组；创意大赛（内外部）；西门子员工。

在创意开发阶段，对于技术驱动的商业机会的筛选，主要依据以下方面的标准：具有较高的收益潜力；与当前业务相关联或跨业务的事务；超出当前业务的领域；对于保护当前业务具有高度战略重要性的项目；具有应对颠覆性挑战潜力的项目。

在项目实施评估中，需要对创新项目进行系统化的评估和决策，主要依据以下几个方面的标准：得到事业部和研究院的认可，并许诺成为其业务拥有者；和西门子战略相关；对西门子营收和 EBIT 带来重大积极影响；对西门子技术和研究院具有重要意义。

四、定期战略评估与优化调整

创新战略尤其是创新组合需要定期的评估，包括从目标定位、投资和风险的角度进行分析，很多时候要用到打分的方法。基于评估标准，项目会依据优先级重新排序，甚至被终止。很重要的是这些评估和优先级制定都要在透明和一致性标准的情况下进行。而且，评估程序应该允许那些即使没有达到通过标准但因为特殊理由仍继续投资的可能。这些理由和深思熟虑的决策应该是通过公开透明的沟通进行。另外，从实践的角度看，优先评价最好采取分组的形式，比如前5个，中间组，等等，而不是采取顺序号的形式。但随着外部形势条件的改变，优先排序和评估的标准也应随时改变，因此经常评估有助于调整公司的探索方向。

　　管理创新计划组合应该遵循一个中心原则：进化性选择。基于项目进行一段时间后的信息，可以对创新计划，比如一个新技术或商业模式是否继续推进做出决策。这些信息只能来自实验和测试，而不是来自愿景和设想。这表明对创新组合的投资规划是基于其风险和不确定性。因此，短期项目一般投入较大，中期项目次之，高风险的长期项目建议少量投资。这也说明了在正式大规模启动创新项目之前开展一些先导项目、原型验证和迭代性市场测试或学习的重要性。如前面提到的谷歌组合投资比例，公司一般保持持续性创新（短期）占70%，关联性（中期）创新占20%，那些突破性或根本性长期创新计划一般只占10%。

　　对于创新组合的优化管理，应建立创新战略评价和调整工作机制，对战略执行情况进行跟踪、对标、预测及评价。定期或适时分析、评估计划与实际的偏离，并考虑内外部环境的变化，对科技战略和目标及其实施计划进行调整。基于所收集的相关数据和信息，运用适宜的科学方法和工具，对创新战略、目标及其实施计划进行预测，验证公司的创新战略、目标制定的合理性，并指导未来创新战略的制定过程。

　　总之，在制定创新战略的过程中，我们应该首先问自己的公司或组织要为这个世界带来什么。和别人有什么不同，这个不同重要吗？这里面有什么独特和难以模仿的吗？今天我们在为此做自己需要做的事情吗？尤其是要完成以下四个关键任务：

　　1）回答"我们期望如何通过创新为客户和公司创造价值"这个问题，然后将答案解释给公司上下，达成一致理解。

　　2）制订一个高阶计划来分配资源到不同种类的创新上。最终钱、时间和精力花在哪里，这就是我们的战略，不管表面上说什么与怎么说。

　　3）管理各种权衡（trade-offs）。整个创新战略的开发过程就是一个不断进行分析判断和权衡决策的过程。这包括在不同创新类型之间、不同创新战略模式之间、不同创新项目之间的平衡选择。职能部门自然而然地都会维护自己的利益，只有高级领导可以做出有利于公司的最佳决策。

　　4）创新战略需要不断演进发展。任何一个战略都是在一定假定的条件下才正确，这种假定是基于市场、技术、规则和竞争者等真实情景而来。一旦这些因素有改变，战略可能就需要修订，正如产品设计需要不断演进以保持竞争性一样。正如创新本身一样，创新战略也需要不断的验证、学习和调整。

最后需要强调的是，推动创新战略的顺利执行需要确保创新和商业目标的统一，将创新理念融入公司上下的日常工作中。并建立强大的沟通渠道，确保创新战略让每一名员工都能领会并结合到自己的工作中。

五、 战略性创新——战略驱动的创新

外部环境的急剧变化带来消费者需求和期望的改变，带来技术的改变，带来政策的改变。结果就出现了新兴的消费群，新的消费需求，新的生产方式和物流、供应链模式，新的产品和服务也随之出现，这个时候就产生了新的战略性创新机会。战略性创新意味着形成新的增长战略、新产品品类、新服务或者商业模式，改变游戏规则，为消费者、用户和企业带来巨大的新的价值。

传统的创新战略理论一般认为有两种基本的战略模式，成本战略或者差异化战略，显然战略性创新有所不同，它更强调"做得不同"，而不是传统的"做得更好"，尤其是在产品或技术发展范式以及企业的战略定位上，如图3-11所示。它更强调走以前没有走过的道路，突破当前的业务边界和思维模式，以开放的思维，

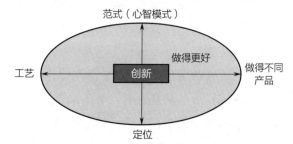

图3-11　创新空间：传统的创新与战略性创新

去创造性地探索新的王国。传统创新战略与战略性创新的区别如表3-5所示。

表3-5　传统创新战略与战略性创新的区别

传统创新战略	战略性创新
立足当前面向未来，以今天为出发点	以未来为起点识别长期机会，然后回溯到当前
采取规则制定者和遵守者（跟随者）姿态	采取规则打破者（革命性）姿态
接受已有的业务边界和产品品类	寻求创造新的竞争空间和领域
聚焦渐进性创新	寻求突破性和颠覆性创新，同时增强核心能力
遵循传统的、现行的商业规划模式	将创造性灵感引入流程
致力于用户显性需求	挖掘用户隐性需求
技术驱动为主，让用户满意	吸纳消费者灵感，让用户兴奋
一般是基于固定的传统组织模式	可能需要引入具有企业家精神的风险部门或其他组织架构

因此，战略性创新还不能简单理解为单一的突破性创新或者商业模式创新，它对企业发展带来的影响是战略性的，通常是我们理解的战略转型。比如著名的美国杜邦公司在其一百多年的发展历程中先后经历从制造炸药的军工企业转型成化学工业企业，然后又转型为以材料科学为核心业务的巨头，每一步都是典型的战略性创新实践。而且战略性创新更多是公司系统规划和主动性的活动，不是那种随机的突破性技术带来的，如图 3-12 所示。

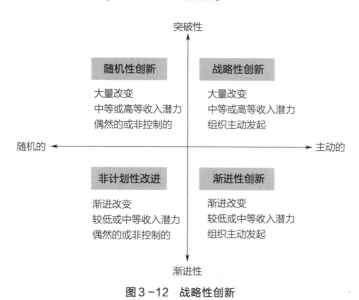

图 3-12　战略性创新

下面是战略性创新的 7 个度量标准或特点，可以作为参考。

1）以精心经营的创新流程作为基本手段（而非靠几次头脑风暴），融合非传统和传统的方式以及外部观点和内部能力，去探索公司未来的各种新的可能。

2）通过各种机制确保战略性一致，实现公司内部对未来愿景、目标和行动提供支持。

3）达成行业预见，通过自上而下的视角来理解各种变革力量，包括新兴的基本趋势、新的技术、竞争动态、未来潜在的混沌和各种愿景。

4）消费者或用户洞察，提供一个自下而上的视角，深刻理解消费者或用户潜在的需求，包括明确说出来的（显性的）和没有说出来的（隐性的）。

5）核心技术与融合内部能力、组织竞争力和资产等能够为客户创造价值的竞争力，包括技术、知识产权、品牌资产和战略性关系等。

6）一家公司的组织性就绪度，包括文化方面、流程方面和结构性方面就绪度，以及可能推动或阻碍该组织实施一个创意和战略的能力。

7）对从创意到商业化整个流程的高效管理和有力实施。

其实，战略性创新对于我国很多正处于转型和超越的领先企业来说更具有指导意义。很多中国企业在发展早期是基于成本和规模优势迅速壮大，当前正依靠差异化战略逐步成为世界级企业，与自己昔日追赶学习的竞争对手之间的差距迅速缩小，而未来的挑战和机遇在于如何实现从跟随者向引领者角色的转变。它们亟须这种战略性创新来推动企业实现全面领先，实现企业可持续的系统性创新和变革，最终成为全球领袖企业。

第四章
开发新的创意和机会

企业创新的发生来源于大量好的创意，创意是企业创新的养料，为企业创造新的机会。企业的很多重大创新和突破性成长都来源于那些改变游戏的创意。因此，以创意开发为核心的前端创新（Front End Innovation，简称FEI）得到越来越多企业的重视和投入。考虑如何促进创意的产生，以及如何努力提升创意质量，如何推动创意的商业化，是创新型企业及其创新领导者日常关注的焦点。前端创新是整个创新过程的至关重要的部分，在前端创新中做出的选择将决定后续产品开发和商业化的创新内容。提升前端创新质量可以为提升公司创新能力提供最大潜力，但实际上前端创新却往往表现为混乱、不可预测、不够结构化，其难以控制和高度不确定性的特点给前端创新的实施和管理带来挑战。前端创新的核心就是产生、培育和筛选创意，从创新管理的角度或者从创新领导者的视角来说，那就是尽可能完善支持创意产生的环境和机制，系统培养员工创造能力，拓展创意来源，搭建创意管理平台和引入先进的创意工具。还需要为激发创意提供丰富的创新创意资源，包括提供各种独特观点和技术知识的合作伙伴，各种情报来源和诸如趋势、技术和专利、市场和竞争等方面的分析与洞察，以及连接这些外部资源必需的网络渠道。当然，为创意开发提供必要的资金预算保障也是至关重要的。

总之，对于创新领导者来说，要提升企业的创意质量和数量，至少要做好四个方面的工作。第一是建立一个支持从机会分析到创意开发全过程的创意流程，理解创意产生的规律，合理引导创意发生；第二是建立一套创意管理机制和创意管理系统，提升整体创意组合质量和效率；第三就是引入支持创意开发的方法和工具，激发创造力，提升创意数量和质量。第四就是采用合理有效的创意评价筛选机制，确保有价值的创意得到进一步开发和向创新概念转化。另外，创新实践中创新氛围打造、创新激励机制完善、创意成果的转化和商业化，以及专门负责创意开发管理的团队设置，也都至关重要。

一、创意开发流程及管理策略

创新一般分为三个阶段：远见与创意、研究与开发、应用与扩散，即所谓的前端创新、新技术与新产品开发和商业化阶段。前端创新也叫模糊前端，即机会分析与创意产生的过程。模糊前端的概念最早出现于 1985 年，在 20 世纪 90 年代早期被推广成为许多学者研究的对象，其概念的内涵界定也逐渐清晰。

美国学者柯恩（Koen，2004）将前端创新定义为：在产品创新过程中，在正式的和结构化的产品开发过程之前的活动。在前端创新阶段，一个组织形成了一个产品概念并决定是否投入资源来开发这个概念。在此阶段，产品策略形成，并在业务部门内展开交流，机会得以被识别和评估，以进行概念生成、产品定义、项目规划和最初的执行研究。这些活动都处于详细设计和新产品开发之前，并以企业决策是否对一个概念进行投资和在开发阶段引进该项目而结束。

之所以称为"模糊前端"，是相对后面的产品开发阶段来说的。一般来说，后面的新产品开发阶段要求在技术（路线）、产业（形势）、市场（需求）三个方面都已相对明确，它是个相对结构化、线性的过程，结果和完成日期都可预期。而前端创新是个非结构化、具有反复迭代特点的过程，相关技术路线、产业发展、市场机会还具有很大不确定性，未来结果还不清晰，充满了各种模糊不清的现象。三个阶段的具体比较见表 4-1。

表4-1　创新开发流程三阶段对比

分类	前端创新	新技术与新产品开发	商业化阶段
阶段特征	模糊性，不确定性，信息不充分，期望收益一般具有较多推测而不确定	企业战略定位清晰，已有较为清晰的产品概念，各个部门各司其职	更多地需要管理创新和商业创新，成功地把握用户，成功的市场定位
创意管理难点	需要大量的创意进入下一阶段的产品开发，创意管理的主要工作职责就是激发大量的创意	创意管理过程更多关注产品的改进、完善和新功能、新特征的开发实现	创意管理更多关注如何扩大并开拓市场、获取更大价值
创意管理过程	通过创意文化、创意途径、创意制度与创意工具四个维度，大量激发创意，成为进入产品开发阶段的养料	创意管理伴随着企业组织内的价值链而顺势流动，由R&D部门，到生产制造部门，乃至流入市场	在市场开拓过程中，想出好的创意、好的点子去销售已有产品
创意文化	构建鼓励创意的文化与氛围，强调组织内沟通合作，最大范围激发创意	开发过程中，组织内也强调良好的组织文化与沟通，使得各个组织界面容易管理	创新的文化，合作的文化对于市场推广阶段同样意义重大
创意途径	激发创意，不仅仅要动用本企业所有员工，也要从客户、供应商、竞争对手与关联单位处获得信息，才能保证产品有需求	开发过程中，需要有客户反馈，且开发执行过程中若没有供应商的支持，产品亦很难开发成功	市场推广，自然不可缺乏顾客的意见
创意制度	合适的奖励制度与发展制度，在企业内创造轻松自由的创造性环境，保证了创意产生	适当的制度和流程，确保产品开发过程中的正常运作与发展	制度是企业整个生产、经营与发展的保障
创意工具	企业内构造合理的知识库与网络平台，为企业构建知识沟通与共享的平台，激发组织创意	开发执行阶段，企业需要有一定的数据库，作为新人学习的工具	市场推广很多因素以隐性知识为主

　　但前端创新对于整个创新过程来说却是非常重要的。它是在精确商业计划开发、预算规划和ROI计算之前对一个新产品、流程、市场进行评价的必要工作。一般该阶段的投入占整个创新过程的1/4左右，需要的时间可能占大约一半。曾有研究表明，在新药的研发中，前端创新产生的3 000个创意只有14个进入开发阶段，最终能够商业化而取得成功的也只有一个。也就是说，前端创新会产生大量创意，但成功率只有0.47%，后期开发阶段不需要那么多创意，但成功率提高

到7.14%。可以说，成功者和失败者最大的区别在于前端过程执行效果。很多项目即使在产品开发阶段花费很大力气，但如果最初阶段的判断或者研究不正确，最终还是会以失败告终。

对前端创新的有效管理能够提高创新的绩效，节省时间，带来事半功倍的效果。但实际上很多企业在该阶段投入的时间很少，仅为后期开发和商业化的16%，投入资金也只有后两者的6%，采取的也是比较原始的办法，甚至是凭感觉和拍脑袋。此外，对前端创新的重视和投入可以产出高质量的创新成果。这是因为以阶段门（stage-gate）为代表的后期新产品开发创新流程主要还是用于将持续性创新有效推向市场。它们是基于用户需求和市场情报驱动的创新。而突破性创新和颠覆性创新则往往来自前端创新。

柯恩在其提出的前端创新概念模型中认为，前端创新包括五个环节，分别是机会识别、机会分析、创意的产生和丰富、创意的选择、概念界定，如图4-1所示。靶心包含组织上的领导关系、文化氛围、经营战略，是企业实现五要素控制的驱动力量，也是模型的引擎。影响因素包括组织能力、外部环境（分销渠道、法律法规、顾客、竞争对手、政策与经济形势）等。这些影响因素通向商业化的全

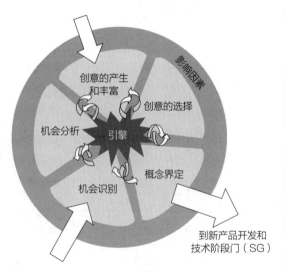

图4-1　前端创新概念模型

部创新过程，而且是企业所无法控制的。向内指向的箭头表示起点，可以使从机会识别或创意产生开始，向外指向的箭头表示概念进入产品开发阶段。前端创新基本流程如图4-2所示。这五个阶段可以反复循环，且最终要形成可以进入下一阶段新产品开发的产品概念，而创新概念来自诸多创意的提炼，创意则来自对创新情景和机会的分析研究。即前端创新是个从机会到创意、最终到创新概念的过程，对此柯恩为这三个关键通用术语进行了界定，分别为：

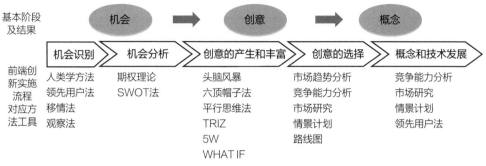

图4-2 前端创新基本流程

- 机会：为了获取竞争优势，企业或者是个人对商业或者是技术需要的认识。
- 创意：一个新产品、新服务或者是预想的解决方案的最初萌芽。
- 概念：具有一种确定的形式的特征，并在广泛了解技术需求的基础上符合顾客利益的定义。

尤其重要的是，与线性的阶段门创新流程相比，前端创新采用循环递进的过程，创意流在其中流动，在这五个阶段之间不断迭代和螺旋上升。这个过程可以是从机会识别开始，也可以从创意的产生和丰富开始，最终形成新的产品开发，进入技术或产品开发阶段门流程。

另外，前端创新流程规划中要考虑到具体的创意类型及需要。前端创新基本流程适合那些渐进性创新的创意开发需要，如图4-2所示。如果期望得到突破性创新，还需要对流程进行调整和完善，Koen 等人对此提出更为具体的流程，如图4-3所示。

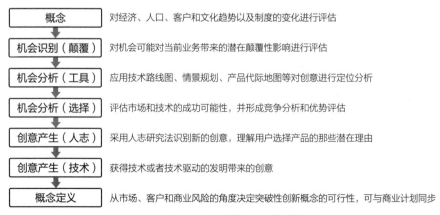

图4-3 面向突破性创新的前端创新流程

二、拓展创意来源和激发创意产生

前端创新的核心是创意开发，需要足够数量的创意产生，但并非所有的创意都有用。有些创意可能是多余的，或是没有多大价值。在创新能力方面有所投入的企业，一般都会建立自己的创意管理机制和"创意系统"——如创意管道，以寻求逐步从大量创意中评估筛选真正需要的创新概念，并且认识到这种潜在的创造能力能够被激活，能够对其进行管理，甚至能将其转化为推动企业增长的新工具。优秀的创新型企业把创意管理视为企业追求新机会来源的中心议题。创意管理及其创意系统可以帮助企业树立创新信条，建立激发和适应创意的环境，帮助企业的每个部门寻找新的商业机会，促进管理者和员工的广泛参与。创意系统并不是回避传统部门和新产品的开发流程，实际上它的作用就是激励这些传统部门和工作有所好转，为它们输入更多更高质量的创新项目，与后续新产品开发流程相衔接。

实施创意管理和构建高效的创意系统是创新领导者的核心职责之一。这具体包括三个方面的关键任务：第一是拓展创意来源，建立有效的创意收集渠道，激发创意产生，确保获得足够数量和质量的创意；第二是建立客观的创意评价和反馈机制，及时筛选出高质量的创意；第三是对选择的创意进行提炼，形成相对完善的创新概念和创新提案，作为后续创新组合的输入。

构建高效的创意系统首先是识别和发掘各种创意来源，尽量拓展创意收集的深度和宽度。作为创新领导者，需要深入探索好的创意一般来自哪里，尤其是研究它们应该来自哪里。公司目前缺失哪些有价值的创意来源？如何去开发和培养这些创意源？

一般来说，创意或创新机会可以来自公司内部和外部，以及内部与外部的融合。公司内部是重要的创意来源，对此很多公司会有系统的投入，包括创意激励制度、创新文化建设、创意收集系统，比如创意收集平台、意见箱、创意大赛等，培养创意开发人才，引入设计驱动的创意环境和创意方法等。很多创意来自公司的企业战略和创新战略，有些来自专门的开放式创新、技术跟踪和情报分析等部门，有些则是来自全体员工。有些创意收集办法属于比较容易和低成本的，但这只是释放员工创造力的第一步。高效的创意系统下每名员工年可以产生上百个创意，但可惜很多创意半途死掉了。提升创意效率有三个关键要素：第一，降低创意提交进入门槛，通过简单的在线工具能够轻松地登录；第二，通过及时反馈机制建立领导者和员工之间的信任；第三，建立激励机制，奖励那些提交上来的具有潜在价值的创意，并尽可能扩展创意提交范围到整家公司。

外部创意来源正逐渐成为公司越来越流行和重要的选择。外部创意源主要包括用户、供应商、研发机构、各种创客等个体。这和迅速发展的网络技术和科技知识的民主化发展有关，开放式创新逐渐成为很多公司的基本创新模式，尤其是获取用户的洞察、需求、抱怨等。让用户参与到创意和创新流程中来，实现公司内外的创意资源协作，正逐渐成为高效的创意开发模式。后面的创意开发方法和工具中会就这方面有具体介绍。

要保证有足够数量的创意产生，同时还应该满足战略需要，为公司带来真正的价值。影响创意质量（成功实施并带来商业价值）的因素很多，比如理解团体动态对创意开发的影响，通过树立榜样的方式促进组织的创意开发水平，平衡对突破性创新和持续性创新的投入，等等。创意的质量很大程度上还是建立在创意数量上。

好的创意往往是连接、融合和交互的结果。通过不断的竞合和相互补充，创意会得到不断的提升。因此，需要打造一种创意空间，或者是打造一种液态网络，而非刚性的网络，创造新的可能。网络连接可以产生创意，但不是简单的感性连接就可以产生，往往需要充分的融合和再生。1953 年，美国芝加哥大学一个年仅 23 岁的研究生米勒在其导师尤利指导下完成了震动整个生物学界的实验。他在试管中加入甲烷、氨、水、氢气等，模拟原始大气的情况，通过火花放电的方式得到了组成生命的重要物质基础——氨基酸。米勒的实验向我们再现了数十亿年之前发生在原始地球上由无机物形成有机物的生动一幕，为生命起源的"化学进化"提供了重要证据。之所以能够成功，原因就在于他们利用水的流体和溶融性，使得各种物质充分融合和以不可预知的方式相互作用，而再生形成全新的物质。其本质在于提供一种允许各种要素随机和充分关联、融合和撞击的环境。创意也同样是这个道理，它需要一个介于有序和无序两个阶段之间的一种濒于混乱的边界区域，就像物质的三种形态一样，固态更加有序稳定，气态更加无序混乱，而液态则处于两种状态之间，有助于探索两种状态之间的关联可能性，逐渐走向有序，形成各种可能的新形态和新模式，这就是我们所说的液态网络。这也揭示了在一个关键的变革时期，往往能产生变革性的发现和思想。比如文艺复兴时期就产生了大量宝贵的文化作品。因此，打造一种公共工作环境也很重要，它有助于员工之间的自由互动和交流碰撞，尤其跨领域跨学科的知识的碰撞可能会产生一些具有突破性和颠覆性的创意，带来全新的想法。

公司不可能仅靠员工知识去发现和分析机会，外部各种专业的知识社区是个重要的创意来源。这种非正式的知识分享方式，可以帮助深化、丰富和验证各种创意。公司可以鼓励员工自由参加公司内外的专业会议、展览等专业交流活动，或者组织一些特定的知识交流分享活动，促进知识的流动、碰撞和融合，激发创意的产生，如图4-4所示。

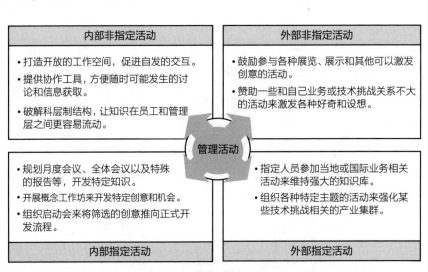

图4-4　不同创意获取途径和方式

企业内部的创意来源，也可以分为随机和规划性的，来自基层自发的和来自高层推动的。比如来自高层推动的按照计划好的更新和扩展方案实现的持续改进，即通过常规的规划好的流程，制定具体目标和详细步骤去执行，产生创意。或者是来自高层推动的战略性判断，这具有对赌的特性——通过对开放性愿景的验证及强大的组织实施能力。来自基层的创意则包括那些通过员工建议收集和头脑风暴的方式，获取大量持续性创新提案，以及来自基层的、偶发的突破性创新——但这需要激发创新的愿景和文化，才能够激发出大量的创意。比如能确保不同背景和兴趣的人自由交互，能吸引感兴趣的人参与到创意讨论和验证过程中，具有促使各种人和创意相互融合的机制，具有探索验证成功的技术 – 商业模式的方法，等等。

在培养员工创造力方面，激励创意的制度和创新文化是创意产生的沃土。比如像英特尔、3M 和惠普这样的公司在开发员工潜在创造力方面要走得更远，包括对一些创造力的培训项目进行投资。这些项目鼓励管理层通过口头或非口头的信号，向员工传递这样的信息：他们的想法和自主性会得到公司的重视。这些信号塑造了企业的文化，经常会比金钱上的奖励更加有效。事实上，金钱上的奖励有时会破坏员工的创造力，这是因为金钱上的奖励会刺激员工关注外部的兴趣而不是自己内在的兴趣。

对此柯恩也提出了一些有利于该阶段的企业文化和措施，可以作为创新领导者推动创新和激发创意的参考：

- 鼓励员工利用"空余的时间"去检验和实现他们自己或别人的想法的组织文化。
- 鼓励创意的多元化激励。
- 易于使用的关于产品或服务改进的网络创意库，包括与顾客和供应商的联系。
- 处理外来创意的机制。
- 有限的、简单的、可度量的目标，以跟踪创意的产生和丰富。
- 通过频繁的岗位轮换来鼓励知识的共享和扩宽网络。
- 沟通核心能力、核心竞争力和共享技术形式贯穿整个企业的机制。
- 在丰富创意小组中吸纳有着不同的认知风格的人。

对于如何激发内部员工的创造力，收集他们的创意，还可以参考以下具体做法：

（1）定期（每日、每周或每月）制作发布内部通讯，介绍来自竞争对手、其他行业和国家的相关创新。

（2）芝加哥主厨 Charlie Trotter 曾鼓励他所有的员工在度假的时候去体验其他餐厅，并在假期结束回来后分享他们的观察和感受。

（3）很多企业会识别出自己长期发展战略所需的知识，然后去搜索外部可以获取的对象。比如飞利浦公司就开发了一套新价值符号工具，通过收集外部洞察信息来激发和引导内部创意，比如设计创新人员在工作中会比较这些外部洞察。他们通过用户研究等方式分析消费者生活方式、行为习惯，搜集遇到的问题挑战等信息，形成"人本资料库"。将各种外部刺激信号划分为文化、科技、市场等不同类型，用不同颜色表示，比如红、绿、蓝，并分析这些外部信息可能带来的影响，分成短、中、长期，比如科技趋势——科技进步速度更快，需要更好的服务，科技要分个人喜好、需求，科技发展造成个人信息被滥用，等等。这些外部价值刺激信息（洞察）目的是创造一种可以共用的语言和讨论平台，保障创新方向，提升创意和创新效率。

（4）与供应商建立战略伙伴关系，可以为企业注入新的技术、工艺和创意。比如强生专门建立供应商创新部门，推进与供应商的合作创新，宝洁公司与德国巴斯夫化学公司合作创新，波音和空客合作外包飞机材料、零件和系统，等等。

（5）尽可能扩展新员工的来源和不同职业背景，为企业带来更多新鲜的想法。

（6）适应新趋势——允许外部员工租借自己的部分办公室，为公司带来新鲜的交流与想法。

（7）与零售商进行定期会议，让公司有机会了解产品种类变动趋势。

（8）访问有助于启发灵感的地方，像 Materials ConneXion 公司这种有关新材料的展览馆或咨询公司；接触其他行业或国家的时髦零售商；参加有新品介绍的贸易展览。

（9）与大学或设计学院合作，从年轻的学生身上吸收新鲜的、不受任何因素干扰的原始想法。丹麦的一家时尚电子商务公司 MUUSE 就是去全球顶级设计学院搜集未来可以为它们工作的设计人才。

（10）让员工们出去聆听或者接触公司外的专家们，比如通过 TED 演讲，或者是与不同领域或行业的成功人士交流，了解他们所经历过的创新项目。同时，还可以听一听这些人的创新哲学和最前沿的技巧，看一看不同的物理和心理环境是如何影响人们的创造力的。

（11）与其他行业相关的技术、流程、设备、装置和材料对标。在苹果公司研究如何让其早期的 iMac 电脑具有彩色、光滑的外表时，苹果公司与糖豆工程对标，学习他们是如何得到光泽和色彩效果的。但这里最微妙的事情就是辨别选择哪个行业。一个最近的典型例子就是宝马公司和美国奥林匹克雪橇队合作，研究在高速行驶中如何应对转弯，两个组织都可以借此改进自己。

 案例

利用 IT 平台获取外部创意

像宝洁、联合利华和乐高这样的公司为了获得新的产品创意，将它们遇到的挑战放到网页上来收集解决方案。联合利华开放式创新网站中列出了公司在开发产品时遇到的挑战，以及期望与伙伴合作开发的项目，网站委托给第三方 Yet2 负责管理，如图 4-5 所示。

图4-5　联合利华的创意收集

乐高公司邀请消费者来分享他们的新产品理念。如果该理念的发明者得到了1 000 人的支持，有一个乐高委员会将会复审这一创意。如果该创意被选中商业化，发明者将得到该产品销售额的 1%，如图 4-6 所示。

其他公司，像玩具公司，会邀请外部特定行业的发明者参与创意活动，然后派内部产品设计师每年定期几次去审查这些外部发明者的创意。

图 4-6   乐高的创意收集与孵化

三、创意开发方法与工具

Cooper 和 Edgett 在对各种创意方法的调查分析中整理出了 18 种常用的创意方法工具，根据它们的应用广泛度和创意效用性，形成一个创意方法地图，如图 4-7 所示。

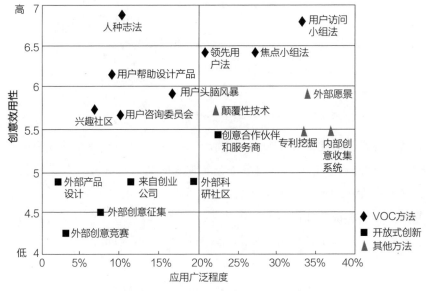

图 4-7   各种创意方法和工具在创意开发中的使用情况分析

典型的用户声音法（Voice of Customer，简称 VOC）包括人种志法、焦点小组法和领先用户法等八个方法。很显然从图中可以看出客户声音法总的来说是最为有效的，其中用户访问小组法和焦点小组法、领先用户法也被广泛应用。

（1）人种志法：该方法相对较新和复杂，所以实际使用不太普遍，但最为有效。这种方法主要是实地观察和研究用户使用产品的情景，或者是对应情景的实际生活方式，通过笔记、录像、摄像等手段记录下来，并进行分析，形成对用户没有满足或者没有说出的潜在需求的深刻洞察。这种方法耗费的时间和金钱都比较多，对研究人员的要求也比较高，也不是适用于所有场所。比如在建筑工地、工程部门或医院都是可以的，但显然某些人的厨房和浴室就不太合适。

（2）用户访问小组法：访问小组一般由跨职能人员组成，典型的是三个人一组，一起去访问用户，采用深度访谈的方式，基于预先准备的访谈指引去挖掘用户遇到的问题、需求和对新产品的要求。这种方法属于比较广泛应用和有效的方法，其优势在于能够识别和聚焦用户问题和没有说出的需求，是一个重要的创意源。其主要挑战在于如何让用户配合，腾出时间接受访谈，以及对访谈人员的培训和访谈方案及问题的设计。

（3）焦点小组法：用于问题发现，和用户或客户一起识别需求、期望、问题、痛点和新产品建议（产品开发阶段更多用来测试概念）。和用户访谈类似，也比较流行和有效，关键是如何找到正确的客户参与进来，尤其是对商业客户，以及找到具有相应技能的主持人。

（4）领先用户法：该方法认为和具有创新性的用户在一起才会产生创新性创意。它需要找到一组特殊的富有创意的用户，通过诸如工作坊等方式，识别问题和潜在方案。同样该方法也比较有效和经常使用。这种方法的优势在于目标用户走在潮流前头，因此很可能拥有下一代产品的想法。挑战在于找到需要的创新用户和工作坊的设计运作。

（5）用户帮助设计产品：这种新鲜的方法最近几年得到广泛关注，尤其是现代网络技术的发展，使用户参与创新或设计成为可能。比如，雀巢的一家香料供应商就提供了一种工具让用户自己开发香料，然后自己生产供应。通用电气则提供用户一种基于网络的塑料产品设计工具。这种方法的最大优点就是让那些了解自己需求和期望的用户自己去设计下一代突破性产品。但显然这种方法有其局限性，比如允许用户设计超出他们知识范围的产品是很困难的。

（6）用户头脑风暴：该方法经常用于 B2B 市场的用户活动上，或者是 B2C 产品的焦点小组活动中。它召集一组用户，采用头脑风暴的方法产生一些创意。

（7）兴趣社区：就共同话题形成的一个在线社区。兴趣社区往往更加容易就某一个话题开展深入和持续的探索，而且更容易产生一些有价值的前瞻性想法。但如何吸引更多高质量的爱好者加入并有效地管理运行该社区是个挑战。

（8）用户咨询委员会：是指邀请一些精心优选的客户加入委员会，激发他们表达自己的需求，或者对现有产品提出意见和建议。

还有其他多种创意方法可以参考：

（1）模糊预感：很多宝贵创意降临的时间都不是完美的，而是处于"半熟"状态，尚需进一步发展和关联。这也启示我们很多创新组织者，在通过各种诸如创新大赛等手段收集成百上千的创意后，不要因为其粗糙原始而气馁，这些创意看起来似乎价值不大或者不够完美，需要进一步的关联和完善、精炼。

（2）冥想/意外偶然创意：做白日梦和冥想也是一种思维状态，它有助于各种创造性洞察的随机碰撞交互，预感就像早期的碳原子，需要各种新的连接从而形成新的链条和创新结晶。有时，我们的头脑思绪越无序，也许越有创意。就像谷歌允许员工每周有半天自由探索实践一样，这样这个组织就会不断浮现各种新奇的点子。

（3）错误：各种关于真相的想象和大量猜测是重大发现/发明的前提，但更多时候我们得到的还毕竟是错误的猜测。好的创意一般会在一个包含大量噪音和错误的环境中产生。富有创造性的环境接受有价值的错误，而不是那种严格的管控和约束。

（4）跨学科扩展：历史上很多重大科学发现都是不同学科之间交叉融合的结果。咖啡间就是一个很好的社交网络空间，广泛的社交网络有助于扩展组织的交互范围，允许来自不同领域的专家相互交流。构建"第三场地"，改变来自连接心态。

市场驱动的创新是当前创新主流，但很多创新枢纽存在于市场之外。应将眼光扩展到市场之外，融入诸如文化、艺术、哲学等其他领域，可以说将来的社会网络将成为重要的创新源泉。

1. 基于社交媒体的创意开发

当前社交媒体已经成为重要的信息来源，对于传统的创新模式尤其创意开发带来很大冲击。如何适应诸如博客、社交网络（如微信、脸书等）、网络社区，以及各种多媒体网站和百科网站等新的信息传播平台和渠道，如何利用它们促进创新和提高创意质量，成为新的课题。研究证明对社交媒体信息的跟踪分析可以为企业带来高质量的市场知识，有利于及时洞察用户需求和获取用户创意，了解消费趋势，支持新产品开发。比如著名的奢侈品博柏利（Burberry）就拿出市场营销预算的60%用到数字媒体上面。有些企业甚至尝试合理引导社交媒体，利用社交媒体作为商业工具提升业绩。另外，社交媒体也可以满足用户创新的需要，为用户参与企业创新提供便利的平台和途径。但目前来说这种基于社交媒体的创新还处于早期，相对来说产出效果还不太好。另外研究也证明，社交媒体虽然对获取市场信息和寻求用户创意有利，但对那些突破性创新来说效果不大，甚至不利于突破性创新，这也是需要注意的。

2. 设计思维

设计思维（Design Thinking，简称DT）作为一种以用户为中心（User Centered Innovation）的创新方法，目前已经在各个行业和领域得到越来越广泛的应用。最初设计思维来自设计研究领域的一种思维方式，后来被David Kelley发展和应用与商业，尤其是在他和Tim Brown合作创立的设计公司IDEO推广应用。设计思维作为解决创新挑战的一种方法，它始于人的渴望和需求，通过深入理解用户，从中获得灵感，并以此作为起始点，寻求突破性创新。它不仅以人为中心，还是一种全面的、以人为目的、以人为根本的思维。它是一种以解决方案为基础的，或者说以解决方案为导向的思维形式。它不是从某个问题入手，而是从目标或者是要达成的成果着手，然后通过对当前和未来的关注，同时探索问题中的各项参数变量及解决方案。很多公司开始将设计思维工具应用到营销、研发、商业创新等领域，甚至被管理层用于战略性问题解决，挖掘具有突破性和改变游戏的潜在机会。设计思维也是公司或组织深刻理解消费者渴望或需求的方法。通过设计思维可以增加创意的数量、宽度和相关性，包括严格的问题界定，视野扩展，从周围生态体系的角度审视问题，并超越当前问题，通过系统化思维获得全新解决方案。它倡导没有层级的专家文化，通过原型去模拟验证创意，以迭代的方式不断优化创意，加速开发过程。

设计思维的核心在于问题解决的三个视角或考虑的三个因素，即人们究竟渴望什么？什么方案在技术上是合理的？它在商业上是否可行？设计思维流程首先从人开始，去审视他们的需求、梦想和行为，去倾听并理解他们想得到什么。一旦挖掘出用户的渴望和需求，就需要从技术可行性和商业可行性两个角度去验证方案。

设计思维过程是个不断进行思维收敛和发散的反复迭代过程，而不是一个线性过程。但总的来说可以划分为三个阶段：灵感激发阶段、创意产生阶段和方案验证阶段，如图4-8所示。灵感激发阶段就是确定问题和挑战，并进行相关的信息收集和研究，包括实地调研、访谈和观察，这个过程思维应尽可能发散。创意产生阶段则需要对所有获得的信息进行收敛综合，形成洞察性结论，提炼出创新问题和机会，然后组织不同领域的人员一起，再次思维发散，产生大量创意、点子和概念。最后就是针对产生的创意进行收敛筛选，确定最佳方案，创建原型进行测试，尤其是需要经过多轮的迭代行优化和完善过程。

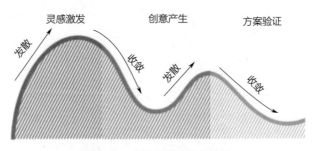

图4-8　设计思维的三个阶段

具体来说，设计思维在实际操作中一般分为五个步骤进行，即同理心、问题定义、创想（创意产生）、原型开发和测试，如图4-9所示。需要说明的是，设计思维的一个特点是视觉化思考，所以整个过程中，在每一个环节里我们都要尽可能通过视觉介质将各种信息表达出来，包括收集到的和产生的创意，最基本的是列举关键词或句子来表达，然后是用画漫画的方式来"讲故事"，或者用表演的方式来阐述自己的想法。

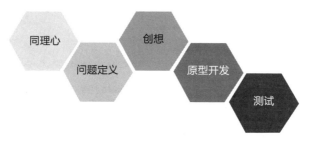

图4-9 设计思维实际操作的五个步骤

步骤一：同理心，即换位思考，去当一次用户，体会用户有些什么问题。我们通过换位思考建立起洞察力的桥梁，通过别人的眼睛来看世界，通过别人的经历来理解世界，通过别人的情绪来感知世界。

要做到同理心，主要从三个方面进行：第一是观察，去把用户的行为作为他的生活的一部分来观察。要知道用户做了什么，怎么去做的，为什么，还有要关注人们没有做的，倾听人们没说出来的。另外，选择观察对象也很重要，要关注边缘地带，发现"极端"用户。比如小米就是从米粉开始，这些都是发烧友，属于领先用户，他们的需求代表未来主流。第二是动手调研，可以与用户交谈、做调查、写问卷，尽可能地了解用户的真实想法。第三是要沉浸，意思是要去体验用户所体验的。总的来说，同理心就是尽一切可能站在用户角度看问题。

步骤二：问题定义，即阐述一个观点（Point of View，简称POV）。用一句很精简的话告诉别人你这个团队或者项目想要做什么，有怎样的价值观。要得到一个POV需要考虑很多因素，比如我们的客户是谁？我们想解决的是什么问题？对于此问题，我们有哪些已有的假设？有什么相关联的不可控因素？我们想要的短期目标和长远影响是什么？我们的基本方法是什么？一个好的POV要有它独特的关注点，而不是泛泛而谈，同时可以激励团队，是整个团队的基本价值观。问题定义需要准确把握，既不能太宽泛，也不能太狭窄。它允许意外收获的出现、不可预测的发生，不能设定过于苛刻的限制条件，否则结果就很难有突破。但太抽象的问题定义容易失去焦点，会有让人如坠迷雾的危险。

步骤三：创想，即通过头脑风暴，尽可能多地去想解决方案，想自己的项目可能涉及的人，然后再简化为一个具体的方法。创想阶段是个思维发散和收敛（汇聚）交替的过程。先是尽可能多地获得各种创意和点子，然后将大量原始信息和数据进行筛选和整合，从中辨别出有意义的规律，总结出有意义的模式，形成新的洞察和机会。

步骤四：原型开发，即用最少的时间和花销来做出解决方案。设计思维除了提倡做产品原型之外，还强调要在这个做原型的过程当中发现问题，找到新的可能出现的问题或瓶颈，即做出产品原型并展示，从而反思产品、改善产品。

在斯坦福大学 D. School，为了能让学生快速且实惠地做原型，有一些专门的柜子里放着各种手工原料和工具，比如剪刀、贴纸、卡纸、布料、布条、旧的易拉罐、雪糕棒，等等。事实证明，通过制作原型非但不会减慢工作进度，反而可以很快明确我们的想法，加速想法的评估，让我们把注意力集中在最佳方案上，加快项目的进度。同时，通过原型制作还可以允许同步探索多个想法。原型制作需要遵循一定的规则，比如要适可而止，控制复杂度和投入成本，不要求模型能工作，目的是赋予想法具体的外形，随着想法的逐步深入和完善，模型不断得到细化和精确化。当然所谓的产品既包括物理的产品，也包括服务和体验等。原型也不一定是实际物体，也可能是服务脚本，通过角色扮演、讲故事、场景搭建等各种形式进行。

步骤五：测试，即测试产品原型。光有好的想法还不够，重要的是经过实践验证并执行。新产品和新服务会因各种原因失败，比如质量、营销、渠道，以及商业模式、用户体验等。因此，产品或服务作为一个整体解决方案，需要创造出完美的使用体验。当前在强调体验经济，就是要从考虑功能转变到考虑产品和服务所带来的情感体验。在这一过程中，需要制订测试体验计划，即所谓的用户体验蓝图。首先，要让用户参与其中，创造机会让用户积极投入与参与。其次，要让人觉得可信、真实、吸引人。最后，每个与用户的接触点，都必须以深思熟虑和精确的方式来执行。测试体验的过程就是和用户交互，对设计方案进行快速迭代和完善的过程，有时也会和实际的方案实施融合到一起。

最后需要强调的是，设计思维强调的是团队的协作，从开始的用户洞察到头脑风暴，到最后的原型制作和测试，都是集体智慧的结果。这就是所谓的从个人的IQ 到团队的 WeQ（众商）的转变，让设计思维成为一种高质高效的团队合作解决问题的先进模式。总之，设计思维目前已经不仅仅是一种重要的创意方式，同时也是一种重要的思维方式和工作方式，将被更多人应用在更多领域。

壳牌——你是一个游戏规则改变者吗?

一个伟大的发明是及时的且独特的,但需要促进发展,并在市场上取得成功。游戏规则改变者(Game Changer)可以通过赞助企业家使他们的想法转化为产品,并将产品的想法引入市场变为现实。具体而言,壳牌以"期待解决需求或能源行业的重大问题,并有可能改变游戏规则的创新"为主旨,努力成为创新的游戏规则改变者,整合来自企业内外的创新想法,这些想法包括新的改进生产工具、石油勘探技术,以及新形式的能源等。

壳牌对所有它认为可以实现有效产业能源转化的发明创造保持倾听与开放的态度,作为游戏规则改变者,壳牌特别感兴趣的从能源来源到效率提升再到环境友好的资源利用所构成的整个能源系统中,各个阶段产生的各种创新想法,依赖壳牌的资源与基础,企业帮助这些想法的提出与制订者,实现创新从创意到商业化的转化。具体关注的创新领域包括:

- 能源生产增产。
- 碳管理。
- 能源转换、存储与分配。
- 加油运输。

依赖行业新创意向商业化转化的大量成功案例,壳牌帮助了大量的行业企业家实现了自身创新的市场转化。"游戏规则改变者"的战略定位真正令壳牌积累了创新能力,保持了稳定的市场竞争优势,成了壳牌永续发展的动力。

资料来源:http://www.shell.com/home/content/future_energy/innovation/game_changer/what_is_gamechanger/

四、创意评价筛选及管理

面对大量的创意,需要建立客观的创意评价和反馈机制,合理进行创意筛选,确保既不会在无意义的创意上投入太多资源,也不会错过具有潜在巨大价值的创意。创意越多越有可能获得真正有价值的创新,但问题是如何从大量创意中选择最好的创意去实施,这也是最具挑战的工作。很多创意管理项目都是因为大量创意得不到反馈而一直停留在开始阶段。可以说没有合理的评价机制,创意就很难最终被实施。因此需要建立及时高效的评价和反馈机制，确定最终需要进一步开发和实施的最佳创意。

为了提高创意评价的效率和效果，可以将它分成三步来进行。

第一步，快速排除那些你不想推动的创意，比如不能解决问题的、无关的、不符合公司原则的、重叠的，以及明显不可能的。但不要放弃那些只是看起来困难或者难以理解的创意，这些也许将来会被验证为最佳创意。

第二步，选择最好的创意。按照二八原则，选出能够达到我们 80% 目标的 20% 的创意。尽可能将那些看起来太过疯狂几乎不可能实现的创意包括进来。可以分为两类：一类是你短期想去实施的；另一类是你认为应该留作未来进一步评价和实施的。

第三步，评价最有希望的创意。基于一套相对量化的评价标准体系，对创意进行打分，比如可以按照以下五个标准进行评价，每个标准都设定权重，最终将加权计分结果作为评价标准。

- 是否提升竞争优势？
- 是否有益于公司品牌形象和市场份额？
- 是否能激发员工？
- 是否有强有力的领导来实现这个创意？
- 是否有足够的资源？

相对创意产生是个发散的过程，创意评价和筛选则是一个收敛的过程，这在具体操作中要注意，需要做出决策时仍然采取发散的过程就可能很难得到结果。这就需要一套相对严谨的评价标准体系。在创意筛选标准制定时，应该有合理的宽度，但不能太模糊。不同的行业企业可能会有不同的评价标准，一般的会基于用户是否喜欢、技术是否可行、是否赚钱来做评价。或者是否可行（Feasible）、是否具有吸引力（Attractive）、是否具有创新性（New），即所谓的 FAN 方法。英国零售商 Tesco 对那些新鲜的创意，采用是否更好（对用户）、是否简单（对员工）、是否便宜（对 Tesco）来快速评价。

然而，对于那些复杂的技术性更强的突破性创意，可能还需要更加全面系统的评估，分别从战略匹配度、用户价值、技术可行性和创新性、产业发展，以及市场趋势（Market）等多个方面做系统分析，形成一个完整的理解，从而能够对其商业成功可能性有一个合理的预测。如果没有来自产业和市场的需求，再伟大的技术也不会产生收益。这在前面的有关突破性创意的开发流程中也有体现。

不同的公司对于不同的创新追求也有着不同的评价标准。比如谷歌公司针对那些突破性创新想法就确定了三个基本标准：第一，该想法必须涉及一个能够影响数亿人甚至几十亿人的巨大挑战或机遇。第二，这个想法必须提供一种与市场上现存的解决方案截然不同的方法。第三，将突破性解决方案变为现实的科技至少必须具备可行性，且在不久的将来可以实现。

应该尽可能把评价标准告知每个员工，让他们理解这些筛选标准，使他们能够在提交创意前自己先做一些自我评价，让后续的评价筛选更加有效和聚焦于那些高质量的创意。

另外，为了便于评价和筛选，有必要对创意进行分类。可以按照对未来的影响以及是否容易实现进行分类。那些具有长期重大影响但不容易实现的，属于战略性创意。影响大同时容易实现的，可以作为最优先创意，属于唾手可得的果子，可以及时转化为创新产品。而那些具有较低影响和容易实现的，可以作为次优先创意。影响小同时又不容易实现的则划入不考虑范围。或者也可以分成优异创意、超出期望创意、符合期望创意、低于期望创意和不满意创意五种等级。

具体的创意评价和筛选操作，一般需要不同领域与不同职能的专家共同参与进来，比如可以通过以下三种方式执行：

- 每个人有五个标签可以用。他们会把标签给予他们最喜欢的创意。获得最多标签的创意进入下一流程。这种方法快速有效，但那些相对不易理解的创意可能被忽略，它们还需要进一步的开发，然后再做讨论。另外就是在有争议或者存在政治因素的情景下如何避免被其他人的观点影响。
- 再就是秘密投票的方式，由专家将自己喜欢的创意写到纸上。这避免了政治因素的影响，不会因为投票给传统的创意受到责备，也不会受到其他人的影响。开始不需要讨论，结果出来后大家再讨论。
- 每个专家都依次说出自己喜欢的创意。主持人会给每个人说话的机会，这是一种快捷和交互的方式，但后面说的专家可能会受到前面专家的影响。

　　来自内部员工的创意，可以及时传达到提交者的直接经理那里，以便得到及时反馈，并安排与能够评价或者实施该创意的人连接。或者通过同行审议，帮助提升创意质量。两种方式都有助于快速反馈，提高创意提交者的积极性。这里关键是提供一个能直观显示创意处理进展的技术手段，直到最终进入评审委员会。不过不要急着上评审委员会，仅凭最后几个人对大量的创意做出决策并不科学，前期的预筛选和进一步完善开发是有必要的。

　　筛选出的创意一般都是得到决策管理层的认可，便会进入实施阶段，充实到企业的创新或技术组合中，形成各种创新项目。创意转化为具体的创新项目有多种可能途径，包括形成公司层级和事业部层级的新产品概念开发项目、新技术研究项目、原有产品的改善升级项目、风险技术或风险投资部门的技术获取和商业投资项目，以及进入公司战略项目组合等。

　　重要的是，需要将创意计划与战略协调一致。很多创意之所以不能实施都是因为缺少足够的预算支持。一旦创意或创新项目和组织的优先策略一致，就更容易得到预算和被执行。即前期的创意开发能力很重要，一开始就形成正确的创新点，包括通过深入的调研，尽可能及时降低不确定性，将不可能成功的想法排除掉。但理顺这些创意并观察它们的实施情况需要一些时间，创新领导者一般需要1~3年时间才能构建一个完整的创意管理工具，并真正从中受益。短时间就想获得成功和效益是不太现实的。因此，取得高层支持并坚持实施创意非常重要。但现实中很多公司现有的组织架构是为常规流程设计的，团队成员会很难拨出时间和资源用于那些不符合常规的创意，这时候团队成员可以在外部专家辅助下做这些工作，为那些突破性创意提供相对宽松的成长空间。

案例

西门子的创意管理

　　西门子公司有专门的负责创意收集和创意管理的部门。基于其技术驱动商业的特点，很多创意来自公司的研究院、事业部的技术部门，以及创新战略和其他风险技术（从外部搜索）部门，大量的创意从不同部门汇聚到其创意管道中。这些创意经过创意整理、创意评估和商业方案的初步规划，最后其中一些创意会经过评估决策进入研究院或者各事业部级业务单元，形成各种各样的具体创新项目。比如，新兴技术领域开发项目、研发项目、风险技术实施项目、事业部的产品开发项目，有些重要的主题会得到管理委员会的关注，形成公司的战略项目，进一步开发和扩展成更加系统的创新计划。那些经过开发的项目最终会输出技术原型或商业原型，进一步转化为具体的新产品和新业务，如图4-10和图4-11所示。

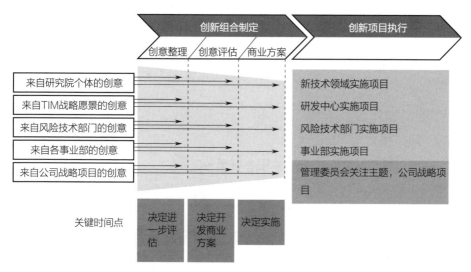

图4-10 西门子公司的创意管理过程

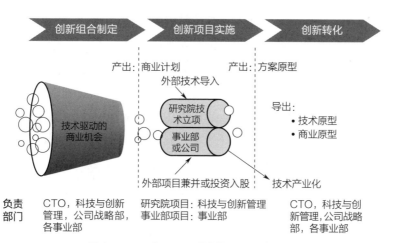

图4-11 西门子公司的创新项目开发流程

第五章
推动创新机制流程完善

首席创新官要确保公司有一套科学且高效的创新机制和流程，为创新活动打造一个支撑平台和专有通道。我们前面已经了解从创意到上市这是一个相当复杂的过程，不同创新阶段、不同创新类型、不同创新部门，都不是靠单一的创新流程所能应付的，尤其是它还和公司其他诸多流程（如战略开发、市场研究、采购、生产、营销等）高效衔接。因此，企业需要各种繁简不一、灵活高效的创新流程来适应和满足不同的创新需要，以降低创新风险和不确定性，提高创新成功率。对于创新管理者来说，需要深刻理解创新的特点和规律，并结合自己企业的创新需要和资源、内外部环境等，打造具有自身特色的创新流程体系，并不断去优化、完善和维护，确保创新绩效的持续提升，形成自己的创新能力优势。

流程的意义在于效能的提升。一家具有规模性的公司要顺利运作，需要各种各样的流程支撑。同样，要寻求系统化创新，或者将创新作为公司的发展驱动力，没有一套高效的创新流程是不行的。作为首席创新官，其核心任务就是为满足公司创新的需要，打造和维护好各种创新流程，确保创新按照预期计划顺利开展，并达到最佳创新效益。尤其是当前互联网信息技术的融入和风险投资的兴起，以及全社会对创新、创业的重视和投入，公司的创新模式和创新流程也在发生急速变革。传统的创新流程和架构已无法满足当前创新的需要。公司应根据自己的实际情况，设计合适的创新流程。

公司的创新流程体现在创新活动的各个环节。本章首先就可以借鉴的创新流程模型及其应遵循的原则做深入分析，然后呈现创新流程的三个基本阶段，即创意开发（前端创新），新产品、新技术开发和商业化开发。创意开发（前端创新）阶段已经在上一章做过介绍，这里重点介绍后面两个阶段。

创新流程的正常运转需要机制保障。创新机制包括公司对什么类型的创新给予支持，立项支持的标准是什么，创新项目开发过程管控要求，采购规则和资产处理办法，对成果评估和应用转化的要求，以及公司预算出资审批办法，创新项目绩效评价和激励机制等。

一、创新流程及其设计原则

创新流程应该是什么样子的？一家企业的创新，其核心任务大致可以分为四个方面：创新战略开发包括情报研究、趋势分析和机会探索，创新路线图和创新组合规划；创意开发包括创意源拓展和激发创意产生，创意筛选、创意发展和创新概念开发；新产品与新技术开发包括从概念到原型开发、验证，以及工程化开发等；商业化包括创新成果的应用和扩散，商业开发和运营服务。其中，创新战略开发也包括从创意到开发、实施的过程。因此，创新流程是一个从创意到开发、到上市商业化的过程，典型的创新流程可以分为创意开发（前端创新）、新产品新技术开发和商业化开发三个基本阶段。

随着对创新流程研究的加深和外部环境对创新需求的变化，目前已经形成各种各样关于创新流程的模型，包括满足某些具体创新阶段或功能的工具方法，如著名的塔克创新模型就包含了典型的创新流程。它将创新流程分为创意导入、开发和产出三个清晰的阶段，如图 5-1 所示。从创意产生、收集与管理开始，再导入创新开发阶段，可以是产品、服务和市场创新，也可以是商业模式和战略创新。

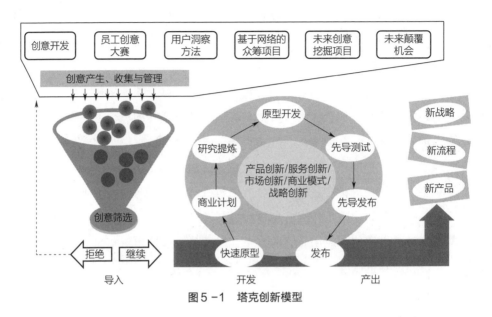

图 5 - 1　塔克创新模型

朗登·莫里斯将战略与组合开发和后续的创意开发（研究与洞察）、产品市场开发及销售等流程连接起来，系统回答为什么创新、创新什么以及如何创新这三个根本问题，如图 5-2 所示。

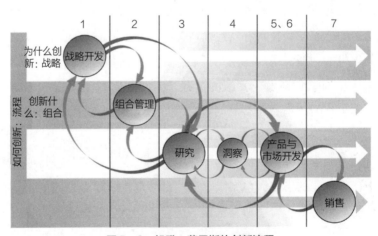

图 5 -2　朗登·莫里斯的创新流程

建设和完善一个公司或组织的创新流程，必须建立在对创新规律和特点深刻理解的基础上，适应和满足创新的需要，并保持足够的效率和质量。因此，在创新流程构建过程中要明白不是为了流程而流程，而是为了最终的创新绩效。再精心巧妙的流程设计，如果不符合公司创新实践的需要，就无法给公司带来更好的创新绩效。下面是创新流程要遵循的几个基本原则，可以作为首席创新官在规划设计和完善提升创新流程时的参考。

（1）适应和符合创新活动本身的特点和规律。不同的创新类型，如渐进创新、突破创新和颠覆创新在具体的实施过程中对成本、可靠性和资源的要求就有很大的不同。而不同的创新阶段，包括创新流程前端的创意开发，中间的新产品、新技术开发和后端的商业化开发过程，对创新流程的灵活性、速度和资源的要求也有很大差异。比如渐进创新更强调创新流程的中间过程，即新产品开发过程，而突破创新则需要在前端创新有较大的投入。在创新流程设计上和评价决策标准制订中要充分考虑这些，确保充分的针对性和适应性。

（2）满足公司不同创新实践的需要。不同发展阶段的公司面对的不同市场环境和用户需求、不同的时代特点，以及公司不同的创新战略都会影响公司创新方式的选择，其创新流程也需要与此相适应。初创公司不需要太多太复杂的创新流程，但成熟的公司可能需要完备的创新流程体系供选用。国防和核电等行业的企业强调预研和技术转化等流程，以满足技术创新需要；快速消费品企业更关注市场与用户研究，获取用户洞察，需要能够对市场做出快速反应的创新流程。同是家电企业，海尔强调通过完善的开放式创新流程获取外部创意和技术资源；格力则强调系统的内部创新流程来支持自主研发创新。

（3）整个过程坚持以用户为中心，与用户建立高效的交流互动。这和传统的创新流程有很大区别。原来只是需要在前期的用户需求了解和后期的用户测试阶段与用户互动，但随着产品生命周期的缩短和竞争的加剧，尤其互联网技术带来的连接和沟通便利，用户的要求越来越高，需求更加个性化，不再是简单的被动式满足，而是更希望参与到创新流程中。从最初的创意到中间的产品特征定义，甚至是后期的消费方式等都应该有他们的声音。另外，用户已经成为重要的创新创意来源之一，很多企业越来越重视用户的创意智慧。打造一个用户全程参与的创新流程已成为很多企业的竞争优势之一。

（4）开放式的创新流程。这和前面的以用户为中心相一致，但除了用户，整个创新过程还需要和外部的各种创新资源互动，比如大学和科研机构、供应商等，它不再是封闭的过程，比如IBM等公司曾提出"世界就是我们的实验室"。

创新流程是一个将不同渠道的广泛知识融合再创造的过程，需要不断地有来自内外部的更多信息流入与流出，促进产品开发和新的知识产生。因此，需要开放的流程支持知识的流入与流出，这也是开放式创新和企业创新流程充分融合的需要。

（5）有利于激发创意，提升创新质量。创新质量需要足够数量的创意做保障，同时也需要通过各种流程和手段将高质量的创意转化为高质量的产品和服务。这需要创新流程能够扩大创意产生的宽度和深度，尤其是加强前端的创意开发阶段，积极拓展创新源，鼓励创意的提炼和融合，并在适当的时刻引入合理的商业判断和资源配置。

（6）提升创新效率，快速应对市场变化。结合敏捷和精益的思想和工具，精简烦琐和没有价值的环节，避免长篇大论和走形式，变传统的线性创新流程为螺旋上升的方式，围绕用户，通过快速迭代不断丰富和完善产品原型，对外部变化（信息、知识）快速反应，逐步逼近用户需求，并发挥协同效应，尤其是与价值链各节点的协同，快速将经过验证的概念转化为产品推向市场，满足用户需要。

（7）以合理有效的方式降低风险和不确定性。传统的创新流程如阶段门等方法有严格的决策机制，不太适合具有高度不确定性和突破性的创新行为。多次迭代和用户参与等都是较好的排除不确定性的手段。必要的阶段性评估及相应的评估标准都有助于降低风险，只是需要注意节奏，开始过于严格的风险控制可能会扼杀好的创意。

（8）得到各方认可，并支持有效的协同决策。打造一个公开认可的创新流程，包括客观和可操作的决策标准，并尽可能通过简洁明了的框图和图表等形式让它显性化，便于学习和遵循。如果缺少一个大家公认和接受的创新流程，每个人就会根据自己的过去经验和想象来做，结果表现为耗时，可交付性差，也不利于各方协作。另外，应支持公司内外不同利益相关方有效参与的机制，有效破解沟通不利的问题。

总之，以上原则体现了当前对公司核心的基本需求，即确保创新流程的高度适应性、灵活性、精益敏捷性、加速性和有效性。本章后续有关各阶段流程的介绍也将遵循这些原则。

二、构建敏捷的新产品与新技术开发流程

再好的创意也需要精心的设计和开发实现才能走向市场创造价值，不管是物理产品还是服务。企业的新产品、新技术开发是综合各种资源的过程，它包括概念—原型—验证—优化—发布等基本环节。在开发过程中需要结合市场、商业、专利、标准等各方面资源。目前企业的创新流程一般建立在成熟的产品开发流程和机制上，比如技术管理、研发管理等流程，以及利用项目管理、阶段门、绩效管理等工具。一般企业都有自己的产品开发流程，对于首席创新官来说，其主要责任在于如何完善和优化当前的创新流程，更好地满足新时代下的创新需要。

需要说明的是，优秀的创意需要通过强大的开发执行力快速变成产品，这需要系统详备的各种开发工具的支持，包括很多经过实践验证的经典工具和方法，包括基于质量功能展开（QFD）的需求定义，产品概念原型开发，工程原型开发、供应链管理，测试验证、产品版本管理，以及工业设计、交互界面设计、结构设计、快速原型，系统集成，工艺设计，各种数字化设计、仿真和测试工具等，它们为快速完成创意开发提供必不可少的支持。只是这些工具在某些方面需要调整和优化，提升 IT 工具的支持力度和效率，满足本章开始提到的对新的创新流程的更高要求，比如开发过程的协同性、与用户的交互性、促进多学科的融合、各种创新资源的充分利用（如众包）等方面。

（一）新产品开发

进入新产品开发阶段，意味着前期的最佳创意已经被决策通过进一步设计和工程化开发推向市场。这个阶段一般从概念设计开始，经历原型设计开发、测试验证与优化、工程化开发与供应链规划，以及最终的试生产及先导项目市场验证，如图 5 – 3 所示。新产品开发过程中市场情景基本清晰，新产品开发策略和定位基本确定，关键是如何通过新产品开发确保在成本、质量、功能和性能等方面实现差异化和多样化等竞争优势，即与市场需求合理对接并具有独特竞争优势。当前的新产品开发已经不仅仅限于实体产品，同时也包括服务、解决方案等方面，更加强调用户价值和体验。因此，这个时候要考虑品牌、用户交互体验、

图5-3　新产品开发过程

外观美学、包装等因素，这是一个更加综合的过程，如图5-4所示。新产品的定义也各有不同，除了全新产品开发，产品改进和升级换代、产品线延伸、产品重新定位和服务完善等都可以成为新产品。不同企业、不同产品和企业内不同部门也会对新产品开发从不同的视角去理解，比如研发部门更强调技术的先进性和功能性实现；设计和工程开发部门更强调产品的性能优化和成本降低等；生产部门更关注可制造性和质量；而市场部门更强调市场需求匹配度及利润。不同部门通过新产品开发流程协调起来，相互补充和配合，推动新产品走向市场。

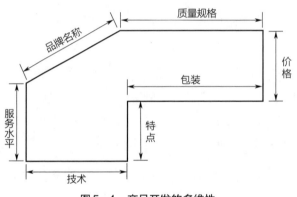

图5-4　产品开发的多维性

及早和成功推出新产品具有重要意义。很多企业的持续商业成功需要不断有新产品投入，为企业赢得更高利润和市场主导地位。这也是为什么很多创新型企业把新产品销售额占总销售收入的比例作为衡量自身创新能力的核心标准。但当前新产品开发的挑战越来越大，包括瞬息万变的市场环境下对新产品的准确定位，确保在质量和成本优势的条件下不断缩短新产品开发周期，各种跨学科先进技术以及软硬技术的融合让新产品开发更加复杂化等。那么在这种状态下更加需要企业具有清晰、先进的新产品开发战略和市场战略（如市场定位和产品投入时机等），以及持续、高效的新产品开发管理能力。

具体到新产品开发的模式和管理策略方面，目前已经有了很大进步。从最初的分部门、分阶段的线性开发模式逐渐过渡到并行和跨职能的开发模式，以及当前主流的阶段门方法。随着开放的网络逐渐融入产品开发过程，企业内外知识的共享和融合得以加强，一种结合快速迭代和精益思想的新产品开发模式也开始流行。但不管怎样，有些基本的新产品开发原则应该注意，比如以用户为中心，关注市场需求定义产品，通过内外用户反馈，同时跟踪业界动态，及时分析、修正需求，实现产品快速迭代。以精益方式尽早推出原型系统，推出演示和先导项目，并全程与用户、内部协作部门（工程、制造、市场等）和业界（供应商、分销商等）保持紧密联系和互动，在互动中逐渐逼近最佳产品方案和商业模式。另外，要严格遵守决策程序，一旦确定方向，能够快速转化到深度投入和市场开发阶段等。

（二）新技术开发

一般企业的新技术开发是出于三个方面的战略考虑：一是为了维持和扩大现有经营业务，通过不断的技术研发推动产品改善和保持竞争力；二是基于新技术开拓新的商业机会，确保公司能够开拓和利用新的市场机会获得发展；三是进行探索性的技术研究，开发和掌握未来可能会运用的技术知识，拓展和深化企业的技术能力，为未来长期可持续发展进行技术积累。

新技术的开发是企业创新的核心驱动力之一。如果创新是个发现需求并开发新产品和服务满足需求这样一个闭环，新技术开发则是确保企业实现产品创新和赢得高附加值回报的关键要素。新技术的开发和新产品开发有不同的特性，但它和新产品开发一起构成从无形知识到有形产品服务的过程。新技术一般是基于前期的基础研究进行应用开发而来，它通过发展新知识，以及应用和整合不同领域的科学知识和工程知识，形成新的技术解决方案。但需要明确的是，新技术开发产生高回报的同时也有高风险的特点，这是因为它本身并不直接带来价值，而是通过产品和服务创造价值，一旦市场和需求发生改变，或者有更好的技术出现，技术的价值可能就会消失，前期的技术研发投入就会白白浪费。另外，研发出的技术无法满足产品创新需要，过高的研发成本或过长的研发周期或为了降低风险而实施的超越需求的过量技术研发等，都是新技术开发管理策略所要应对的挑战。但这都不构成放弃或减少新技术研发投入的理由。如果没有必要的新技术开发活动，公司的创新能力和核心竞争力就会被大大削弱，甚至根本没有可持续发展能力。公司研发投入占销售比是个重要的创新能力评判标准，不同行业不同发展阶段的公司可以根据自己的情况制定合适的投入比例，包括对短期和中长期技术开发项目的投入分配。表5-1可作为相关参考。

表 5-1   不同行业的技术研发投入占销售收入比例及变化

研发投入比例	行业	2015 年相对 2014 年变化
5%	航空与国防	15%
12%	汽车	8%
3%	生物科技	-2%
1%	化妆品与健康	3%
2%	食品、饮料与烟草	1%
6%	家电	21%
31%	信息技术	13%
9%	医疗仪器	27%
2%	石油与天然气	14%
9%	医药	4%
8%	半导体	3%
12%	通信	3%

具体的新技术开发策略应该主要考虑以下几个方面：

1）结合公司科技创新战略，做好技术/产品开发平台规划，理解技术需求，制定技术开发战略和技术路线，并开发相关评价标准。

2）推动外部合作，积极与先进技术伙伴合作，包括与高校科研机构联合技术研发，吸收业界领先技术。

3）保持合理的可持续研发投入，投入有经验且能力强的研发人员，进行关键技术重点突破。

4）把握业界趋势发展，对技术发展趋势和潜力不断进行评估，配合产品进度，分阶段推进，快速推进应用前景明确的技术产品化，并做好支撑与服务。

（三）阶段门方法及其演进

阶段门是企业产品开发与技术研发流程的基本工具，对从创意到产品在市场发布的整个过程提供支持和管理，但实际上它主要是支持由前端创新后期开始的新产品开发过程。

传统的阶段门方法产生于制造业领域，是比较古老但通用的做法。它将研发创新流程分解为一系列顺序阶段和决策门，只有通过决策门才能进入下一阶段，理想的情况是这些决策门的评价标准和负责做决策的人预先都得到明确，随着阶段推进项目逐渐成熟，直到完成。决策门通过一系列问题形成一个清晰连续的决策机制，决定是否继续。基于降低风险的需要，它在流程早期就要将设计方案固定下来，为后续流程形成稳定的目标。显然这种阶段门比较适用的情况是：

- 当创新速度比外部环境变化快的时候。
- 质量、可靠性和安全性要求至关重要的时候。
- 公司早期尚未形成完整创新流程的时候，利用阶段门方法作为起步，先形成稳定的创新步骤，然后逐步进行修正和加速。

但随着科技、经济和社会发展节奏的加快，以及竞争加剧和全球化，技术和市场的不确定性增加。就创新流程来说，它将越来越复杂，外部交互频繁，迭代循环增加，产品生命周期缩短。阶段门方法已逐渐不适应新形势下研发与创新的需要，暴露出诸多缺点：

- 太线性和刚性化，过于强调计划而不能很好满足创新性项目的需要，需分期分阶段进行，反应慢。
- 可能会因为负责决策门的人掌握的知识不够导致决策质量不高。
- 概念可能太早被毙掉。
- 聚焦于决策门（标准），而不是以用户为中心或基于情景需要。
- 过于强调管控，充满各种文件工作、检查表等没有价值的官僚活动，需要较长的回顾与准备时间。
- 决策门过于结构化和依赖财务指标，评价标准较窄。
- 适应性不够，不支持实验性活动。

新形势下的创新需要更加灵活高效的新产品开发流程，开发出更多新产品、更加关注用户价值，反应更快。针对以上情况，阶段门的发明者罗伯特·G.库珀（Robert G. Cooper）对下一代阶段门方法做出升级，提出 3A［适应和灵活（Adaptive and Flexible）、敏捷（Agile），快速（Accelerated）］的特征，让流程变得更加敏捷、灵动，更加精益、快速和更具有适应性。其本质在于融合敏捷开发的思想，轻量化、更快、更敏捷——有利于沟通、协调、快速发布和更加灵活，加强与用户的交互，能够对改变的用户需求和技术发展做出快速反应，增加流程的开放性，强化对前端创新的支持，允许更多的创意进来，并增加创新流程的快速迭代性和反应能力，如图 5 - 5 和图 5 - 6 所示。

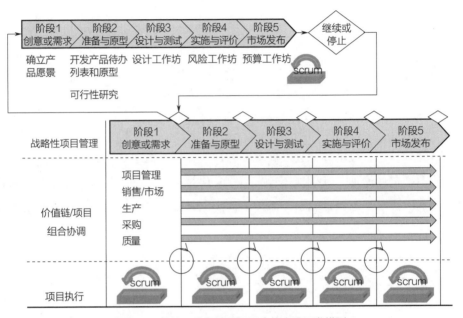

图 5-5　敏捷开发与阶段门混合的产品开发模型

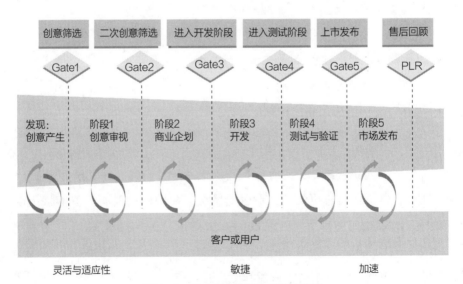

图 5-6　下一代阶段门产品开发流程

1. 增加适应性与灵活性

每一个创意开发系统都应该具有一定的适应性与灵活性，能够满足不同特定创新项目的需要。这包括采用螺旋上升的循环进化过程，从构建到测试到反馈，以及最终的修订。采取基于情境的思想，不同版本满足不同风险的项目，轻版本适应中等风险项目，快版本适应小型项目开发。比如惠普认识到传统的阶段评估流程虽然可以很好地进行面向成熟市场的改进扩展型产品开发，但已经很难适应那些新兴的、快速前进的市场需要。于是针对不同市场类型需要，惠普开发了三种新的流程模型，适应创新创业开发的需要：

- 新兴模型，满足创业式开发，比如云计算。
- 敏捷模型，满足成长型业务需要，比如刀片服务器。
- 传统的阶段评估流程，开发那些面向传统成熟市场的低成本、新特征产品，比如桌面型电脑。

另外，还可以构建应对意外风险的模型，通过连续步骤和不断学习，收集信息来降低不确定性。这一般需要有经验的团队识别未知和不确定的信息，确定哪些需要验证，并以灵活高效的方式推动创新流程。

在决策门评价标准方面，可以采取灵活的是否继续的判断标准，比如将财务标准放在后面，关键是战略标准要能预测长期影响等非财务标准。

2. 提高敏捷性

敏捷的本质是速度。通过冲刺的方式快速提交功能原型，及时向利益相关者呈现工作进展，消除流程中没有价值的工作。比如在强生公司，商业计划书从原来的30~90页最终缩减到只有4页，而宝洁公司也只需提供6页的内容。

3. 提升速度

基于价值流分析，尽可能消除时间浪费和障碍，提升上市速度。通过并行工作等方式加快进程，确保各团队都有合理的项目任务分配，并确保获得足够的支持。关键是重点关注前端，尤其是要注重细节与速度最大化，问一些关键的问题，并保障充足的资源。对此丰田曾采用一种综合的流程，确保并行执行的同时寻找持续提升的方法。

华为的 IPD 流程

集成产品开发（Integrated Product Development，简称 IPD）是一套基于阶段门方法的产品开发管理系统，用以优化成功产品的开发过程和结果。它强调对研发管道过程采用阶段控制、以团队为基础的开发以及采用共用的开发构件（模块）来缩短进入市场的时间并且提升利润，如图 5-7 所示。

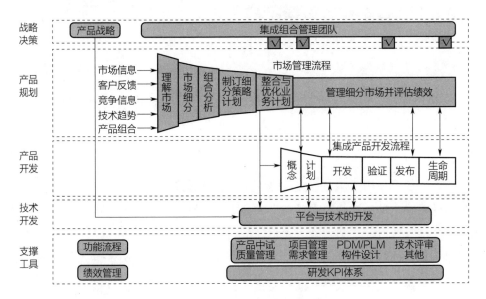

图 5-7　华为的 IPD 流程整体框架

华为公司从 1998 年开始从 IBM 引入 IPD 流程，历时五年逐步建立并持续改善而形成自己的研发流程管理模式。可以说，它是成就华为今天技术创新方面全球优势的重要源泉。华为的 IPD 流程实施几年来，逐渐建立起世界级研发管理体系，形成了世界级的研发能力，优化了公司的整体运行，取得了明显成效。

IPD 由市场管理、流程重组与产品重组三大模块构成，可进一步细分为客户需求分析、投资组合分析、衡量指标、跨部门团队、结构化流程、项目和管道管理、异步开发、共用基础模块八个子模块。它按流程来确定责任、权利，以及角色设计，逐步淡化功能组织的权威。IPD 在缩短产品上市时间、降低产品开发费用、提高产品的稳定性和竞争性等方面有着不可比拟的优势。据统计，IPD 实施以后，华为产品的开发周期缩短 50%，产品的不稳定性降低 2/3。

这大大缩短产品上市时间，减少产品开发的投资失败，从而减少浪费，降低产品开发成本，增加收入。可以说，通过 IPD，在产品设计之初就体现出质量、成本、可制造性和可服务性等方面的优势，它为快速、优质地满足客户需求提供了有力的保障。

华为的 IPD 流程之所以发挥这么大效益，得益于其科学有效的思想和方法体系。

（1）实现新产品开发的投资决策功能，通过有效的投资组合分析和阶段性评审来决定项目是继续、暂停、终止还是改变方向。

（2）强调基于市场需求的创新。把正确定义产品概念、市场需求作为流程的第一步，开始就把事情做正确。

（3）采用跨部门的产品开发团队，实现跨部门、跨系统的协同。

（4）通过严密的计划和准确的接口设计，实现异步并行开发模式，有效缩短产品上市时间。

（5）利用公用构建模块重用性提高产品开发效率。

（6）在开发流程的非结构化与过于结构化之间实现平衡。

但也不可否认，虽然作为一个技术、产品研发流程体系，IPD 为华为创造了巨大的经济效益，但随着华为逐渐由行业跟随者发展到引领者，需要在核心技术方面自主创新，引领原创性和前瞻性创新，成为行业创新的主导力量。同时由于互联网时代的冲击，需要华为通过更大范围的流程组织变革来适应新的发展阶段，这也是华为在研发创新流程方面未来面临的一个重要挑战。

（四）产品平台与分层开发策略

很多企业的产品开发采取平台策略。产品平台集成了企业系列产品的共同要素，从系统架构到子系统和模块组建，以及核心技术和基础技术、周围技术等。采取产品平台策略既是为了保持延续性，提高已有知识、成果、资源利用率和降低研发成本，也是降低风险、应对产品开发复杂性的一种有效的系统开发策略。企业的新产品开发不可能总是创造全新的内容，而是采用平台策略，在开发过程中更强调连续性，形成"产品家族"，建成产品平台。比如在汽车行业，公司会共享一个底盘、悬挂系统和传动系统，或者在设计、工程和流程等方面实现共享，形成所谓的汽车产品平台。大众奥迪集团跨企业的产品平台开发策略如图 5 - 8 所示。又如索尼的随身听从 1980 年到 1990 年，其 160 个变革技术和 4 项重大的技术创新都是以最初的产品平台为基础的。技术平台也是同样的道理，对于复杂的技术系统，采取平台策略有助于集中精力实现关键技术的突破，确保技术的可靠性和集成能力，并与产品平台有效集成，支持产品平台的功能发挥。同时，通过平台策略可以明显提升企业的市场反应能力，满足异步开发和并行开发需要，并能够针对市场需求快速反应，采用不同组合、配置等模式推出适合需要的产品。另外，无论产品还是技术平台，都已成为很多企业进行战略规划和创新组合开发的重要依据，很多创新项目都是来自平台规划，而平台规划是推动创新战略实现的重要推手。

平台策略包含很重要的一种可重用构建模块技术。所谓可重用构建模块，是指那些相对独立、经过封装的零部件和组件，它们具有相对独立的需求和设计规格以及设计和测试过程，类似计算机内部的电源、硬盘、光驱和内存条等。它们一般是内部结合紧密，但外部接口简洁，具有标准的接口，满足某类功能需要，可以作为通用件和选配件使用。这种可重用的模块化策略与平台策略相结合，促进技术共享，可以大大提升开发质量稳定性，加快进度和降低成本，简化管理复杂性，取得最佳效益。

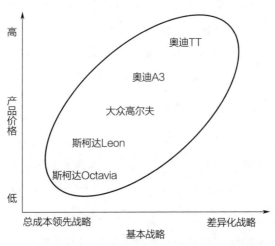

图 5-8　大众奥迪集团跨企业的产品平台开发策略

另一种平台策略就是围绕技术支点打造来支撑产品创新的技术体系建设。典型的案例是 3M 公司，它将自己底层的 46 个材料、工艺类技术以及研发能力和应用开发技术（有时会有变化）称为支点技术，每个支点技术以公司级独立实验室来开展开发研究和能力建设，每个业务都可以根据产品开发需要来组合使用这些技术资源，满足诸如口罩、磨料等新产品应用开发的需要，形成自己各产品线的技术网络，如图5-9所示。显然这种技术网络体系可确保各支点技术的专业性发展和创新，形成3M公司强大的技术基因或技术图谱，同时又能及时响应不同应用级产品创新的技术需要，而且新产品的开发需求也会不断地为各支点技术的创新方向提供指引。

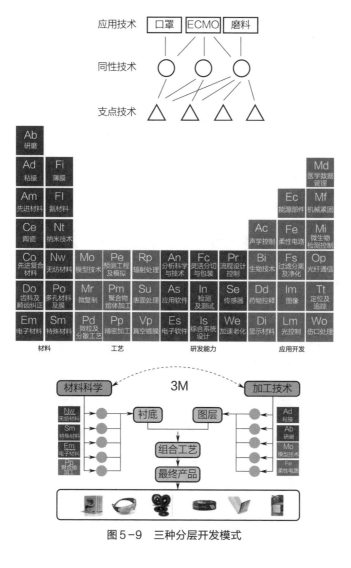

图5-9　三种分层开发模式

其实这背后就是一种分层开发模式。典型的如分为技术预研层、平台层和产品层，如图5－10所示。预研层用于形成领先性的创新技术，如一些前瞻性、共性关键技术，目的是适应战略需要，最终形成实验室原型和技术路线验证。平台层可以是产品平台和技术平台，平台提供不同程度的相关应用环境和系统集成条件，完成技术性能和系统方案等的开发完善和验证，推动前期的创新技术进一步发展成熟，目的是满足近期的市场需要和产品发展趋势，形成工程原型，在性能和稳定性方面大大提高，更加接近市场要求。将平台上开发成功的成熟技术根据具体的用户订单用到实际的产品开发中，形成可以提交用户的产品。显然这种分层研发模式集成了平台的优势，并通过分步投入有效控制了研发创新的风险，保持合理的研发节奏，也有助于针对不同层面的开发工作采取不同的开发策略、流程和评价标准，通过科学的流程管理确保效率和质量可控。

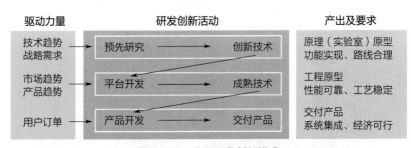

图5-10　分层开发创新模式

中车的分层研发和平台创新

中国中车集团有限公司（以下简称"中车"）通过分层研发和平台创新实现了自主创新能力的不断跃升。

分层研发。中车形成了前期研究和工程化应用两个研发层次，推动核心技术突破、战略性产品开发，持续巩固优势、加速产品迭代升级。依托国家级研发机构突破核心技术，开发战略性新产品，研究基础性、前瞻性技术与共性技术；依托企业技术中心，面向市场进行产品研发和产品实现。

平台创新。中车建立了整机、系统、部件三级产品技术平台，形成高速动车组技术研发流程，以及"探索一代，预研一代，研制一代，装备一代"的产品研发路线，并建立了涵盖全技术链产品链的技术产品研发体系。

由此，中车具备了面向全技术链的技术研究能力和面向全产品链的产品开发能力和面向全生命周期创新保障的科技支撑能力，实现了技术研究、产品研制和试验验证的同步推进，适应国内市场环境、动车组运用和认证管理需求。不断提升的自主创新能力持续驱动原始创新成果涌现，研发出 CR400、CR300 系列复兴号动车组，支撑了高速磁浮交通体系研发。

三、商业化流程构建与管理策略

商业化是整个创新流程中价值传递和获取的过程。虽然前期的创意开发和新产品开发阶段都很重要，现实中也确实得到企业的重视，但如果不能与商业化阶段协调好，前期的创新投入就有可能得不到回报，创新的风险会大大提升，直接影响后续创新的可持续性。因此，应该从创新的角度重新审视商业化这一阶段，既不要因为过于强调前端的创意而忽略它，也不应该停留在传统的商业交易概念上。创新实践的三个阶段并非单向的线性过程，尤其融合精益创新的思想和多次迭代逼近的方法，在概念验证阶段就考虑到商业化的需要，并做了商业模式的初步设计，而先进的产品开发技术也让后期商业化开发中的产品更容易以较低成本进行优化完善。其最终目的就是通过商业化实现价值创造的最大化。

如果从最终创新绩效或者企业商业绩效的角度来审视整个创新过程，我们会看到不同创新要素发挥的作用强度和相关性是不同的。最前端的创意与最终创新绩效相关性最小，因为大量创意最终都被证明没有商业价值。产品（服务、解决方案等）是在充分商业论证基础上形成并最终被用户使用的，它更能直接创造价值，但也可能因为成本、可用性等不被用户接受，还需要足够的市场开发工作。商业模式与创新绩效或商业绩效最直接相关，它反映了企业价值传递和价值获取的能力，包括如何组织资源满足用户，如何提升用户购买意愿，如何降低交易/交换成本等。技术与设计等虽然对提升产品或解决方案的价值创造能力和竞争力至关重要，但并不一定能转化为用户和商业价值，它们需要进一步的商业化开发。因此，创新过程中的商业化至少应该包括技术等创新成果的商业转化、产品的市场化和最终商业模式的设计。这种商业化能力是企业创新能力的关键指标之一，它应该成为首席创新官等创新领导者的核心工作之一，如图 5-11 所示。

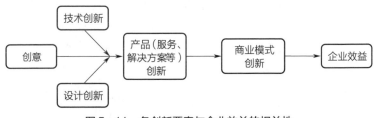

图5-11　各创新要素与企业效益的相关性

（一）技术等创新成果的应用转化

创新过程中会产生大量的技术性创新成果，包括专利、著作权、标准、专有知识和技巧以及通用技术模块等。这些技术成果的应用转化策略一般遵循三种方式：第一种方式为企业内部使用，应用于现有的产品和服务等业务中，这是大部分企业通常的做法。第二种方式为对外转让，比如出售、授权、技术入股等形式，通过商业化而获益。比如2001年IBM的技术授权收益为19亿美元，朗讯的技术授权收益为4亿美元。2000年全球专利授权的收入为1 420亿美元，美日欧企业共计占到九成，美国为全球最主要的技术输出国，可占到全球上述收入的35%。第三种方式是通过技术孵化等手段，基于这些技术和知识成果开拓新的业务和创建新的公司，比如目前流行的很多企业内部创业项目或技术孵化器都属于第三种方式。显然这三种方式的商业化策略区别很大，运作模式和流程、遵循的原则、创造价值的途径各有不同，需要不同的专业团队运作。

在推动技术创新成果的市场化应用过程中，应建立科技创新成果的市场转化高效机制和流程，推动技术优势及时转化为产品优势和市场优势，获取更多市场利润。对于直接来自产品开发需求的技术创新，应在规划立项阶段就与产品开发规划紧密配合，与市场、销售甚至供应商建立紧密的接口，充分考虑市场需求和工程设计、制造工艺的需要，进行工程原型开发，与产品系统匹配集成。对于探索性预研项目，应积极推动技术演示系统开发，拓展应用机会，开发产品概念模型，寻找潜在应用客户进行验证，并进一步设计商业计划和商业模式。

而在技术转让方面，应建立科技成果的积极扩散机制，确保公司科技成果效益最大化。这包括积极获取、鉴定和管理各种科技成果和知识，包括专利、标准规范、技术诀窍和技术文档等，并在公司内实现有效保护、共享和应用。针对内部具有市场前景和竞争力的科技成果，应该积极推动在公司内部跨领域的应用创新，创造新的产品和商业机会，形成新的创新业务。同时，应积极经营公司的知识产权成果和专有技术，在不影响公司自身发展利益的条件下，通过对外授权、转移和内部、外部技术孵化等手段，为公司创造最大经济效益。

其中技术的对外转让和孵化都涉及技术估值的问题。目前对于技术的评价方法很多，包括技术就绪度、技术成熟度等方法，但对于技术估值还没有十分可靠的工具，特别是对专利的估值。目前典型的方法有成本估算法、机会成本法和市场价格类比法。成本估算法是卖方依据技术所投入的研发成本，来估算技术价值。初创公司的技术入股的价值是采取这样的方式产生的。机会成本法是依据完全由自己研发这项技术所需要的成本来估算技术的价值。市场价格类比法是以市场上类似技术交易性质的价格，作为推算知识产权计价的基准。但技术评价和估值不应该只局限于技术本身，还应考虑使用配套的商业模式，将技术用在不同的地方。采取不同的商业模式会创造不同程度的价值。

朗讯的技术商业化模式

贝尔实验室曾经是美国最重要的工业科技研究机构，它不但发明了半导体等重要科技，同时也产生了许多位诺贝尔奖得主。在20世纪80年代AT&T公司解体后，长途电话部门成立朗讯科技，并接收贝尔实验室大部分的研究人员与资产。为了使实验室的研发成果能够成分被利用，成立了新事业开发部NVGs（New Ventures Groups）。当实验室的研发成果无法为公司内其他事业部所采用，这时NVGs就会介入，评估新技术的潜在市场价值，并协助技术商业化。朗讯科技设置NVGs的目的就是让研发成果的价值最大化，这不但有助于公司经由新事业开发扩大市场领域，同时也可增加技术的市场价值，提升研发成果的投资回报率。因此朗讯的NVGs兼具企业风险投资追求的战略目的以及专业风投追求的财务目的。它基本上是一种企业内部的专业风险投资机构，采取独立于其他事业部的运作方式，其定位类似技术营销、新事业孵化以及风险投资的角色。

NVGs的四阶段运作模式如下。

可行性评估阶段：投入金额不超过10万美元，运作时间大约三个月，主要目的是进一步判断这项技术是否具有商业化可行性。

市场验证阶段：投入金额在100万美元内，时间不超过一年，主要工作是发展商业模式，完成产品开发与工程验证，以及进行相关市场测试。

产品上市与市场发展阶段：使新事业能够在市场上立足，成长获利，或者创造新事业的市场价值。该阶段投入较多，实践也较长，一般采取联盟手段，引入外部资金与经营人员，增加新事业成功机会，降低失败风险。

价值实现与退出阶段：通过内部并购、公开发行上市、出售、合资交换股权等方式推出。该阶段的方式主要是根据其是否有战略性价值，能否为朗讯核心业务开拓新市场新客户，增加竞争力等来决定。

过去贝尔实验室的研发成果仅限于内部采用，如果各事业部对于一项技术没有兴趣，那么技术将被束之高阁。一般事业部都是等到有明确需求后才会到实验室寻找所需的技术，不过自从有了NVGs主动推动技术商业化，朗讯内部形成技术获得的竞争。如果事业部不能采取积极的态度来评估使用实验室成果，那么NVGs就会捷足先登，以后想要再收购这项技术，可能就需要付出更大代价。而各事业部也会有另外的压力，那就是要解释为何当初忽略了这项重要的研发成果。NVGs的副总裁安德鲁·加曼说："NVGs对于技术商业化评估的态度与朗讯各事业部有着显著的差异，后者是从满足现有市场需求的角度来评估技术的价值，对于新事业开发采取风险规避的态度。"但NVGs更欢迎能够开拓新市场机会与颠覆性创新机会的技术，并且认为风险背后才是机会，愿意为高报酬机会承担风险。NVGs为贝尔实验室的研发成果提供了另一条商业化的道路，它采取显著不同于朗讯的商业模式，扩大朗讯在新事业的外部资源网络，带进新的资金、人才、技术以及市场机会。

（二）产品商业化与商业模式创新

产品商业化是在产品开发基础上进行的市场定位、品牌推广、市场推广、客户服务等行动，产品商业化的创新也体现这些要素上。其中市场定位包括在市场细分、目标用户定义、产品组合与市场匹配度（功能配置、品牌形象、价格区分、服务模式）等方面的分析研究与策略制定，其创新价值在于新市场、新用户的发掘，以及对细分市场的重新定义和服务模式的创新。品牌营销策略与市场定位相协调，让产品的差异化价值主张和理念被消费者知晓和认可，与消费者产生共鸣。当前以互联网为媒介的营销推广和品牌形象传播逐渐成为创新热点，典型的如网络广告、基于社交网络的口碑和品牌提升等。进一步的市场推广核心在于如何将一个新产品从小范围逐步推向更大市场，放大市场效应。这包括各种线上和线下渠道建设，比如电子商务、各种品牌店和旗舰店建设、先导项目和演示系统建设等。最后就是在用户服务和用户关系方面的创新。体验经济的兴起让企业已经很难单独靠产品取胜，贴心的服务和交钥匙式的系统解决方案成为竞争优势，用户体验成为竞争制胜的利器。互联网技术下的用户关系得到长足发展，变得更加个性化和高效，甚至逐渐从传统的交易关系走向共同创造的伙伴关系，这都蕴藏着巨大的创新机会。因此，产品商业化过程中可能伴随着商业模式创新机会。

需要强调的是，虽然市场创新很重要，但那些置身大中型企业组织体系中的创新领导者，他们往往轻视或者忽略了商业化或市场开发在创新流程中的重要性，而是将更多精力放在前端的创意和技术创新、产品创新；或者因为内部机制和职责条块划分的原因，无法顾及或者参与后端的创新，而专职的后端市场开发团队又与前端创新脱节，结果导致创新产品因为没有配套的商业化创新方案而失败或市场效益不佳。相对来说，技术驱动性特点明显的行业如能源、先进制造等更容易忽略市场创新，而快速消费品、医药健康等行业则更强调市场创新包括品牌创新和商业模式创新，它们的很多创新职能就设在市场部门，其经验或许是那些技术性企业需要学习借鉴的。商业化过程和产品开发过程是并行和不可分割的，甚至在前期的概念开发阶段就要制订商业计划和探索商业模式，保持创新流程的前后协调和不同职能部门的协作是至关重要的，它应该是一个让创新贯穿始终的过程。

显然当前商业模式的创新已经成为技术与产品创新之外的另一个创新热点，成为市场创新的核心内容。本书开始部分已经就商业模式做了介绍。所谓商业模式，相当于连接产品服务和企业价值的桥梁，是实现价值创造和价值获取的一系列活动组成的价值网络。企业是否能实现技术的经济价值，很大程度取决于它对商业模式的选择，而非技术本身的内在特征。无论多么先进的技术，只有以某种形式与合适的商业模式结合，服务到用户，才能体现出其价值。同样的技术采用不同的商业模式，创造的价值也不同。

我们经常可以看到，一家企业研发出一项新技术，但从中获得的价值却远低于外部组织。原因就在于企业外组织建立了更好的商业模式。一项普通的技术配以先进的商业模式，却可能会比先进的技术配以普通的商业模式更有价值。典型的例子如 1970 年成立的施乐公司"帕洛阿尔托研究中心"（以下简称"施乐PARC"）。在其成立后的 30 多年里，施乐 PARC 创造发明了无数的先进技术，这些技术到现在仍是推动计算机和通信设备革命的重要动力。比如，施乐 PARC 最早发明了图形用户界面，设计出了以太网联网方案，开发了领先的制图程序、文档管理软件、网络搜索和索引技术以及在线会议技术等。在半导体二极管激光器和激光打印机的发展过程中，施乐 PARC 也做出了重要贡献。但非常遗憾的是，这些研究虽然给社会创造了巨大的经济价值，但却没给施乐公司的股东带来多少利润。据统计，1979—1998 年，仅从施乐 PARC 脱离而新建的公司就有 24 家，其中公开上市 9 家。这 9 家上市公司 2001 年股票市值之和竟然是老东家施乐公司的 15 倍。之所以出现这种令人难以理解的"奇怪"现象，一个重要的原因就是施乐 PARC 研究出来的技术与施乐公司原有的商业模式不符。这些技术被施乐公司的经理们判定对公司的基础技术或业务发展无法做出贡献，最终以各种理由被"枪毙"，或被大方地送人了。大名鼎鼎的 3Com 公司就是其中一个。该公司是第一家在施乐 PARC 所发明的技术基础上独立发展并大获成功的公司。其创始人罗伯特·梅特卡夫在施乐 PARC 发明了至今仍在全世界使用的以太局域网技术，并于 1975 年开始将施乐公司内部的计算机和复印机等设备连接起来。虽然罗伯特·梅特卡夫认为这项技术有着极大的市场前景，但施乐公司却对该技术如何商业化持不同意见。万般无奈下，梅特卡夫于 1979 年离开施乐公司，成立了3Com 公司，并成功说服施乐公司向其签发该技术的非独占性技术转让协定，转让费仅 1 000 美元。在风险投资公司的资助下，3Com 公司经过努力，实现了将当年称雄市场的美国数字设备公司的小型计算机、IBM 个人计算机和施乐自己的计算机、复印机等计算机通信设备连接起来的愿景，并实现了局域网内的文件和打印机共享及电子邮件传输，使企业能够以无缝方式共享和打印文件。与施乐公司的商业模式不同，该产品面向的用户主要是公司计算机市场，并利用个人计算机分销渠道销售。后来，3Com 公司的产品还把各个已安装局域网的公司与互联网连接起来。随着个人计算机市场的蓬勃兴起，3Com 公司也迅速发展起来，公司的股票于 1984 年上市发行。而施乐公司采用的商业模式的核心是施乐公司自己独立开发专利技术，然后通过直销把产品销售给最终用户。施乐公司之所以愿意放弃以太网技术，也是因为该技术在施乐公司原有的商业模式下仅仅是用于连接自己的相关设备，无法获得单独的收入，也难以确定该技术的经济价值。而以太网技术脱离施乐公司后之所以成功，是由于其采用了开放式的技术平台，即允许第三方技术开发商介入进来，而这些开发商实际上是施乐计算机系统的竞争对手。企业开发的新技术可能在企业内没有用武之地，反而是在其他地方产生经济效益。寻找有助于实现先进技术更大价值的商业模式是企业家和首席创新官特别需要考虑的。

Adobe 公司的商业模式创新

PostScript 语言是 Adobe 公司设计的用于向任何支持 PostScript 语言的打印机打印文件的页面描述语言。

该技术来源于施乐 PARC 开发的一项内部专利方案 Interpress：在施乐打印机上，打印施乐工作站所生成的字符。施乐的计算机系统因为该技术而获得了超过其他公司计算机系统的优势。

发明人查尔斯·盖斯克和约翰·沃诺克力图将该技术做成一个开放的标准，但遭到施乐公司的强烈反对，因为按照施乐的商业模式，不可能从这项技术变成开放式标准中获得任何好处。

后来，两位发明人离开了施乐公司，创建 Adobe 公司。开始的时候，受施乐商业模式的影响，他们打算向用户提供整套出版系统，包括自己制造的硬件、打印机和软件，并向用户提供技术支持，建立直销部门和现场维修网络等。

之后，考虑到当时市场上有太多的公司在按照这种商业模式经营，他们决定转变模式，直接为苹果、IBM 等计算机公司和佳能、惠普等打印机制造公司设计 PostScript 打印控制器，销售 PostScript 字库和图形软件等相关产品。

在这些公司的帮助下，Adobe 公司围绕桌面出版技术建立了一个崭新的价值网络，随着计算机、打印机和软件开发商的高速发展，Adobe 公司在这个价值网络中的地位也变得越来越重要。Adobe 公司 1987 年上市，到了 2001 年年底，市值已接近同期施乐公司的市值。

如果 Adobe 公司按照最初的设定以类似施乐的商业模式去发展，那么 PostScript 技术中所蕴含的经济价值恐怕永远无法实现。

（三）新业务孵化与内部创业

在企业内部会经常开展系列市场机会驱动的新业务探索，或基于战略洞察做新业务开发布局。所谓新业务，是指符合集团使命、愿景、战略意图，不在集团现有主业方向上，但具备成长为集团收入和利润战略支撑的业务，可围绕集团现有主营业务进行业务模式创新，也可在主营业务之外相关领域内开发纵向一体化或横向多元化业务，甚至实现公司业务方向的战略转型。新业务一般具有科技创新或业务模式突破的属性，并能够通过快速成长成为公司新的增长点。

企业内部新业务孵化开发需要机制化流程和资源支持。新业务机会产生的来源既包括高层的洞察、战略与研究团队的战略情报研究与探索、各业务单元的创新业务探索、外部产学研等成果的导入，也包括通过创新创业大赛等识别的内部自主创业提案等。新业务正式进入战略决策程序前一般需要经过系统调研论证或概念验证。按照创业方式做早期的孵化和加速，通常需要经过 0 ~ 18 个月的持续迭代和市场验证。在这个过程会有各种不同的资源进来，包括创新创业平台和创业辅导赋能、专家资源、业务渠道，以及必要的早期种子资金和风投资金支持，最终历经市场考验，由公司决策进行战略投入并独立运营，或并入主营业务，失败的项目则做清算关闭，如图 5 - 12 所示。

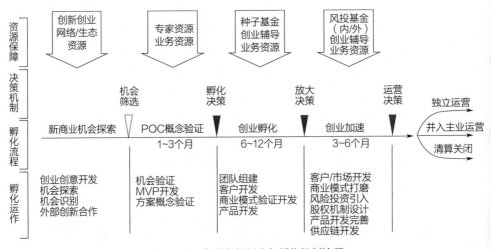

图 5-12　企业内部新业务孵化机制流程

当下，越来越多的公司学习外部创业公司精益创业模式，以内部创业形式开展企业内部新业务孵化，尤其是支持鼓励内部自下而上的自主创业团队和项目。虽然内部创业可以和公司现有的强大产业资源形成互补优势，但目前看实施起来难度还比较大，也存在较大争议，主要是因为其成功率较低，背后的主要挑战在于与现有企业运行机制的剧烈冲突（尤其在激励机制上），以及真正具有创业精神的创业者还比较少。

案例

海康威视用内创业推动新业务出现

海康威视从公司的延伸业务出发推动内创业，其内创业方向是与公司的视频监控主业既有关联又有区别的新兴业务。这些新兴业务具有投资周期较长、不确定性较大、风险较高等特点。海康威视作为投资人进行"风险投资"和创新试错，在试错取得一定成效后再大规模适时进入。比如，海康威视成立的机器人公司、汽车技术公司都属于内创业公司。为达到这一目的，海康威视推出《核心员工跟投创新业务管理办法》，规定在公司的创新业务子公司中海康威视持有60%的股权，保持控股地位，合伙企业跟投40%的股权。出资跟投的核心员工通过认购跟投平台的份额或股权，间接持有创新业务公司的股权，由此绑定公司、员工和股东的利益。内创业强力推动了内部萤石电商网和汽车电子两大新业务板块的发展壮大，成功孵化了6个内部创新业务并设立创业公司，投资了联芸科技、森思泰克等一批产业链上下游企业。

Handbook of Chief
Innovation
Officer

第六章
打造高效的创新机器

　　创新终究需要一群人以一定的方式组织起来去执行和实现，这涉及组织架构设计和创新团队建设的问题。在本书的开始部分我们提到要从组织的角度理解创新，这说明组织设计对创新至关重要，它直接影响到企业员工创造力的发挥和组织机构的创新效率。打造一家创新型企业或实现企业转型的重大挑战之一就是推动组织架构的变革。打造一个科学高效的创新型组织才能更好地满足新的发展战略和创新的需要。

　　打造创新型组织首先需要一个有利于创新且能为创新赋能的治理架构，确保合理清晰的权利、资源和责任分配机制，能够推动和支持公司的创新活动。在此基础上按照创新规律和特点构建企业组织体系，包括制定创新流程、协作机制和搭建创新平台，设定明确的创新目标和任务，打造并培育具有创造力的创新团队，让创新活动落地。其次还需要满足不同创新管理需要和服务创新活动的团队来支持首席创新官的工作。

一、创新治理模式及其选择

（一）典型的创新治理模式

本书开始已介绍让－菲利普·德尚关于创新治理的定义，即落实企业目标，涉及创新管理团队构建和赋权的问题。那么，创新治理的主要职责范围或者任务是什么？在瑞士洛桑国际管理发展学院（IMD）关于创新治理的研讨会上，具有丰富创新经验的专家和管理者们总结了以下几个方面内容作为创新治理的责任清单。

1）定义创新过程中的各种角色和工作方式。

2）定义对于创新的决策权力来源和承诺。

3）定义关键人员的主要职责。

4）建立一套价值体系来支撑所有的创新努力。

5）确定真正期望什么。

6）定义如何衡量创新。

7）决定创新预算。

8）精心策划、平衡考虑跨部门的创新活动，并做出优先排序。

9）建立有关沟通和决策的管理程序。

当然，具体如何规划和设定创新治理的责任范围，还要看它如何适用于公司的具体情况和创新治理的需要。这里主要是从公司创新内容和创新流程两个角度去考虑。公司创新内容方面，首先是要明确公司创新的使命和目标，即为什么创新；其次是公司创新的重点是什么，以及公司期望的创新力度和准备投入的资金。创新流程方面，主要涉及如何创新及创新环境，创新主体和创新伙伴，以及谁是创新的最终负责人或领导者。可以说，它始于公司创新战略和愿景的需要，也和公司的具体创新执行和创新能力相关，甚至受公司最高领导人的发展理念和领导风格影响。也正是因为如此，当前世界上出现了各种各样的创新治理模式，让－菲利普·德尚对此做了深入分析，将它们总结为9种典型的模式。

在选择和设计创新治理模式的时候，主要考虑的是如何在团队中分配创新职责，管理层至少要考虑以下两个方面的内容。

第一，需要多少以及什么类型的人负责或参与创新，即创新监督是否应该委托给单个的经理或领导？是否应该全面委托任务？是否应该交给公司及业务部门两个方面的管理者或领导者，还是应该分配给一小群领导者？或者它应该被分配到一个更大的管理群体中？

第二，首席创新官的管理级别以及他的汇报对象。是否创新工作由高层管理者负责并直接向CEO或执行层汇报？或者由低级别的高层管理人员甚至中层管理人员负责，并向较低的管理层汇报？

将这两个方面的因素进行组合就会形成9种不同的创新治理模式。如果将没有负责人的选项也包括进去，那就是10种创新治理模式，如图6-1所示。

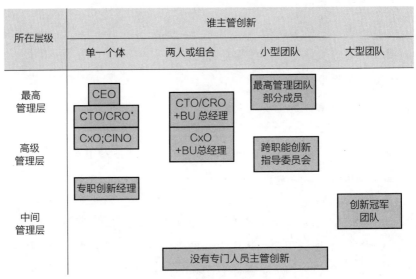

* CTO/CRO: 首席技术官或首席研究官

图6-1 10种典型的创新治理模式

表6-1给出了这些典型的创新治理模式的总结。它们是按照出现频率递减的顺序列出，统计的数据来源于在约110家公司里进行的一项网上调查的结果，其中一半是全球跨国公司。

表6-1　10种典型的创新治理模式总结

序号	模式	创新负责方	特点	典型公司
1	最高管理团队	高层管理团队或其部分成员,全面负责创新(一个跨职能和跨学科的活动)	对创新团队有限制,通常由技术部门和商业部门或运营部门的领导者组成 倾向于把重点放在内容的创新上面,即新项目和新冒险,而不是流程方面	康宁、雀巢、乐高、SKF和IBM
2	CEO或集团/部门总裁负责制	CEO作为最终的"创新沙皇",全面负责创新	对公司明确信号——创新是重中之重 CEO们通常专注于内容方面的问题,将流程管理委托给其他配套模式 CEO的重视态度和"创新热情"很重要	苹果、甲骨文、思科、亚马逊、谷歌、脸书,以及一些小型和中型的技术型企业和家族企业
3	高层次、跨职能的创新指导小组或委员会	从多个职能部门、不同管理层级挑选,作为一个小组来领导创新,比如设置"创新委员会""创新指导小组",甚至"创新治理委员会"	可以挑选一些年轻的且最具创新或创业精神的经理加入团队,还可以轮流担任 不同公司授权的水平可能显著不同,比如"创新流程委员会"只负责流程,内容保持在其他机制中	飞利浦、礼来、罗氏、赛诺菲-巴斯德、壳牌和利乐
4	CTO或CRO、CIO作为最终的创新领导者	最传统的创新治理方式,特别是依靠技术、科学和工程为基础的公司 通过以技术为基础的各种创新举措来开发新技术、新产品	一般配置"CTO办公室",比如"技术规划小组""科技与创新管理办公室",专门负责内容和流程管理 会得到业务单元研发经理的支持 创新重点集中在内容上,即技术和新产品的发展 支持跨学科协作,但普遍认为没有义务将其努力传播到整个组织,以及监督创新发展的整个流程,比如在商业运作方面	常见于具有较强的技术和工程传统的国家,比如日本、德国、瑞典和瑞士等
5/6	专职的创新经理或首席创新官	全面负责创新的任务,可以委托一个专业的经理来负责	通常倾向从积极性很高的中层或中高层执行者中选出来,频繁地向高层管理团队汇报,但大多是由自己来执行 负责跟踪和测量创新的努力和成果,确定和分享最佳做法,并在组织上对这些创新举措进行支持,远超内容部分 CINO模式:向CEO汇报,影响大,资源多,有部门支持,也经常负责创新加速机制,一般负责创新流程和内容 表明创新远远不仅仅是技术	帝斯曼、赢创、花旗集团、杜邦、可口可乐、平安保险、AMD和日产

（续）

序号	模式	创新负责方	特点	典型公司
7	创新冠军团队	创新全面委托给一组选定的冠军团队，或多或少来自独立的高层管理人员的授权	主要集中在内容的创新方面，即在具体项目上创新的加速器："内部创业者""创意倡导员" 通常作为支持模式，而不是主要的创新治理模式	百事公司、FMC 技术公司、西科斯基飞机有限公司、豪马贸易有限公司、美国银行和 Abott 实验室
8	无人负责	没有正式负责创新的人	认为创新是公司的基因，创新是每个人的任务或临时情况或认为不需要创新，强调卓越运营，需要强有力的管理	出现在新兴的创新公司中，比如互联网领域
9/10	"双核"或互补的二人团队	CTO＋CMO/CXO CIO/CXO＋商业或业务主管	认为创新是一个真正的跨职能的活动技术和业务创新要素需要分别委托这些职能的高级代表作为一个团队一起工作（实际上很难实现）	

（二）首席创新官模式的实践导入

企业应该如何选择适合自己的创新治理模式？有哪些原则或参考依据？创新治理模式的选择是个相当有实践性的挑战，要充分考虑企业的实际情况，包括企业发展阶段、行业特点、治理特点、企业性质、企业规模，甚至企业领导者本身的发展思路和管理风格等。

首先，企业的创新治理模式可能是多种单一模式的综合。在实践中，大公司通常不限制自己只采用单一模式开展创新活动。举个例子，多种经营的公司可以不集中制定创新模式，而是让业务集团或部门自己选择适合自己的创新模式。但是，他们也可能会选择几种模式，即利用一个主导模式以促进和引导创新的整体工作，利用一个或几个配套模式或机制来强化第一个模式或处理特殊任务，即支持模式。主导模式通常涉及三个"内容"方面的问题（为什么创新？在哪里创新？创新多少？），而支持模式往往聚焦于三个"流程"方面的问题（如何创新？与谁一起创新？谁负责创新？）。

上面列出的 10 种模式同样可以作为辅助支持模式。比如，CEO 可能是公司创新的主要负责人，但其也可以作为一个支持者来协助主要负责创新的人。实际上所有的模式的组合都存在。如果主导模式是高层管理团队或子集团的高层团队，那么这些公司的 CEO 可以是这个团队的支持者，其他公司可能依靠一个跨职能的督导组来支持该高层团队，有人可能认为首席技术官的角色就是一个创新支持者，等等。

其次，企业创新治理模式是动态的，而非一成不变。经验表明，作为企业组织的一部分，创新治理架构往往随着时间的推移和组织的调整不断进化，组织中的人员和结构的变化往往与任命新的 CEO 有关。有些变化反映了管理层需要更有效的创新流程，或更广泛的、不同的创新重点。有些治理模式只是反映了经营哲学的变化或只反映了顶层的责任。关键是企业要在选择创新治理模式之前尽可能罗列和评估各种相关模式，采用系统化的方法来识别和比较相关的模式。

最后，企业创新治理模式更多要根据自己的特点和实际需要选择。从企业类型来看，有些是技术密集型的，技术研发和创新是企业创新的核心内容并占有较大的分量，这样的企业往往会设置一个首席技术官或首席研究官，同时由他们负责公司的整体创新管理职责。而有些是服务型（比如设计创意公司或品牌咨询公司）或者偏市场型（比如快速消费品）的，他们往往有首席市场官、首席设计官、首席品牌官等设置，由他们代理首席创新官的职责。从企业发展阶段来看，初创期的企业不需要设置首席创新官，而快速发展期的企业或许需要 CEO 更多承担首席创新官的责任。对于成熟的企业来说，则最好有专职的首席创新官，因为这样的公司发展相对稳定，组织完善复杂，运营职能占据主导，有专职的首席创新官更有利于推动创新发展。而如果企业处于转型期，则更需要一个强势的首席创新官，或者直接由 CEO 代理并推动创新变革。

创新治理的模式有多种选择，但最为有效的还是由 CEO 代理，或者设置专职的首席创新官。由 CEO 直接负责公司的创新显然是一种理想的最佳状态。苹果公司因为有乔布斯这样的创新领导者而在创新道路上一路高歌。海尔公司和华为公司也是因为拥有张瑞敏和任正非这样富有创新思想和战略思维的领导者而成为创新领先企业。他们其实就是公司的首席创新官。而专职的首席创新官这种模式也正在快速崛起，尤其是对那些传统大型企业来说。随着很多成熟公司逐渐转型到创新驱动发展的战略上来，这种模式将逐渐被广泛推广。这也符合本书一开始介绍的未来企业治理架构模式——首席运营官负责卓越运营，首席创新官负责未来增长机会开发，首席资源官全面支持运营和创新活动，而 CEO 负责制定总体战略和协调各方面工作。

专职的首席创新官通常向 CEO 汇报，他们有的是公司管理委员会成员，甚至是董事会成员——这样他们影响力大且获得资源多。他们一般有一个专职团队来支撑其使命，他们也经常负责公司的创新加速机制，比如新业务的孵化器或"创新中心"。从这个意义上说，他们将负责创新流程和内容两个方面。帝斯曼公司的首席创新官就是一个很好的例子。来自荷兰的生命和材料科学公司帝斯曼，其首席创新官不仅仅负责公司的创新中心，以及与之关联的孵化器和新兴的业务领域工作，甚至还直接督导首席创新官办公室，因此他能了解所有的企业技术开发活动。这种结构向组织传达了一个强烈的信息，即创新远不仅仅是技术。在帝斯曼，首席创新官和创新中心不但被视为企业内部的创新创优活动的促进者和监督人，还被视为创新业务的主管单位。实际上帝斯曼公司的一位首席创新官后来被直接升职为 CEO。另外，除了具体的创新管理职责，设立首席创新官还具有一定的彰显品牌价值作用，是公司追求创新的价值观体现，它对内代表一面旗帜，对外代表公司创新的一张面孔，以及有关创新的交流合作的窗口。

但对于成熟公司来说，要设置首席创新官还要考虑到与现有组织架构的融合和协调。一般来说，成熟的公司已经建立了一个相对完善的组织结构，尤其是那些技术密集型企业，往往会有自己的首席技术官（或者总工）等。这个时候人们也往往会对首席创新官与首席技术官之间的关系产生困惑。其实这又回到了关于技术创新与企业创新、技术管理与创新管理之间的区别与联系等问题上。首席技术官的核心职责在于技术管理，推动技术创新，而技术创新显然只是整个创新链条上的一部分。首席创新官更多是从整体上推动公司创新活动，包括建立激励创新的机制和环境，推动创新战略的开发和落实，以及创新网络连接与资源获取等，但具体的创新还需要技术、市场、工程等部门协作实现。另外，很多企业还会设置首席信息官，这也容易和首席创新官混淆，尤其是在名字上。首席信息官更多是通过建设公司 IT 系统来支持企业业务和提高工作效率，包括 IT 信息安全、数据信息分析，以及流程改善等。不同公司可能还会有其他高层管理者，比如首席财务官、首席战略官、首席市场官和首席人力资源官等，虽然首席创新官与他们有不同的任务分工和职责要求，但实际工作中却需要与他们建立紧密协作的关系。因为创新是一个牵涉企业各个职能的活动，首席创新官与这些高层管理者同行之间建立有效的沟通与合作关系至关重要，他们都是重要的内部创新伙伴。首席创新官与他们之间的关系总结，如图 6 - 2 所示。当然现实中在一个企业组织架构中同时出现以上角色情况比较少，但类似职能的管理者应该都是存在的。有的可能是合并在一起，比如有的企业如果原来已经有了自己的首席技术官，那么创新管理的职责可能由首席技术官承担，比如西门子公司、施耐德公司、美的公司等，但其局限性表现在他们的创新管理职能往往局限于技术研发部门，很难拓展到公司层面以及与运营部门建立紧密联动的关系。有的公司则是将首席技术官置于首席创新官或创新高级副总裁下面，这样更有利于从公司创新角度协调包括技术和业务部门之间的协作。企业也可以选择建立由高层管理层，包括各业务部门负责人在内的联席创新委员会，通过该委员会进行创新方面重要事宜的协商和决策，推动创新战略和重大创新计划的实施。

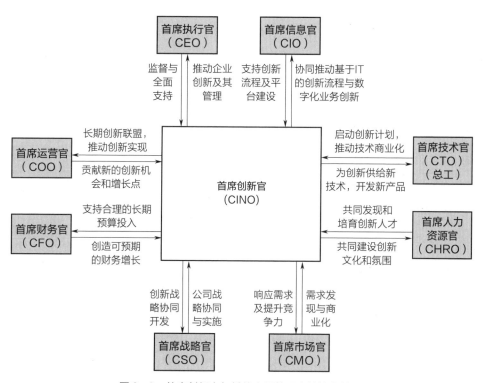

图6-2　首席创新官与其他高层管理者的协作关系

德国赢创公司的首席创新官模式

赢创（Evonik）工业集团是源自德国的一家全球领先的特种化工企业，具有150多年的历史，目前业务遍及全球。2015年其销售收入达135亿欧元，而利润率则达到18.2%，主要利润来源是其占据市场领先地位的核心业务，且有76%是来自德国本土之外的市场。赢创的核心业务分为三大业务板块，分别是营养与健康、资源效率和功能材料，共有20多条产品线，服务于消费品和个人防护、食品和动物饲料、汽车和机械工程、建筑、医药、电子、新能源、农业等广泛领域，虽然每条产品线的规模不大，但因其技术先进性及性能优越性，在行业中一直处于领先地位。

赢创通过投资、创新和并购等途径实现不断增长，尤其是注重技术研发与创新，每年研发投入超过年销售额的3%，2015年达4亿多欧元，全球研发人员有2700多人。该公司将90%的研发职能及投入分散到各产品线，更多是以现有产品或技术为基础进行本领域研发。在集团层面赢创于2011年设置了首席创新官，该职位直接向集团CEO汇报，负责推动集团层面的创新活动和战略性增长领域，并协调各产品线的创新。首席创新官领导着全球300多人的团队，涵盖开展战略性的中长期研发项目、创新战略管控、开放式创新、风险投资、知识产权管理等职能，同时在美国和中国还设有类似职能的企业创新团队。

二、打造适应创新需要的创新型组织

企业组织服务于企业发展需要，创新型企业需要一个创新型组织的支撑。对于创新型企业来说，创新已成为组织的一项基本职能和核心竞争力，创新的效率与其组织形式显著相关。彼得·德鲁克在谈到创新型组织时说：创新型组织就是把创新精神制度化而创造出一种创新的习惯。一个创新型组织应该能够将创新精神通过一系列组织手段体现为成员日常的行为习惯，创新成为组织流程，拥有富于创新精神的领导者、宽容开放的企业氛围、灵活的组织结构、敏锐的市场意识、合理的激励机制，能够不断吸收异质信息与知识。在这里，人是企业最有价值的资产，具有多样化的人才和灵活的流程，使组织全体成员在潜移默化中自然而然地培养起创新意识，创造力得到充分发挥，能够产生持续的创新。创新组织的基本要求及其相应特征可以作为首席创新官在组织设计建设中的参考，如表6-2所示。

表6-2　创新组织的基本要求及相应特征

基本要求	相应特征
成长导向	致力于长期增长而不是短期利益
组织传统和创新经验	对创新的价值达成共识
警惕性和外部联系	组织认识到威胁和机会的能力
致力于技术和研发的程度	愿意投资长期的技术开发
承担风险	愿意把有风险的机会引入平衡资产组合中
组织结构内跨职能的合作和协调	个人之间相互尊重，并愿意跨职能合作
吸收能力	认识、发现并有效利用外部技术的能力
创造力的空间	管理创新困境和为创造力提供空间的能力
创新战略	战略规划及技术和市场选择
多样化技能的协调	开发一种适销产品需要结合多样化的专业知识

　　总的来说，企业组织形式正逐渐从原来的满足运营需求向适应创新发展的需求转变。回顾一下企业组织形式的发展，从最早的线性科层制到后来的矩阵制，以及现在经常被提起的小组制和网络化结构，都是在适应企业不断发展变化的主题。比如科层制相对集权和显性化，分工明确，过程简单、严谨和易于专业化深入，适合那种生产运营性业务的管理。但随着市场竞争愈演愈烈和市场需求变化越来越快，这种模式过长的开发周期和低效、缺乏灵活性等特点都无法适应竞争需要。矩阵模式是指除了垂直的线性职能组织体系，横向又加了一个以完成某项任务为目标的运行机制，即项目制或事业部制。显然矩阵制更有利于跨职能的协同和合作，并且以业务发展为核心，可提高市场反应速度。近年来，随着互联网对各行各业的巨大冲击，以及互联网型组织的扁平和灵活，越来越多的人意识到信息和组织应该具有和过去不一样的形态与结构，乃至运作方式。关于新型组织的讨论几乎都指向两个方向：扁平化和网状结构。也有人将网状结构称为内部价值系统，并在此基础上形成以项目为导向的组织设计。这种网络化组织模式打破职能部门和企业边界，颠覆线性决策机制，强调共享、协同和开放，各团队节点在企业内部网络和外部创新网络的共同作用下发生联结，包括和用户的互动大大

加强。另外，与当前知识和信息呈指数增长相适应，很多组织采取网络化组织模式，彻底放弃传统的职能齐全的官僚体制，基于网络共享经济和信息网络技术，实现了企业绩效的指数型增长，成为指数型组织，被投资界称为"独角兽"，比如谷歌、优步、爱彼迎（Airbnb）等著名公司。这种网络化组织模式更强调生态的概念，形成所谓的社区组织，创新的分布式和开放性更为增强，资源方面强调"可用"而非"拥有"，即网络效应。在这种网络化组织模式下，整个世界变得更加民主化，企业变得无边界、扁平化和社区化。

但需要指出的是，网络化组织等新的组织形式的出现并不代表旧的组织机制的完全失效。经典的组织层级和矩阵式跨职能协作仍然有其存在价值，可以满足企业不同的发展需求。不同企业在不同发展阶段会有不同的核心发展任务，需要相应的组织架构和职能设计与之相适应。比如创业期企业规模较小，不需要复杂、规范的组织结构，整个公司其实就是一个创业型团队，他们靠共同的目标激发，靠情感联系，没有十分明确的分工，具有很大的灵活性。快速成长期的企业单靠创业团队已无法满足企业高速发展需要，需要基本的分工协作，一般组成简单有效、具有扁平化特点的组织架构，这样决策高效，富有执行力和拓展性。而成熟期的企业已经进入稳定发展期，规模变得较大，需要通过专门化、部门化等形式提高生产率，并采取规范化和标准化管理。一旦企业进入转型期或变革期，原来复杂的组织结构已经无法满足非常规的工作需求，缺乏变革的动力，这时就需要通过二元制形式组建具有特殊职能的团队推进创新工作。

很多企业往往不会采取单一的组织形式，而是多种形式的组合。尤其是考虑到企业日常运营和创新等多种业务并行发展的需要，以及对不同的创新型组织的使命定义可能是不同的，企业会以一种组织模式为主，同时以其他模式为辅。比如对于那些负责公司核心业务，并且正在为公司创造利润和现金收入的组织来说，需要让它们的创新聚焦在如何增加核心业务的利润，提高组织生产力，所有与此相关的活动才是这个组织应该做的创新活动。其管理目标和重点就是近期的利润表现和现金流。对于那些公司正在大力发展的新兴业务组织来说，它们所要做的是将已经论证的新业务模式扩大规模，增加市场份额，并且成长为公司未来新的增长机会。而对于那些公司希望投资的新兴业务，那些处于种子期孵化的业务，需要关注的是这些业务模式是否经过验证，其可行性和未来长期的价值，以及成功的时间点等。对于管理这些业务的组织来说，它们关注的是如何有效地监测项目进展，它们所投资的这些种子型业务成功的数量和回报的预估，以及从创意到上市的成功概率是怎样的。可以看出后两种组织形式和以维持当前市场为主的第一种组织形式有很大不同，它们更加强调转换思路和范围，寻求突破甚至颠覆创新，为未来发展奠定基础。两种组织形式的管理机制、评价标准、文化价值取向都会更加不同，但现实中这两种机制又为很多企业所必需，所以就形成了所谓的"二元性"组织形式。实践中那种具体从事突破性创新的组织形式一般表现为内部创业团队、新事业发展部、创新小组、新产品开发委员会、虚拟创新组织、风险创新投资部门等。比如最早通用汽车为了学习日本节油汽车制造模式，专门在自身庞大规模的组织之外成立土星分部，学习日本车企的经验生产新型小汽车。

任何组织形式也不是一成不变的，而应根据形势的变化和企业发展适时调整。这需要我们及时评估组织的运行效能和创新能力，并做及时的分析和优化，尤其是要集聚大家的智慧，想出一些具有突破性的和创新性的解决方法改善我们的组织能力。下面仅就创新型组织具备的几个基本特征做深入分析，可以作为创新型企业及其领导者的参考。

（一）跨职能的合作与协同

实践证明跨职能的合作会极大提升企业运作效率，尤其是对于复杂的创新性活动。传统的线性、垂直型职能划分不利于各职能部门的合作，而现实中大部分创新活动都是从市场、技术到生产、财务等多个部门的协作过程。一般来说，跨职能的合作围绕具体的项目或产品为核心进行。它具有清晰的共同目标、流程、激励机制和绩效指标，包含来自不同职能部门的代表，交流协作更加方便。目前典型的跨职能组织模式是在矩阵制模式下形成的。所谓矩阵制，就是从职能组织和项目（业务）机制两个维度协同管理，具体由业务部门的项目或产品经理负责引导，由来自各职能部门的人员组成专门项目团队。根据项目经理的权限大小可以分为三种情况，如果项目经理只是负责项目组织和规划，在资源调度、小组成员的绩效评价等方面影响力很小，仍然主要由职能部门负责人发挥主导作用，则为弱矩阵模式。如果项目经理对项目具有较大主导权，可以直接决定小组成员的工作安排，并且对小组成员的绩效评价具有较大影响力，则为强矩阵模式，但小组成员的薪水、职业发展等仍然由其所在职能部门负责人最终确定。而如果项目小组成员是为了某个项目由项目经理征召而暂时脱离原来的部门，组成相对独立的团队，类似内部创业团队，那么由项目经理全权负责，包括成员的绩效考核，甚至职业发展。这种模式则为特别行动小组，即所谓的"特战队"，它主要是针对那些相对独立、具有较高风险和较长期的项目而设。三种跨职能合作模式如图6-3所示。

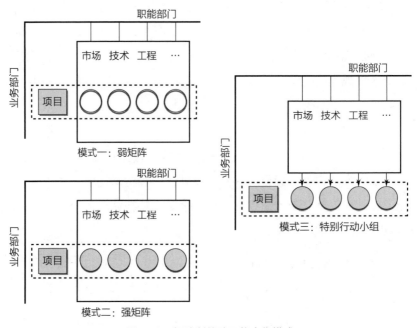

图6-3 矩阵制的跨职能合作模式

海尔的"型号经理制"就属于强矩阵模式，即型号经理对产品从需求分析、设计开发到市场营销"一票到底"负责整个产品周期，这也是后来的自主经营体的基础，而海尔后来的小微自主经营体则属于特别行动小组模式。华为的研发体系从当初的线性职能组织模式逐渐过渡到后来的弱矩阵模式，以及现在的强矩阵模式（见图6-4），这样技术线负责研发工作，产品线则扮演产品运营和投资的角色。显然强矩阵模式有助于组建跨职能项目团队，容易调剂资源，提高执行力和市场反应速度，有利于部门间资源共享。强矩阵模式下研发和创新工作更加基于市场需求出发，投资有保障，技术和创意转化更容易实现。但强矩阵也有不足，市场主导因素过强导致一些战略性创新项目变得困难。

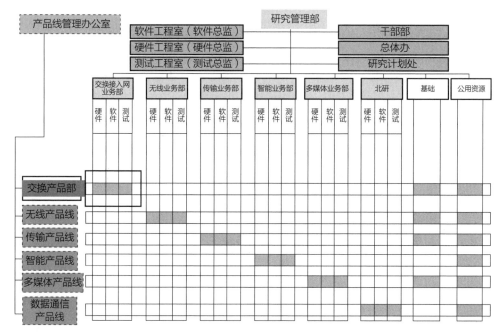

图6-4　华为的矩阵制研发组织模式

案例

乐高：跨部门协同的创新体系

要实现有效的创新管理，除了建立监管系统之外，在创新之初就应在各方面达成共识，避免出现无法追踪盈利或者创新成本失控。在开发生化战士系列产品之前，"乐高的产品团队互相隔绝，产品大都是按照程序逐步进行：设计师构思出模型，然后将模型扔给工程师，工程师准备好用于生产的原型，再踢给市场人员，然后沿着程序进行下去，很少会有哪个团队跑到另外一个团队的地盘提出建议或者要求反馈。如果一切顺利，产品会在两三年后面市"。戴维·罗伯逊在《乐高：创新者的世界》一书中，这样描述盲目创新的乐高。

这种做法的结果就是，设计团队设计出完全不符合市场需求，或者成本过高令公司不可能盈利的产品。

现在，乐高的每一个项目产品，比如乐高城市系列、幻影忍者系列都有3名经理。除了设计经理之外，还有负责市场营销和负责生产的经理。在产品开发的每个阶段，不同部门都会从各自的角度为产品想法提供反馈，然后进行设计和模型的改进和迭代。最终3个部门的人要一起决定一个产品有哪些元素、用什么颜色、什么包装等。因为产品都是在3个部门达成共识后设计而成的，所以不会出现设计师设计一款产品市场经理说卖不了，生产经理说技术实现不了的情况，更不会出现到产品开发的最后阶段才发现成本过高根本不可能盈利的"惊喜"。

为了避免这种跨部门协作过程中，部门之间相互竞争或者极力维护自己部门利益的情况，2012年克努德斯道普开始推行共享绩效目标计划，即在所有部门推行一样的奖金指标，这让部门负责人意识到：一个部门领导者如果为了自己部门的利益而损害其他部门的利益，自己也不会有任何好处。因为一个项目的成功会让所有参与工作的部门获得奖励，而一旦失败则谁都不会获得奖励。

2011—2013年，乐高在中国的销售增长率分别为50%、80%和50%，这个漂亮的成绩单既靠市场营销部门的重大贡献，更有赖于产品部门生产出的好产品。这之中，当然还少不了供应链部门和行政部门的支持。"如果他们共享绩效目标，他们就会一起努力，如果我给他们各自分配目标，他们就会互相竞争而非合作。"克努德斯道普说。

（二）扁平化的组织架构

扁平化的组织架构已是大势所趋，尤其是当前市场节奏加快，要求企业做出快速反应，决策链条必须简化。可是问题在于多扁平才是足够好呢？经典的扁平化组织是三层结构，其前端是执行层，后端是战略决策层，而中端则是传达战略目标、管理团队和实现目标的运作层。今天的扁平化组织三层结构随着信息技术的普及和推广，越来越呈现出一种哑铃形的三层结构，那就是有效的执行前端、强大的支持后端和灵活多变的中端，所以三层结构的极致状况也更像一家创业型公司，那就是两层半的结构。因为从创业型组织的角度来看，两层是最理想的。一层是由销售人员和服务人员组成的基层执行团队；另外一层就是合伙人或者管理团队。海尔曾经提出消灭中层的口号，就是要尽可能向三层甚至两层半的结构转变。华为借鉴IBM经验组建矩阵式组织结构，但在执行以客户为导向的战略过程中，华为公司发现原有的矩阵式管理结构使得层层审批过程非常缓慢，而且滋生了各种官僚和腐败习气，丢失了很多重要的市场机会。因此任正非在2009年发出"让听得见炮声的人指挥炮火"的呼吁，就是希望将决策权向前端转移，简化层级。这种简洁有效的三层结构对工业巨人通用电气也同样有效。早在杰克·韦尔奇时代已经实现了六层职级式的管理，但是这种六层职级式的管理从根本上来看也是三层结构，可以分为高级执行官（Officer）、执行官（Executive）和专业人员（Professional）。所以经常在 GE 各种会议上能看到高层人员和来自一线的人员一起开会，从而使得这家体量庞大的公司具有超乎想象的轻盈和简洁。

案例
小米的扁平化组织架构

小米是国内科技企业中推行扁平化管理的典型代表。小米的组织架构简单得惊人，基本上是三层：核心创始人—部门主管—员工，且每个团队的规模不大。极度扁平化的组织结构有助于消除官僚管理模式，有利于满足不同员工的需求，由此可以营造出人性化的沟通氛围。在这种氛围下，团队知识共享的时间得以大大缩短，团队间的协作互助得到增强。而团队成员间的信息共享和知识交流又使得公司内部不同个体的想法、视角和思维在整个团队内得到充分的理解和思考。这样的工作氛围有助于员工形成"头脑风暴"，有助于提升整个团队的协作水平和默契水平，最终实现团队内部的沟通顺畅，形成高效率的信息沟通路径。

（三）强调创造力的小型多样化团队

团队是创新型组织的基本创新单元，团队创造力共同形成组织的核心创新能力。因此，创新型组织一个重要的任务是打造富有创造力的团队，其特点主要有两个：多样化和小型化。多样化是指团队成员学科、专长等背景多样化，小型化是指团队规模不宜过大，最佳为 5 ~ 7 人。团队规模过大不利于沟通和发挥创造力，行动力也会下降。所谓的"比萨原则"（如果你的团队大到两个比萨不够吃，那就表示这个团队太大了）就是这个道理。这种富有创造力的小型多样化团队在创新型组织中发挥着独特的作用，已经被很多大型企业和创新专家重视和研究，其特征主要体现在以下方面：

- 激励人心的愿景设想和共同的任务、目标。
- 有效的团队领导和超强的领导力，团队领导发挥重要作用，尤其是在实际行动中应确保和公司创新战略一致。
- 团队内个人角色与能力的合理匹配，成员多样化和具有互补性，在多方面都很优秀，形成相对完整的功能组合。
- 高效的沟通、协作和分享机制，以及灵活有效的流程。
- 良好的创新氛围，相互信任，保持足够的激情和士气，团队成员积极投入和奉献。

- 富有企业家精神和创业精神。
- 与团队外部创新资源的持续、广泛互动和协作。
- 学习型组织，具有科学的员工培训和发展计划。

这种创新团队既强调个体创造才能，更强调团队的集体创造力和创新绩效，因为创新活动最终是集体的活动。因此，采取小型多样化团队模式将具有不同背景的创新人员纳入一个创新小组中，共享一个目标，将明显提高沟通协作效率，提升团队精神，确保高效的创新产出。腾讯公司的"微信"就是在这样一个由十几个人组成的小项目团队中完成的。腾讯的产品相对无形，产品需要不断在使用中验证与迭代，人的作用最重要，通过小团队形式，确保去中心化、扁平化管理和层层迭代，保障每位员工都得到充分尊重和授权，保障信息流通透明和畅通。当然这种小团队方式仅能达到一些短期的具体性目标，它缺乏雄厚的知识和技术基础，需要技术等后方团队的支持，因此其背后创新生态的支持也很关键。

谷歌灵活的小团队工作方式

创新的意识源于灵活的小团队工作方式。在谷歌，"将有智慧有激情的员工以关键问题分成3~5人的小团队，扁平化的组织，以海量的计算资源和数据作为支持，同时允许工程师抽出20%的时间，根据自己的兴趣确定研究方向"。这是谷歌组织结构的基本原则。

小团队的工作方式看起来平常，其实却蕴涵着深刻的道理：在庞大的组织中，总有很多聪明人，他们可以轻松地找到"混"下去的方法，即便是复杂的绩效考核也对这类人束手无策。但是在由3~5人组成的小团队中，却容不得"聪明人"再浑水摸鱼，必须全力以赴才能被大家认可。

正是通过这种小团队的工作方式，实现了谷歌著名的"自下而上"的创新。这种创新方式给谷歌带来了很多新奇的点子，带来了新鲜的创意和活力。而这些特质正是一家快速发展的科技公司最宝贵的创造力所在，同时也可以看作是谷歌的互联网民主观念在公司内部的一种贯彻。

韩都衣舍基于小组制的蚂蚁军团组织

韩都衣舍的组织模式主要是基于小组制的蚂蚁军团组织。小组制，又称以小组制为核心的单品全程管理体系。企业内部被划分成几百个3人小组，被称为蚂蚁军团。

不同于一般企业建立基于流程的串联组织模式的做法，韩都衣舍建立并联式组织模式，采用包产到组的方式，基于每个品牌、每个款式成立相对独立并联的小组。标准化的小组是3人一组——包括产品开发专员、页面制作专员以及货品管理专员，由资历深、能力强的人兼任组长。小组成员各司其职、利益分享：产品开发专员主要完成产品设计；页面制作专员负责打开产品的详情页的照片修饰；货品管理专员负责与生产和仓库对接，掌握产品的库存变化，依据销售动态确定是继续下单还是进行促销；组长负责协调小组所有事宜。小组权责利高度匹配。小组的"权"包括款式选择、定价、生产量、确定打折节奏和深度等；小组的"责"表现为小组必须承担包括销售额、毛利率、库存周转率在内的销售任务指标；小组的"利"根据毛利率和资金周转率来计算。整体过程的最终决策由小组3人商量决定。公司支持小组成员自由匹配。在奖金分发方面，以小组为单位而不是个人，具体内部分配由组长决定。能者多得、按劳分配，虽然没有特设淘汰机制，但是无论优劣都会有小组自行解散重组。因为一般组长的奖金会多于组员，所以一些组员通过一段时间的实践锻炼后就会组织自己的小组，此时被解散的相对弱的成员就会奔向经验比较丰富的员工。这样一来，员工的向上状态都是自发的，不需要领导每天督促推动，其心态如同比赛游戏一样互相追赶，从而形成了内部人才的优化匹配。

三、组建专业的创新管理团队

首席创新官的核心工作在于如何促进和激发公司创新，但这是一个富有挑战性而又艰巨的工作，仅靠首席创新官一个人很难做到，他背后还应该有一个专业的团队来支撑。尽管本书也提到有的首席创新官本身就是一个创新顾问的角色，但如果只局限于此其作用是有限的。要真正发挥其创新管理和领导作用，他们就应该名副其实地获得高层支持，应该有一个合理配置的创新管理专业团队帮助一起推动企业创新事业的发展。

本书开始就已谈到首席创新官的使命和职责，其创新管理团队就是要一起履行这些职能。对此我们或许需要消除一些误解。首先，首席创新官及其团队不是那种传统的所谓管理者或者监控者，更不是企业官僚体系的一部分。其次，有了首席创新官及其团队也不意味着创新就只是他们的事情，其他人就不需要创新。而实际情况恰恰相反，公司全体员工都可以从事创新，创新管理团队则是为大家的创新活动提供服务和支持。因此，对于创新管理团队的职责可以简单定义为负责推动企业创新活动发展，确保企业每一名创新者拥有一个有利的创新环境、有效的创新工具和合适的创新能力。他们像是创新者的创新顾问，为公司打造一个可以催生持续创新的平台；他们也更像是创新的促进者、引导者和保护者，而不是传统的管理者或者监控者。

创新管理团队的职能设计应与首席创新官的使命和职责相适应。首席创新官及其团队的基本架构体系是在综合大量企业创新管理团队组织构成的基础上形成的，但实际情况却是很少有首席创新官及其团队能够全面承担这些职责，如图6-5所示。这一方面是因为很多企业的创新管理工作尚处于起步和发展期，首席创新官也还是个新鲜的事物，还没有系统成熟的实践经验可供借鉴，于是企业更愿选择任命一名创新领导者首先在某一方面开展创新管理工作，如开放式创新、风险创新和创业、创意开发等，通过不断探索和实践来逐渐扩展创新管理的职责范围。另一方面，对很多成熟或大型企业来说，原来企业已经在技术研发或某些创新方面有了较好的发展基础，如有的公司在知识管理和知识产权开发方面已经发展得很深入，有的则是和高校建立了成熟的产学研协作关系，他们与企业其他职能或业务部门已经建立一种较好的协作和兼容关系，那么新任命的首席创新官或许更应该去探索新的领域，比如创业孵化器和加速器、风险技术开发、用户创新等。也正是因为这样，现实中看到的很多创新领导者其实只是负责创新管理的某一方面，其头衔甚至也不是所谓的首席创新官，而是诸如开放式创新总监、风险投资副总裁、创业孵化器总经理等。因此，在图6-5中可看到基本的职能模块如前端创新、战略与组合等都是用虚线框，表示企业创新管理团队可能只是履行其中一个或几个模块，或者只是就某些模块中一些具体的职能组建专门的创新团队。另外，有的首席创新官还会有自己的办公室团队，负责诸如创新流程设计与优化、创新能力与体系评估及提升等工作。正如前面提到的创新治理需要，有的企业则是在首席创新官之上设置创新指导委员会、创新工作组或转型与变革委员会等，这些机构成员一般不是全职的，而是由包括首席执行官、首席创新官等主要高级管理者和各业务部门的负责人组成，专门针对创新这个主题进行沟通、评估与决策事宜。创新是个高风险的活动，有时其风险之高甚至连首席执行官都无法独立做出决策，这时由企业高层组成的创新委员会或战略小组就具有更加重要的意义。它们可能是在创新方面辅佐企业最高管理层，也可能是直接对重大创新事宜做出决策，但更重要的是在这里可以实现企业各部门之间在创新方面的协调与合作，包括在创新投入方面达成一致。

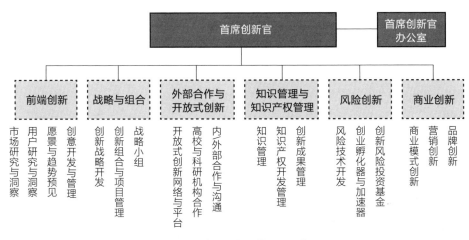

图6-5　基本的创新管理职责体系

创新管理团队的组建和运作目前还没有太多系统的理论支持，但已经有很多各种实践经验供参考，本书有关首席创新官创新实践的各种论述都可以作为创新管理团队的工作指导和参考依据。一般来说，团队成员的能力和背景在技术、商业、管理等方面有所均衡，并根据具体的创新职能有所强调。他们有多重角色，在商业的不同领域都可以通过技术和战略手段发挥作用，他们不但对创新拥有激情，而且拥有商业悟性、企业家精神和谈判技巧等，在具体创新管理运作方面主要发挥引导、促进、连接、协调和支持的作用，其工作内容可以总结为三个方面：创新内容、创新流程和关系。创新内容是指要聚焦于具体项目和业务，比如创意产生、创新项目、创新战略、产品创新、技术转移等具体项目操作需要和公司内外的合作伙伴合作进行，目的是推进项目进程和确保创新结果；创新流程包括完成各创新职能的基本环节、方法、评审标准以及各种机制等，目的是为创新创造一个良好的氛围和平台，提升创新效率；关系主要是指公司内外各种创新资源的发现、关联和合作关系建立，包括公司外部创新伙伴的连接，公司内部创新相关方的沟通协作，以及公司内外之间的信息流程和合作，目的是激发创造力和提升公司创新能力。总之，首席创新官要让自己的团队明确各自的职责和在整个公司创新体系中的定位与角色，清晰定义主要工作任务，建立合理的流程，逐步获取必要的能力和资源，确保公司的创新活动顺利推进，并实现预定的创新战略和目标。

第七章
构建开放的创新生态

自从 2003 年开放式创新之父亨利·切萨布鲁夫（Henry Chesbrough）的《开放式创新》一书出版以来，开放式创新已经在过去十多年成为广泛讨论和实践的重要创新模式，几乎每家创新企业都无法忽视它，不管它们是否用开放式创新这个名字。这是因为随着全球化市场竞争的加剧，以及创新速度的加快和创新复杂性提高，企业已经无法完全凭借自身力量完整实现创新。企业需要借助一个强大的网络，寻求外部合作伙伴和能力资源，更好和更快地创新。

开放式创新的首要目的是探索新的创意，了解技术发展趋势，获取外部技术资源，捕获新的商业机会。可以说开放式创新是一种十分有效地提升企业创新绩效的手段：包括缩短上市时间，快速应对市场需求，避免被模仿跟随者超越；降低风险，实现时间和投入的平衡；清晰界定知识产权，有助于知识产权保护；构建一个良好的创新生态环境，有利于可持续创新。总之，开放式创新能够明显提升企业的创新能力，增强企业竞争力。

10 年间，开放式创新从概念引进到广泛普及和接受，显示了其强大的需求。据亨利·切萨布鲁夫等在 2013 年针对欧美大型企业特别是高科技制造业、零售行业做的关于开放式创新的调查报告显示，有 78% 的企业正在推进开放式创新，多年来实践开放式创新的企业没有一家放弃。事实证明，开放式创新已经成为企业的重要创新模式，也得到企业高层的认可和重视，调查显示有 71% 的企业高层对其开放式创新的支持在不断增加，82% 的企业认为开放式创新实践的强度越来越大。

但不能掩盖的事实是，即使有很多成功的经典案例，开展开放式创新并取得突破性成功的企业却还不太多。很多企业在开放式创新的道路上还在不停地摸索，也遇到各种各样的困难和挫折。对于企业的创新领导者或者专门负责开放式创新的管理者来说，在推进实施开放式创新的过程中其主要挑战如下。

1）如何获得企业最高管理层的支持。没有高层的支持，开放式创新领导者会遇到无穷的问题和挑战，他们不得不耗费大量精力去克服这些障碍，而不是投入足够精力去提升创新效益。

2）如何获得公司范围广泛的支持和认可。开放式创新是用来扩展公司的核心创新能力的，但如果没有合理的引导和沟通，有可能被员工视为与己无关的异物，甚至是对自己工作的威胁。

3）如何找到合适的人推动开放式创新。虽然科技素养对开放式创新管理者很重要，但更重要的是他们能够说服来自不同商业领域和具有不同背景的人，去说服他们认可开放式创新的好处。他们还必须每天和不同的人打交道，建立关系网络，拓展灵感和方案来源。

4）如何开发有效的流程，并设计构建相适应的组织架构体系。

5）找到满足开放式创新需求的最佳工具和平台。需要不断探索和应用新的开放式创新方法和工具，替换过时的方法和工具，识别新的用户和技术趋势，发现潜在的市场渠道等。

6）如何衡量和展示开放式创新取得的进步和成就。很多开放式创新实践可以带来创新成本的降低和时间的节省，但其产生的成果一般都是阶段性、持续性的提升。显然，衡量这种创新成就是具有挑战性的。很多开放式创新项目中途夭折，就是因为它们不能充分地展示出取得的成果。作为创新领导者，需要采取必要的方法和手段，将这种创新进步显性化，并确保开放式创新进程持续下去。

本章将针对以上具体的问题，从首席创新官的角度去探索如何在企业或科研机构等组织中推动开放式创新实践，为首席创新官提供一个可以借鉴的基本思路和方法途径。

一、开放式创新体系构建

（一）对开放式创新的战略思考与模式选择

当前开放式创新已经逐渐从随机、实验性行为变成精心经营的端到端过程，成为公司系统化和结构化的创新行为和模式。对公司来说，开放式创新实施过程本身就是一场思维模式、创新模式和管理模式的深层次变革，它要求企业尤其创新领导者深刻理解开放式创新的战略意义，从战略、体系、流程以及组织、文化等层面系统展开和持续推进。

那么创新领导者在推动开放式的创新实践时，首先要回答几个问题：为什么要推动开放式的创新？是否已准备好开放式创新？和谁合作创新？如何合作创新？最终能带来什么样的价值？其实这是一个战略思考的过程，也是需要就以上问题和企业上下尤其是管理层深入沟通并达成一致的过程。

首先，应明确自己企业实施开放式创新的真正需求和目标，并确认是否已经做好准备。很多企业实行开放式创新都有类似的目的或需求，比如寻求外部好的创意或者成功技术方案来帮助解决难题，或者寻找新的创意和机会，实现未来业务持续的成长和拓展，以及通过开放式创新获取外部技术资源，提升研发效率和创新能力等。但事实上，企业具体的开放方式方法却千差万别。这是由于企业不同的发展特点和所处环境等因素决定的，对开放式创新有不同的具体诉求。在推动企业开放式创新布局时，要从战略角度深入分析企业自身的能力和资源方面的优劣势，以及市场竞争和产业发展形势、外部资源环境等，并尽可能从中长期发展需要进行思考：自己的核心能力是什么？通过开放式创新到底能从哪些方面提升自身创新能力和市场竞争力？比如我国某高端装备企业，它具有比较强的研发能力，在市场上具有较高的竞争优势和主导地位。但显然面对高速发展的科技浪潮，这家企业如果继续采取封闭式研发，就会有技术落后甚至被新兴技术颠覆的风险，它迫切需要跟踪和掌握先进技术的发展动态和趋势，及时导入外部新知识，并及时分析判断，确定是继续跟踪还是开展布局研发，甚至通过并购等策略获取技术，从而确保自己一直处于技术领先者地位。一旦明确需求，还需要和公司管理层进行充分的沟通和协商，取得他们的支持，获得授权，并在组织、资源和流程、文化等方面做好充分的准备。

其次，选择合理的开放式创新方法及模式。全球十多年的开放式创新实践和研究已经形成很多方法和工具来满足不同的创新需要。最简单直接的是根据创新资源的流动方向把开放式创新分为三种：从外向内、从内向外以及内外兼有。也可以按照创新过程（价值链）阶段分，比如创意阶段会有创意大赛、用户创新等，新技术开发阶段会有联合研发、技术转移等，商业化阶段会有技术并购、创业孵化、风险投资等。企业可以根据需要探索适合自己的方式。比如技术驱动为主的制药企业，他们更愿意与科研机构及初创企业建立合作关系，以便及时发现新兴技术和新药机会。而对于一家消费品企业来说，它更强调市场创新，那么消费者参与的用户创新就比较重要。而即使同一行业的企业，受它们自身不同优势和发展策略等因素影响，采取的开放式创新策略也会不同，比如尽管思科和朗讯在同一产业中直接竞争，朗讯基于自身强大的知识创造和自主研发能力，采取将知识、技术成果向外转移扩散的方式进行外部商业化而获利；思科则更多采取外部投资、并购等方式获得外部新技术。事实上，同一企业也会因为不同发展阶段、发展规模或同一时期因为不同创新资源需求而采取不同的开放式创新方法，比如思科早期注重联合开发，后期更强调技术并购，同时也采取诸如交叉许可、技术转让等混合方式。总之，首先要有一个基本规划，在明确开放式创新目标的基础上制定正确的开放式创新策略，与企业中长期发展战略和创新战略密切配合，能够满足企业的中长期发展需要。其后的工作就是确定合理的开放路线图和方法组合，形成适应自身创新战略需要的开放式创新途径。

实际上，企业一般都不会采取单一的开放式创新途径，而是多种方法的组合。这方面典型的如西门子的开放式创新体系，如图7-1所示。西门子公司本身具有强大的技术研发能力和创新能力，但即使这样它仍然十分重视开放式创新投入，并形成自己完善的创新体系。西门子与全球高校及科研机构之间的联合/委托研发体系，有助于西门子充分利用全球科技研发力量和智力资源，确保自身的科技领先优势和研发效率。此外，在获取外部新兴技术和技术转化方面，西门子形成了科技企业化（Technology To Business，简称TTB）、新业务开发（Siemens

New Business，简称 SNB）和西门子技术加速器（Siemens Technology Accelerator，简称 STA）三种模块，共同完成从外部风险技术获取和商业化到外部颠覆性商业机会捕获（形成西门子新业务，预防被颠覆），以及内部非核心技术的外部商业化孵化（形成外部独立的新业务）。再加上独立的西门子风险投资板块（Siemens Venture Capitals，简称 SVC），其负责对外部成长期新业务投资。它们构成西门子完整的开放式创新全谱，满足不同的创新需要，确保及时获取外部的优势技术、商业机会，并确保内部知识产权的商业价值最大化运营。另一个典型的例子就是壳牌公司的开放式创新体系，包括获取外部颠覆性创意的 GameChanger，投资与壳牌业务相关的创新技术的风险技术开发（Technology Venture），合作开发壳牌业务之外但能解决其面临问题的技术，以及支持那些为能源行业带来创新解决方案的技术的商业化。

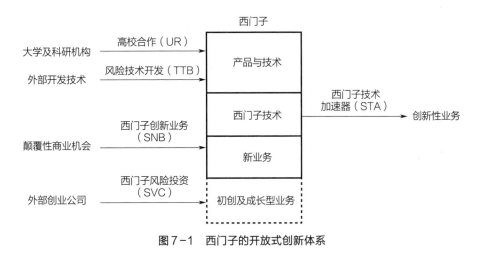

图 7-1 西门子的开放式创新体系

西门子的开放式创新体系

西门子在与高校的科研合作方面处于业界领先地位，这包括一套三层塔形合作体系和运作机制，最高层合作是与全球 6 所和自身业务最为匹配的顶级大学（包括清华大学）建立战略性合作关系，每年保证一定的合作预算和项目数量；中间层则是遴选出来的 50~60 所全球著名大学，作为西门子重点科研合作对象，而最底层则是近 700 所与西门子有合作关系的其余大学，一般它们在某一方面可为西门子提供技术和研发支持。而和这些大学的合作分别由其研究院和企业合作部具体执行，最终由一个大学合作委员会统一管理。

西门子公司具有强大且完整的开放式创新体系，基本涵盖了技术转移、技术孵化和风险投资等各个领域，并分别由具体的部门（开放式创新单元）执行，目的是搭起技术和业务的桥梁。目前主要包括三个相对独立但又相互协作的部门：科技企业化，西门子技术加速器和新业务开发。它们主要分布在德国慕尼黑、美国伯克利和中国上海。它们的定位如表7-1所示。

表7-1　三个部门的定位

科技企业化（TTB）	获取外部有价值的创新科技成果，进行技术转移（向内）
西门子技术加速器（STA）	将内部非核心技术进行产业化开发（向外）
新业务开发（SNB）	为西门子孵化颠覆性的新创业公司

如图7-2所示，这些开放式创新单元的总体任务和目标为：

（1）提升公司创新能力，同时具有合适的回报。

（2）筛选市场中的新商业机会和创新技术。

（3）通过在西门子架构下或者外部实施创新技术或者创意产生新的业务（TTB）或者创业公司。

（4）直接参与外部创业或者增长性公司或者风险投资（SVC）。

（5）通过财务支持或者指导创建。

（6）创建新的创新文化和企业文化。

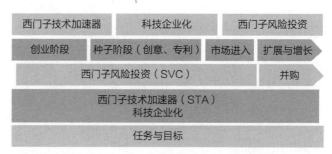

图7-2　西门子开放式创新全景图（不包括创意开发部分）

其中，西门子科技企业化（TTB）中心将办公室设在科技高度发达的地方，比如美国伯克利、中国上海和德国慕尼黑。在上海TTB办公室有20多人（截至2014年），大多为海归博士，主要是从全球范围搜集富有原创性和突破性的科技成果，进行一系列内部评估和调研，并与西门子研究院、各事业部或风投部门保持协调，寻找内部支持或感兴趣的"买家"。对于有价值的技术，会进行技术转移工作，如果技术本身还不够成熟，一般会支持进一步开发，成熟的技术则会组织原型开发，甚至商业化开发工作。

相比其他西门子创新部门，TTB 具有广泛的外部联系合作网络，构成其自身的创新生态，包括大学和科研院所、实验室，风投和天使投，创业公司，各种创新俱乐部等。另外，它相对独立，没有研究院的严谨的研发管理流程，具有相对宽松的氛围，允许失败，强调企业家精神，这都有助于保障其创新工作的开展。

西门子还有一个隶属于其金融服务公司的风投部门——西门子创投公司，其目标就是投资创新技术，比如信息与通讯、医疗系统、自动化与控制、电力、汽车技术和交通系统以及照明。自 1999 年创建以来，已投资多达 9 亿欧元到 170 多家技术公司或风险投资基金。投资地点主要集中在美国、欧洲和以色列、中国。在中国于 2006 年设立了一家北京代表处，专门负责亚太地区初创及成长型高科技企业的直接投资，专注于投资能源、医疗、工业、基础设施与城市相关业务领域的初创及成长型高科技企业。

 案例

壳牌的开放式创新体系

壳牌（Shell）是富有创新性的能源公司代表，它具有完备的创新体制和架构，这包括内部的研发体系和连接外部的开放式创新体系。

壳牌认为，没有任何公司能够开发自己需要的所有技术去应对资源挑战和持续增长的能源需求。正是为了更快和更经济地解决复杂的能源问题，壳牌构建了开放式创新体系，突破公司自身甚至自己所在产业的界限，寻求外部合作，连接外部富有创新性的思想和技术。

针对外部各种可能的创新资源，以及各种可能的合作形式，壳牌搭建起四个开放式创新合作模块，包括刚刚组建的 Shell TechWorks。

壳牌的四个开放式创新模块分别是：Shell GameChanger，Shell Technology Ventures，Shell TechWorks 和 Shell Small Business Innovation Initiative。它们之间具有不同的分工和定位，但又相互协作。针对外部创新资源，它们从原始创意点子到创新技术到初创企业，以及其他行业创新技术，覆盖创新链条上的不同阶段、不同层次，以及行业内外，实现全覆盖，如图 7-3 所示。

▶ Shell GameChanger

连接创新者和创意资源，去发现和支持可能对未来能源产业带来巨大冲击潜力的创意，并进行验证。

▶ Shell Technology Ventures

类似风投或合作开发伙伴，投资那些拥有与壳牌业务紧密相关的创新技术的公司，对验证后的创意进行共同开发。

▶ Shell TechWorks

主要是与能源行业之外的企业合作，利用其先进的技术来解决能源行业或壳牌面临的问题。

▶ Shell Small Business Innovation Initiative

支持那些能为能源产业带来新鲜解决方案的技术的产业化。

图 7-3　壳牌的四个开放式创新模块

目前壳牌也在扩展他们的 Technology Ventures 和 TechWorks 部门，包括从 2014 年开始在上海设立办公室。另外，壳牌还有一个主要针对大学生的更广范围的创意竞赛在线平台 Shell Ideas360，作为以上创新体系的一个新的元素。

（二）开放式创新实施策略

一旦完成开放式创新体系规划，便基本确定主要的开放模式及其目标诉求，随后就是针对每一种创新模式的落地实施。作为首席创新官就是要监督和推动这种创新计划的实现，包括必要的资源配置，指定专门团队负责并予以授权，以及人才培养和一些关键环节的指导，内部接口（协作方）关联，并全力帮助克服各种障碍和解决遇到的问题，同时对创新绩效进行监测和不断改善。

无论哪种开放式创新模式，其核心任务都是构建一种开放的网络或者交互平台的过程，即筛选各种创新资源，将它们作为节点通过网络关联起来，并维护这种网络，确保需要的时候能够实现相关节点间的资源集成和协同交互，产生更佳的创新绩效，只不过这种网络会因不同的创新模式而不同。这个过程需包含三个核心内容，一是发现和筛选外部创新资源，即创新合作伙伴，并维护合作关系；二是需要合适的平台、流程和工具支持；三是确保企业内部创新系统能够真正和外部创新资源集成，并转化为自身的创新能力与绩效提升，即确保企业具备一种吸收转化能力。本章后面将分别对这几个关键环节详细展开。但作为首席创新官还需要从战略角度认真思考和坚持以下几个关键性原则，对后续工作顺利开展至关重要。

1. 平衡开放和核心能力的关系

企业存在的目的是创造价值并可持续成长，开放式创新也是服务于此目的的。资源的整合可以发生在创新价值链的任何一个环节，如果公司有很强的整合能力或平台优势，那么整个价值链都可以开放。但无论如何，需要明白开放式创新并非意味着放弃或缺失自己的核心能力和竞争力，不可以拿开放式创新取代自己的研发或技术能力，要明白直接取用外部创新成果是比较危险的，会变成无本之木，失去自身价值。宝洁在推行经典的开放式创新 Connect + Development 多年后就遇到类似危机，由于过于偏重外部技术资源而忽略或轻视了自身的研发创新能力，结果导致企业对外部资源产生依赖性，失去主导权，内部创造力和创新水平下降，创新士气低下。因此，即使将来形成完全开放的生态体系，企业只是其中一个节点，也应该保持自己的核心能力和竞争力。企业的创新体系应该包含两层，即基于强大吸收能力来保持核心创新能力的核心层，和与外部交互合作吸收外部创新资源的开放层，二者之间需保持平衡，如图 7 - 4 所示。

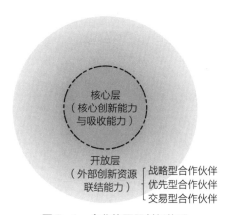

图 7-4　企业的两层创新体系

2. 均衡发展外部资源获取能力和内部吸收能力

开放式创新看似关键是在外部资源的发现和筛选，但其实更具挑战的是内部的吸收能力。因此要构建与开放式创新模式相适应或充分融合的内部创新机制。比如内部对开放式创新的理解和认可度，外部创意和技术资源在企业内部的吸收转化效率，企业内部的开放式创新文化和组织架构等。此外，应该综合两个方面，即要确保高质量外部创新资源的导入，同时也应该确保它们能够真正被企业内部创新体系接受，转化为企业自身的创新能力。

3．坚持灵活、精益的理念，快速赢得公司支持

开放式创新是个复杂和具有较高风险的活动，外部因素的不确定性和内部沟通配合等都是不小的挑战。在推动开放式创新计划时应在科学规划的基础上坚持灵活的思路。比如开始需要细心选择真正适合开放式创新的项目，因为不同的创新模式适合不同类型的项目，并确保这些项目相对容易出成果。再就是采取精益的理念，通过快速迭代的方式探索更可行有效的途径，这都有助于提高成功率。早期的项目成功对取得企业上下的支持和营造适合开放式创新的氛围至关重要。如果已经度过开始阶段，则应该采取组合管理的方法来优化项目组合，确保短期项目和长期项目的平衡，高风险项目和低风险项目的平衡，确保不断带来创新成果和进步。

4．培养专业人才，注重沟通协调

开放式创新管理者需要有很强的专业能力和综合素养，在科技和商业方面也要有一定的知识和经验，这有助于他们和公司内外不同专业、行业的人打交道，建立关系网络，开展沟通说服等工作，并能敏锐地发现创新机会。因此，应该寻找和培养一批这方面的专业人才，他们可以是来自公司内部的资深员工，他们更容易协调内部关系、建立信任。把他们培养成专职或兼职的创新冠军，可以带动更多人参与进来，促进信息的流动，挖掘公司内部需求，或者在公司内部推广一些外部好的创意和技术。当然，最佳状态还需要建立开放式创新的企业文化，在企业内部形成开放的思维模式和心态。

二、打造开放的创新资源网络

开放式创新意味着识别、获取和利用外部创新知识等资源促进自己的创新，甚至打破公司边界与各种外部伙伴合作共同创新，显然首要的工作就是要

明确需要什么样的外部合作资源和合作伙伴，以及如何获得这些合作伙伴，最终建成满足创新需要的外部创新资源网络和合作创新流程。根据目前的开放式创新实践和研究，合作伙伴多种多样，主要是看针对什么样的创新需求和实施什么类型的创新模式。比如西门子公司的开放式创新网络包括大学、科研机构、关键用户或领先用户、竞争者、创业公司或风投公司、智库、政府机构、其他产业组织或公司等，如图 7-5 所示。宝洁公司也有类似的创新网络，如图 7-6 所示。

总体来说，主要的创新合作伙伴包括：

- 个体——比如专家、思想领导者、消费者或用户、员工等。
- 研发组织——比如大学、科研机构、研发实验室等。
- 商业伙伴——比如供应商、客户等，客户包括关键客户、战略客户、领先客户等。
- 初创公司或中小公司等。
- 竞争者。
- 智库或创新设计、咨询机构。
- 政府机构。
- 行业协会、产业联盟等。
- 中介服务机构。

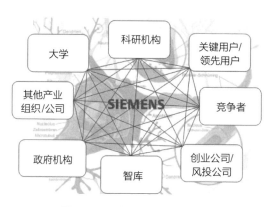

图7-5　西门子公司的创新网络

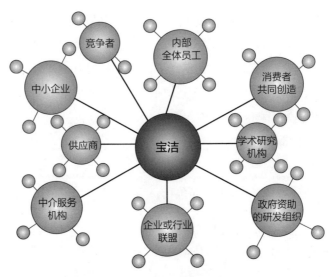

图7-6 宝洁公司的创新网络

在这些形形色色的创新合作伙伴中，目前来看客户（用户）、大学和供应商是三个重要的开放式创新伙伴。比如达能婴儿营养业务就是和包装供应商一起开发了一种新的包装——易包装（EAZYPACK），这种包装创新在盖上有一个双层区隔空间，其中有一个勺子，这种包装方便妈妈在一只胳膊抱住孩子的同时取奶粉。这为用户带来便利，同时也为达能实现货架差异化，明显提升竞争优势。

至于如何找到合作伙伴，并与他们建立合作关系，一般按照 WFGM 模型（需求"Want"、寻找"Find"、获得"Get"和管理"Manage"）进行，即伙伴关系管理，其包含四个基本步骤，如图7-7所示。

图7-7 创新合作伙伴资源开发 WFGM 模型

（一）挖掘内部需求

本书已经就如何发现和定义企业创新需求做了很多论述，针对开放式创新，关键就在于如何识别哪些创新需求适合通过开放式创新来满足，哪些创新环节适合内外资源整合协作进行，以及如何将这些原来聚焦于公司内部解决的创新任务转化为开放式的创新任务，启动后续的开放式创新工作。内部创新需求的挖掘和本书后面即将谈到的吸收能力建设紧密相关，它们都属于公司内在的创新能力，需要在诸如创新机制、流程和创新文化等方面做适应性变革。比如需要每名员工理解自己的创新伙伴不再仅仅来自身边的同事，可能是远在千里之外的一名供应商企业的工程师、一名技术专家、用户，甚至一名大学生。企业的开放式创新体系和流程能够确保内部需求自动形成开放式创新项目。这里只就内部创新需求如何转化为开放式创新项目任务做介绍。

（1）确认哪些类型的创新需求适合开放式创新。这对不同的企业来说可能标准也不一样，但总的来说主要有两种情景：一是通过外部合作创新，从而拓展创新机会，提高创新质量、降低创新成本、创造更大价值；二是公司内部确实没有这方面资源或资源不足，尤其是那些迫切需要满足的创新需求。如果从创新价值链角度看，需要通过开放式创新满足的需求可能包括战略层面的，比如开放式创新体系构建、创新网络建设、战略性创新合作伙伴开发，以及外部环境、趋势、机会情报信息和分析洞察等，前端创新阶段如创意、机会和创新概念等，产品与技术开发阶段如新产品功能元件开发、产品设计、材料以及新技术、知识等，后续的还可能有工程制造阶段的工艺、设备、流程以及市场化开发方面的市场渠道、商业模式、客户关系资源、客户知识、品牌和各种服务等。也可以从另一个角度看，那就是有明确产品项目支持的和没有明确产品项目支持但属于创新能力提升一类的，比如来自研发或业务部门就某一具体技术或产品提出的外部联合创新需求，或者市场部门提出的基于某一主题需要搜集用户创意的，就可能属于有明确预算支持的产品创新项目；还有可能虽然没有明确的新产品项目支持，但从公司创新能力提升角度需要的外部创新资源，比如新趋势、新技术、新机会洞察，它们将来也会有助于具体创新项目的开展。比如飞利浦公司在创意管理阶段，有专门团队负责用户研究，收集消费者生活方式、行为信息、遇到的各种问题和外部科技、市场发展动态趋势，加工形成包括洞察、趋势、价值主张和文化潮流等所谓的新价值符号。以不同的颜色表示文化、科技、市场等不同领域，然后会发送到公司内部尤其是创意人员的手上，比如把形象海报布置在他们工作室内，有利于随时刺激这些创意人员，创造一种可以共用的价值语言和讨论沟通基础，有利于提升创新效率，确保创新方向。

（2）内部开放式创新需求的获取需要相应机制、流程、人才的支持。从操作流程看，首先是专门负责开放式创新的团队负责和各部门对接，了解他们的对外创新合作需求，或者基于公司对开放式创新部门的职责要求分析设计创新任务。其次是分析这些需求适合哪种开放模式，比如是合作开发还是委托开发，是技术采购还是兼并投资的方式，是否有知识产权要求，是完全开放式的还是定向（伙伴）的。最后在前面分析的基础上形成基本方案建议，并申报公司评估形成具体的开放式创新项目。

（二）发现合作伙伴

针对明确的开放式创新需求和任务，不管是公司战略层面的规划还是一个具体的开放式创新项目，首先是找到合适的合作伙伴，即快速找到或连接到足够的潜在合作伙伴。一般来说，开放式创新可能是基于一个实际主题，或者基于具体的合作伙伴展开。一般有两个角度：主题和伙伴。多数是先确定明确的创新目标和日程安排，然后选择合适的合作伙伴，而有时也会从合作伙伴出发，比如研发方面，会基于先前成功的合作经验和紧密的合作关系，探索潜在的项目合作机会。另外，对于那些在开放式创新方面发展比较成熟的企业，它们也许会采取完全开放式的创新，不限定具体的主题和合作伙伴，海选各种具有突破性和前瞻性的创意和合作伙伴。因此，合作伙伴的识别发现策略主要和开放程度与宽度，以及目标伙伴类型有关。合作伙伴的识别发现主要在两个方面进行平衡：具体的搜索主题和目标合作伙伴类型。阿尔卡特朗讯就是遵循这两种方式，如果是针对具体主题的创新，他们会去寻找相关的潜在合作伙伴；如果是先选定合作伙伴（基于以往成功合作经验），则会带领合作伙伴一起去开发新的合作项目或技术。

如果是针对具体主题搜索合作伙伴，一般有以下两种主要途径：

1）合作伙伴拉动型——对外发布合作主题，可以通过合作平台（自有或外部），或者邀请潜在的合作伙伴参加开放日活动（比如阿尔卡特朗讯贝尔实验室的开放日），或者通过会议形式展示合作需求。

2）合作伙伴推动型——在内部设置专门识别潜在合作伙伴的部门，然后联系和探讨可能的合作意向，比如宝洁利用在以色列的创新屋去发现来自很多领域的创新者。

宝洁在以色列的创新屋

作为集团开放式创新战略（连接＋开发），宝洁于 2007 年在以色列建立自己的开放式创新中心——创新屋（Israel House of Innovation，简称 IHI）。创新屋的使命是充分利用以色列的创新资源和文化，通过和以色列学术机构、私有企业、风险投资机构以及政府机构的合作来加速自己的全球创新。比如 2011 年 9 月，通过希伯来大学的技术转移办公室，宝洁创新屋和希伯来大学签订合作协议，它允许宝洁科研人员和希伯来大学建立更高水平的合作关系，包括在生物、化学、胶体与表面科学等领域来推动前沿性创新，有助于增强宝洁的全球产品创新能力，创造出更多有助于改善人类生活的创新性产品。

在合作伙伴的识别开发中，开始可能是重点聚焦于现有的合作伙伴，或者自己相对熟悉的合作伙伴，也不需要什么工具和方法。随着开放式创新的深入开展，需要不断开发新的合作伙伴，并引入新的方法工具，比如推出创意收集工具或平台，确保创新者提交的创意有安全保障，并建立专门负责部门，比如阿克苏诺贝尔就指定具体团队负责创意搜索工作。而那些成熟的开放式创新企业，则会采用多种创新工具和流程满足不同的创新需要。

至于创新资源或合作伙伴的搜索手段或渠道，公司可以组织专门人员负责情报搜集和分析，进行文献检索和学术跟踪，以及参加各种论坛、展会和会议，加入各种专业社区等。也可以运用自有的开放式创新平台，比如海尔的开放式创新平台 HOPE，宝洁的连接＋开发平台等。或者通过第三方专业的创新服务商如 NineSigma 等，这在后面的开放式创新 IT 平台部分有详细介绍。还可以为特定主题专门组织创意、创新或创业大赛等，比如通用电气曾针对"绿色创想"战略通过众创的方式征集创意方案，寻求全球的创意、投资者和工业企业一起探索能源、交通、水、健康和照明等领域挑战性问题的解决之道，并给优秀的方案一定的现金奖励和可能的合作开发机会。而哈佛医学院则将这种开放式创新模式用在自己传统的学术活动中，在 2010 年组织全校教职工和学生一起参加一项有关糖尿病研究的"创意竞赛"，最终有 12 个方案胜出，这些创意成为科研团队后续的研究项目。

伙伴选择过程中，关键是把握合作关系的宽度和深度，是接触到最大规模的合作伙伴，还是加深和有限合作伙伴的合作关系，二者要取得平衡。很多公司的目的是和合作伙伴建立深厚的战略性合作关系，它们不但提供创意和技术资源，还能够保持中长期深入的合作关系，而不仅仅做一个或几个创新项目，这种方式对于研发领域的合作来说比较流行，但显然这样会限制与缩小合作伙伴的数量和范围。

（三）筛选合作伙伴

不同的公司针对不同类型的项目往往需要遵循不同的伙伴筛选标准和方法。有的选择复杂的评价筛选算法，有的列出关键标准以对照表方式评价排序。一般会采取分步逐渐缩小目标范围的方法，开始可能对一些硬性条件，比如公司规模、知识产权资源和交付能力等，以及软性的因素，比如公司文化和运营风格是否匹配、信誉度水平等进行审核。然后会逐步关注细节，尤其是具体项目的要求。一般来说，在筛选合作伙伴时可以从以下几个方面考虑：

- 信任、安全：因为考虑到敏感信息的泄露，更愿意和自己信任且可靠的公司合作，而不是在外面随机寻找，能够确保知识产权的安全性。
- 对方解决问题的能力和资源。
- 双方企业文化的兼容性。
- 长期稳定性：公司更愿意优先和曾经有过良好合作关系的企业继续合作。
- 附带价值：比如其他资源、渠道共享、对方影响力、新的商业机会、有助于项目成功的其他因素，能为公司带来价值的因素等。
- 个人因素，这也是比较复杂和微妙的因素，因为合作最终是要双方人员配合完成。
- 合作可能带来的风险和局限性，是否会给自己带来某种约束、影响和风险等。

（四）维护合作伙伴关系

对于真正适合自己的伙伴，要努力吸引他们。包括建立相对其他竞争对手的优势，留住他们，并将这些合作伙伴融入自己的创新体系中。当有很多外部创新合作伙伴时，往往需要对合作伙伴组成进行优化，满足自身不同方面和不同层次的需要。为了更好地维护好双方的合作关系，应该重视以下四个方面的工作：

（1）积极开发适合双方合作的项目。具体的项目是双方建立合作关系的基础。应该充分挖掘双方合作的潜力和机会，推动双方深入沟通，探索和制订具体的合作计划和路线，确保有合适的合作项目运行，双方能够从中受益，同时还能不断磨合和培养默契的合作关系，提升合作积极性和动力。保持密切沟通，及时挖掘各自创新优势资源和创新需求，探索潜在合作点和最佳合作模式。

（2）发挥自身实力和优势，找到互补性。大公司可以利用自己的规模、强大的渠道、内外部资源，包括人才以及创新成果和历史来吸引合作伙伴。中小公司或初创公司则可以强调自己的专长和灵活性。总之，为了实现双赢合作，合作双方需要找到互补性或者附加价值。

（3）学会如何和不同伙伴合作。需要理解和尊重不同合作伙伴的实际情况，包括其文化和组织差异，比如宝洁公司更强调规范化、层次性和基于流程，那么他们就需要学会如何和企业家合作，外部合作伙伴应该被看作是同行，而不仅仅是供应商。

（4）描绘双赢愿景，确保双方受益。不同公司建立合作伙伴关系的目的在于分享利用互补资源和知识，以及选择性分担开发和投资的风险及成本。为了从这种合作关系中受益，必须避免机会主义和为了构建管理合作关系而耗费过多不必要的成本。其中的原则就是合作效益大于单独行动的效益，通过合作能够提高各自竞争优势，并且好处能够合理或者平等地被合作双方分享，达成双赢的愿景。

总之，伙伴关系管理是开放式创新的一个关键指标，一般企业都会有相应的结构化流程，包括识别合作伙伴、建立合作关系和保持合作关系，不管流程如何，关键是要建立信任的环境和关系，积极沟通各自战略规划，明确各自意图，实现合作双赢，这是开放式创新发挥效能和长期可持续发展的黄金法则。

潍柴控股的开放式联合创新

潍柴控股坚持全球资源为我所用，始终站在国际技术最前沿，构建了协同、开放、共赢的研发体系，形成了以潍柴为中心的产业链众创平台。

潍柴聚焦产业链协同创新，与110家上下游企业共同打造"研发共同体""应用共同体"，构建了以动力总成为核心的产业众创生态圈。同时，潍柴在全球多地建立科技创新中心，与世界汽车零部件领军企业、科研机构和大学建立了深度战略合作，以开放式创新的模式，开展前沿技术研发。比如，在美国、法国、德国、意大利建立了研发中心，与国内研发平台实现了高效协同；联合麻省理工学院、清华大学等，牵头成立内燃机可靠性国际技术创新联盟、商用汽车与工程机械新能源动力系统产业技术创新战略联盟。

（五）打造开放式创新 IT 平台

IT 技术尤其是网络技术的发展是开放式创新模式发展的重要推动力之一。创新合作伙伴的搜索和关系管理都需要 IT 平台的支持，包括创意开发等很多创新项目的运行也依赖于当前高度发达的互联网技术。当前典型的开放式创新 IT 平台主要有以下两种。

公司自建开放式创新平台：有利于激发和收集创意，但需要较多资源（时间、金钱）投入。比如宝洁的 pgConnectdevelop.com，通用磨坊的全球创新网络 G-WIN，拜尔斯道夫的 Pearfinder 等创新平台。

通过开放式创新服务提供商：NineSigma 是其中一个著名的管理开放式创新关系的工具，它会针对实施的开放式创新项目提供一个框架及详细的步骤和工具，包括三个具体的步骤：发布（launch）——流程定义和准备；巩固（consolidate）——发现最佳实践，包括必要的组织架构和标准架构；沉积（embed）——战略实现，包括在公司内和公司外实施执行。其他服务商如专利中介和代理公司、知识产权交易中心、情报服务机构，也有助于创新工作。

公司应根据自身创新方式选择合适的 IT 工具——很多全面推行开放式创新的公司都会建立自己的开放式创新平台，一般它们都会有明确的战略目的和聚焦领域，有自身的优先选择。比如海尔的 HOPE，海尔通过该平台发布各种创新需求、寻求优秀的创新解决方案和创意，连接外部各种合作伙伴，包括创新者、工程师、极客消费者、创客和设计师等，以及各种技术提供组织。华为公司则是为自己的创新研究计划（Huawei Innovation Research Plan，简称 HIRP）搭建线上平台，连接全球的高校和科研机构。

礼来公司的开放式创新战略开发

2001 年，世界著名的制药企业美国礼来公司投资成立 InnoCentive 公司，用以寻求网络智囊团来解决企业在研发过程中遇到的难题，促进全球性科学研究。

在 www.innocentive.com 网站上，全球领先公司（寻求者"Seekers"）可以在一个保密的互联网信息交流平台上发布研发难题，其公司名称及相关信息将得到完全保密。而到网站注册的世界各地的科学家（解决者"Solvers"）可以访问和评估挑战，并且通过安全网上递交程序递交解决方案。来自世界170多个国家的科学家在 InnoCentive 注册成为解决者。他们可以接触网站上各种符合自己兴趣和专长的重大研发课题，有机会完成世界级研发课题的智力挑战，使自己的才智得到公认。他们的成功解决方案可以换来丰厚的报酬。目前，礼来公司、宝洁、道氏化学等全球研发领先者经常在网站上张贴各种挑战，寻求解决方案。采取这种开放式创新模式，联合全球资源，企业的研发难题完全可以从外界获取解决方案。

（六）走向共生的创新生态体系

从封闭走向开放顺应了潮流和趋势，其实开放式创新资源网络不是终点，它虽然为各种创新资源建立关联，有效促进了资源整合和协作，但本身有自己的局限性，包括其中大多是以企业为中心的单向资源利用，协作关系相对单纯和低效，相互之间的关系管理也经常遇到各种挑战，尤其是信任度不够。当前随着创新和创业在全球尤其中国的快速发展，人们逐渐认识到创业也许是一种更好的创新方式，虽然二者有区别，但创新和产业的融合可以产生巨大的创新效应，很多在成熟公司不能有效推动的颠覆性创新往往更容易在数量巨大的初创公司里出现。随着指数级的科技和经济发展，初创公司往往具有更大的力量，更具有创新性，能够在很短的时间里超越或颠覆发展几十年的大企业。网络是创新的滋生地，而创业更强调环境和生态的影响，于是人们逐渐意识到创新生态的重要性，美国硅谷成功创新创业的经验快速得到全球的关注。对此维克多·黄和格雷格·霍洛维茨在《硅谷生态圈：创新的雨林法则》一书中将创新生态比喻为"热带雨林"，认为"创新是混沌的、偶然发生的、不可控的，所以那些线性的、可控的流程很难自我维持下来"。而创新生态圈的核心在于建立共同的内在合约和信任，在这个生态圈中，大家都是开放的，存在多样性但关系密切，相互信任，沟通容易，追求公平公正，容忍失败，不断探索，那么创意的火花和合作的机会就容易大量产生，交易成本就会降低。很多金钱无法完成的交易，最终是靠信任来解决，从而能够将各种新的思想、创新才能和风险资本相结合，微弱的创新小苗都有成长的机会，经历自然（市场）的选择。

从演化的角度来理解创新主体范围的发展，可以看出是经历了从封闭的企业内部创新到构建外部的创新资源网络，到创新和创业共同发展的创新生态，最佳状态就是建立战略生态圈。其中各个个体之间的合作和交互不仅仅是创新和创业这个主题，而是全部可能的业务，包括生产协作、人力协作、信息和知识流动等，他们共生共赢，通过一种信任的关系和共同的规则形成一种生态环境，个体可以是大企业、中小企业，也可以是初创企业，以及消费者、创客、专家或者法律、中介服务机构等，如图7-8所示。目前，创新生态圈，不管是地理上的聚集区，还是虚拟的创新协作网络，在全球已经得到快速发展。比如飞利浦在荷兰创建的创新生态园。当前，我国

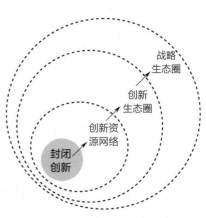

图7-8　企业创新生态的演变

各种各样的创新园、产业园区很多，但还需要深耕细作，抓住本质，形成真正的创新生态圈。此外，还必须重视加强国企与民企的合作、企业与高校的合作、企业与研究机构的合作、大企业与小企业的合作、本地企业与跨国企业的合作等，达成"热带雨林"的演化效应。

案例

飞利浦的创新生态园

1998年，飞利浦在荷兰南部城市埃因霍温打造了一个高科技园，其初始目的是将飞利浦的研发机构集中到一个地方。自2003年以来，该高科技园陆续引入更多公司，不断扩大。目前，高科技园驻有10 000多名研究员、开发者和企业家，他们来自50多个国家，属于150多家公司和研究机构，重点聚焦于健康、能源和智能环境等领域。研究机构包括霍尔斯特中心（Holst Center），英捷特应用中心（Inkjet Application Center）和ECN。初创公司如BiCHEM科技，Virtual Proteins和Sapiens Steering Brain Stimulation。大的公司如IBM、英特尔和NXP等，以及一些咨询和服务公司如埃森哲、Atos Origin等。这些企业在这里有一个共同目标，那就是开发新技术和应用，帮助解决各种社会问题和挑战，并成功推向市场。这些不同类型的组织机构聚集在一起形成一个合作共赢的生态体系。现

在，高科技园中的企业每年申请的专利数量占荷兰全国专利数量的一半。对飞利浦来说，其最大收益就是通过这样一个高科技园聚集区，和外部建立紧密的开放式创新合作渠道，包括持续的知识、经验和设施的交换、分享，让他们能够快速、廉价地达到目的。在这里可以很容易加入现有的国际网络和创新性项目，获得各种资源，包括 IT 和人力资源服务专利代理等，帮助企业加速创新和商业开发。园区的企业都认为在这样一个生态环境中发展有助于它们提升自身的市场竞争力。

案例

海尔的五大创新生态圈

海尔在开放式创新方面一直走在前列，尤其是作为其互联网战略转型的一部分，着力打造自己的创新生态圈，包括围绕其核心业务——洗涤洗净、制冷保鲜、智慧物联、绿色生态和室内空气，将用户、创意、技术、设计和商业模式等资源连接起来，并提供诸如孵化、研发、知识产权、标准政策和各种投资基金等全方位支持，如图 7-9 和图 7-10 所示。

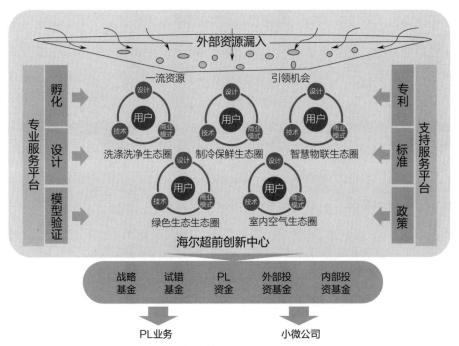

图 7-9 海尔超前创新中心及其五大创新生态圈

图7-10　海尔五大创新生态圈之一——智慧物联生态圈

三、推动变革管理，提升吸收能力

对一家成熟的企业来说，在推动实施开放式创新的过程中必然面临着从封闭走向开放的转变，它涉及深层的理念、模式和能力体系的改变，这是一个变革的过程。对于负责开放式创新的首席创新官来说，首要的工作就是要深刻理解开放式创新的本质，它对企业带来的内在冲击和可能发生的深层次变化是什么，然后充分发挥自己的领导力，推动变革的实现，形成一种真正的开放式创新机制和模式，并建立与之相适应的创新文化、理念和环境。其中的核心就是建立一种企业的开放式创新吸收能力（absorbtive capability），确保开放式创新给企业带来真正的价值，实现创新能力和市场竞争力的明显提升。

要认识开放式创新和封闭式创新的不同。从事传统的封闭式创新的企业认为自己能产生并创造出行业中最多最好的创意和产品，持有经典的所谓"非此地发明"（Not Invented Here，简称NIH）观念，更加重视企业内部资源，强调产品和服务设计的垂直一体化，研发部门的主要职责就是设计、开发和商业化内部的发明并从中获利，对知识产权来说追求自主开发和严格控制。而实施开放式创新的企业，认为最佳的创意可能来自别处，应该整合全球资源实现创新。因此，外部资源的搜寻、识别、获取和利用十分重要，同时重视内部研发，强调内外资源的整合能力。知识产权方面可以购买别人的知识产权，也可以出售自己的知识产权从中获利。两种创新模式的对比如表7-2所示。

表7-2 封闭式创新和开放式创新的基本原则对比

封闭式创新的基本原则	开放式创新的基本原则
本行业最聪明的员工为我们工作	并非所有的聪明人都为我们工作，需要和企业内外部的所有聪明人合作
自己进行发明创造、开发产品并推向市场才能从中获利	外部研发工作可以创造巨大的价值，而要分享其中的一部分，则必须进行内部研发
如果我们自己进行研究，就能最先把产品推向市场	不是非要自己进行研究才能从中受益
最先将创新商业化的企业将成为赢家	建立一个更好的商业模式要比贸然冲向市场好很多
如果我们创造出行业中最多最好的创意，我们必将胜利	如果能充分利用企业内外部的创意，我们必将胜利
我们必须控制知识产权，这样竞争对手就无法从我们的创意中获利	我们应当通过让他人使用我们的知识产权获利，同时应当购买他人的知识产权

因此，开放式创新不是简单的外部合作，不是拿外部的创新资源进行简单的拼接和组合。它给企业带来重要影响，促使其发生深刻变革，这体现在创新体系、流程、文化、绩效管理等诸多方面。这种企业运营和创新模式的改变会直接影响研发、供应链和市场营销部门。

- 对研发部门来说，原来的封闭式研发成本太高，通过开放式研发合作，实现知识的交换和分享，同时也包括风险的分担和战略性协作关系，形成紧密的创新协作链条。
- 就供应链来说，和供应商合作创新是一种重要的开放式创新方式，包括不同规模和不同领域的企业，比如初创企业、中小企业、大企业，或者材料供应商、部件供应商、包装供应商、服务供应商等，它们为企业提供重要的补充性技能和能力，使得企业不必投入资源去构建这种能力。有时候供应商是产品创新的首要创新来源，它为企业带来具有互补性的技术和能力，是一种十分有益的协作。有时供应商具有很强的品牌优势，可以借助其来提升自身产品竞争力和品牌价值。

- 市场营销部门一般要深入到开放式创新流程中，通过与外部合作伙伴合作开发新产品，确保用户价值实现，甚至包括在后期的产品发布和商业模式等方面共同创新。尤其是在和客户联合创新时，市场营销或销售部门发挥重要作用。

管理开放式创新的最大挑战不在于企业外部，而在于企业如何适应从封闭走向开放及其相应的流程改造与变革。对于企业来说，实施开放式创新的首要挑战可能还是文化转变。从抵制"非此地发明"到真正拥抱外部资源，使其与内部创新体系融为一体，是一个非常困难的过程。因此，开放式创新很大程度上是个变革管理的问题。这需要对企业员工持续培训和完善流程，提升吸收能力，引入人才和培训项目，制定相应的激励措施和绩效评价指标，最终能够实现公司上下形成开放式创新的文化。正如宝洁公司原 CEO 雷富礼讲到，"要想成功，公司必须把开放式创新看作常规性和方法性的动力，充分发挥每一名员工的能力优势，而不是特殊的人做特殊的事"。

那么如何适应开放式创新需要，使整家公司的创新、经营运作、文化与之相适应？这需要一套系统的变革管理。

- 企业管理层的支持和参与。最高管理层必须认可开放式创新的重要性并长期持续支持这种变革。如果缺乏高层的支持，这种变革几乎是不可能完成的。

- 足够的资源投入。开放式创新的建设和发展需要强大的资源、实践和资金支持，"如果你想让你的员工相信这是个非常重要的创新方式，那就让他们看到你正在大举投入资源"，如通用电气宣布为全球挑战项目"Ecomagination"和"Healthimagination"提供数亿美元支持，用于项目以及和风投、研究人员、企业家、初创公司的合作。

- 积极的沟通。需要通过成功故事强调开放式创新的重要性，并清晰定义其带来的好处，说服人们和合作伙伴接受这种模式。力求克服"非此地发明"的问题。同时也需要提升自身吸收能力，更好发挥开放式创新的优势。

- 拓宽招聘渠道。引入适合开放式创新的复合型人才和综合人才，需要他们具备多种能力，包括广泛了解各种领域，能够快速确定所需信息资源来源。

- 将开放式创新内容加入到工作描述和个人能力目标中。比如达能水务，创新和开放式创新成为工作职责和个人发展目标的重要内容。General Mills 则进一步将开放式创新作为个人能力指标，尤其是 VP 和项目经理层，作为业绩衡量指标，而且每个部门也都有自己的开放式创新目标，包括开放式创新项目启动、发布和完成的数目。

- 推动培训计划。培训不但可以培养员工的特殊知识，还可以提升知识的流动和分享，有利于建立企业文化，探索开放式创新最佳途径和经验。比如 DSM 成立 DSM 商学院，所有与创新相关的人员都需参加培训，其内部的开放式创新副总裁，类似首席创新官或首席技术官，会亲自讲授创新的意义，让大家理解创新是企业存活下来的关键。

- 执行开放式创新奖励机制。除了传统的激励系统，还可以设立一些特殊的专门针对开放式创新的激励措施，包括对团队和个人的长期衡量标准和绩效评价。

企业要想真正利用开放式创新抓住与未来目标相关的可利用机会，最终还是要依赖其自身的能力，即企业的技术水平、开发技能、知识产权、管理流程及惯例。衡量一家企业开放式创新能力的核心指标就是自身的吸收能力。所谓吸收能力，就是"识别新的外部知识的价值，进行吸收，并将这些知识应用于商业目的的能力"。即该组织在原有创新能力基础上对来自外部的创新知识、信息等资源识别获取、学习消化和商业化应用的能力，将外部知识和信息经过应用整合到企业内部知识体系中，转化为企业自身能熟练应用的知识。吸收能力一般包括四个方面：对外部有价值知识的识别能力、获取能力、学习消化能力和应用能力。

对于如何提升组织的开放式创新吸收能力，主要从以下四个方面开展工作：

（1）加强与创新实践的结合。特别是培养解决问题的能力，必须通过大量的实践去解决各种各样的实际问题。即组织的吸收能力不能停留在获得和消化新信息上，而要加以运用。因此，要求企业做好知识与信息在各部门之间的流动，建立起信息流转系统。由于存在着部门间的隔阂和同外界的隔阂，因而技术桥梁人物非常重要，他们能打破组织界限，促使信息流动。企业的吸收能力在很大程度上取决于这批技术桥梁人物。

（2）完善跨部门吸收能力。企业的吸收能力建立在企业各部门协调一致进行工作的基础上，需要企业的中央研究发展部门与各下属经营单位的研究发展部门协同工作，也需要研究发展部门同设计、制造、工艺、营销、财务、供应等各部门协调一致。这就需要做好界面管理，从事界面管理的人员需要具有技术、经济、管理多方面的知识并且有丰富的实践工作经验。

（3）增加研究与开发的投入，这是企业吸收能力得以形成和发展的基础。一个组织评价和利用外部知识的能力与其前期知识和专业知识有关，而这些前期知识又与前期研发投入有关。凡是从事研究与开发活动多的企业，其吸收能力较强，能更好地运用外部的信息。一些企业的经验也证明：生产制造经验丰富的企业才能更好地吸收国外的先进制造技术；重视职工培训与教育的企业，一般吸收能力也较强。

（4）保持开放的心态，确保不会因为自己的知识短板而排斥外部知识和机会。另外，还要配置必要的资源和指定专门团队，增加知识的连接机会和促进知识在公司内部的流动，推动开放式创新深入发展。

四、开放式创新绩效度量

曾经有统计认为大约90%的公司在开放式创新上的努力都没有带来明显的商业化回报，这导致人们对其效果的怀疑，或者是引发关于什么才是真正有效的开放式创新模式的争论。虽然开放式创新本身还需要进一步的探索研究和发展成熟，但这也说明了另外一个重要问题，那就是应该如何衡量开放式创新的效益。对于负责创新的领导者来说，如果不能及时让公司内外看到开放式创新项目的进展和带来的回报，那他将面临极大的压力。因此需要一套科学合理可行的开放式创新绩效度量标准。单纯就创新的某一方面进行度量是可能的，但很难找到一个指标能够综合体现整体的创新能力和效益。有时公司领导会对公司的创新绩效度量不满意，这是因为创新本身的复杂性，以及创新项目的效果一般都是在数年后才会在销售或者利润上体现出来。而开放式创新活动比普通的创新活动更加复杂，到底应该如何对开放式创新的效果进行衡量，还有待实践探索和研究。

要正确理解开放式创新绩效度量标准及其重要性。一般来说我们会把对开放式创新的产出期望和目标作为度量标准，其实对开放式创新的度量还牵涉更深入的问题，可以说度量标准是对创新活动的指挥棒，它反映了开放式创新成功的关键要素，对后续开放式创新活动具有指引作用，这也是我们应该谨慎设计度量标准的原因。

目前一般有两种开放式创新的度量方式：一是引入专门的开放式创新 KPI，二是考察开放式创新在多大程度上提升了总体的创新 KPI。这些 KPI 可以体现在诸如创新活动的投入、过程和最终产出方面。

投入：衡量在开放式创新方面的设施和资源投入，比如在开放式创新方面的投入占总销售收入的比例，从事开放式创新的专职人员投入等。

产出：衡量开放式创新活动和项目带来的财务和非财务结果，比如开放式创新产生的销售收入占公司总收入的比例。

过程：衡量开放式创新过程的效率和生产率，比如对新创意和新方案的反应时间、新伙伴数量和开放式创新项目数量等。

这三个度量标准的具体指标如表 7-3 所示。

表 7-3　开放式创新绩效衡量指标 KPI

投入 KPI	过程 KPI	产出 KPI
对开放式创新的投入资金（占营业额比例）	开放式创新项目数量	外部创意数量
专职开放式创新的员工数量	新伙伴数量	通过开放式创新完成的项目数量
实施开放式创新的具体需求	合作伙伴的多样性（类型、地点……）	与合作伙伴一起发布的新产品/服务的数量
开放式创新涉及的部门数量	活跃合作伙伴数量	上市时间
合作平台上注册的创新者数量	和伙伴会见的频次	通过开放式创新项目产生的专利数
员工参与质量（创意数量、贡献情况）	对新创意和方案的反应时间	开放式创新项目产生的营业收入
员工在开放式创新计划实现比例上的目标	和合作伙伴一起开发新产品/服务的数量	开放式创新成功案例的数量
对员工在开放式创新上的奖励	来自合作伙伴的创意成功实施的比例	与可持续性相关项目的数量

总之，系统化推进开放式创新成为越来越多公司的选择，不管是大公司还是中小公司。通过开放式创新聚焦于发现新创意和新方案，降低风险和利用外部稀有资源，可以实现更多、更快和更好的创新。在实施开放式创新的过程中需要有清晰的开放式创新战略，建立信任关系和增强内部吸收能力是核心，而商业模式对开放式创新的成功也至关重要。另外，还要开发广泛认可的有效流程，并得到公司上下尤其是高层的支持。

目前越来越多的企业更愿意将开放式创新作为它们的企业文化去发展，并且能够真正从多个方面受益，这也是开放式创新向纵深方向发展的表现，将来企业不会再区分内部创新和开放式创新，而是二者有机融合。尤其是随着移动互联网技术和社交网络的快速发展，开放式创新模式也在快速迭代演化。网络技术带来的连接成本的快速降低，知识管理与社会媒体的组合，多产业多学科边界的消失等，都为未来开放式创新的发展带来无限的可能。这需要我们积极关注这种变化，注意培养人才，发挥激励机制和工具的作用。开拓宽阔的思路，善于网络连接，将全球创新社区作为自己的实验室，实现资源和智力共享，能够突破组织和学术边界，发现不明显的关联性和合作机会。

第八章
强化创新使能要素

　　本书开始曾谈到创新涉及"硬件"和"软件"两个方面的挑战，这些都是首席创新官要认真对待的。"硬件"方面如看得到的创新战略和目标、技术与产品创新等各种项目、创新业务开发等；"软件"方面则是背后的创造力、创新氛围、创新精神、知识创造、创新人才、创新方法等。一项创新从创意产生到走向市场的成功并不是在一个真空的环境中发生，而是需要创新文化的孕育、创新人才的创造付出，需要方法工具的支持，更需要资金的投入，而且创新本身就是知识的获取、吸收和再创造过程。我们把这些背后的"英雄"称为创新的使能要素。这些使能要素类似"基础设施"，它直接关系到创新的活力和动力，也更需要公司高层以一种战略性的眼光和长期投资的耐心去培育和发展，为公司创新的发展打造一方沃土。这也是公司赋予首席创新官的一项重要任务。

一、提升创新文化，激发创新活力

创新领先企业拥有共同的特点，就是它们都有各自的创新文化。企业创新文化和战略不是虚无缥缈的东西，它们相互支持，同时又与企业效益息息相关。其实很多企业发展到一定阶段，都会面临企业战略和文化成为发展瓶颈的问题。比如员工之间不能形成有效沟通的局面，这不是简单靠 IT 手段能解决的，更需要改造文化和制定激励制度，以及必要的物理空间和时间投入。贯穿企业上下的创新行为对文化的要求更高，包括创新文化、制度和环境等要素，它们直接关系到企业创新的活力和动力发挥。

企业文化到底能给创新带来什么影响呢？如果回顾一下曾经辉煌的诺基亚公司，或许可以从其长期发展形成的逆创新文化中找到最终被颠覆的蛛丝马迹。在专注企业最佳创新实践研究的罗伯特·塔克看来，当时的诺基亚大企业病已经非常明显，其复杂的架构导致创新决策缓慢，他们长期沉浸于过去的成功，坚守祖传产业而变革缓慢，创新内容局限于技术方面，在创新方面缺少必要的自由探索的空间，这包括个人创新时间和做实验的自由预算支持。公司越来越聚焦于短期效益，而拒绝风险，结果一再错失重要的创新机会。其实这都是诺基亚创新文化沉沦和制度僵化的表现，为其后来被苹果公司超越和颠覆埋下伏笔。总结一下其他很多公司的创新失败案例也会发现类似问题，这主要体现在四个方面：缺少支持创新的投入、抵制风险的文化、缺乏创新资源和缺少高层承诺。

创新文化和制度建设的重要性逐渐得到认可。可以说，如果一家企业要想获得持续且系统的创新，创新文化将是必不可少的。反之亦然，如果一家企业能够不断有各种创意产生并推出创新性产品，那么才能说其拥有了创新文化。但创新文化建设是一个长期与系统的工程，很难一蹴而就，其带来的效益也不会很快直接体现，这正是挑战所在。它应该由企业的领导者亲自带动企业上下共同推动和持续投入、培育，让企业的创新动力和活力得到释放，形成一个支持创新的良性环境。这也是为什么在谈到创新文化时我们不可避免地要提到领导力和战略的问题。

（一）实施促进创新的激励制度

创新是个需要持续投入和培育的过程，这就需要有利于创新的激励制度来保障。创新需要很高的能动性和积极的态度，激发创新的制度也应该与创新活动本身的特点相适应，并以创新人才为核心，这是创新制度本质所在。目前常见的激励制度包括发展激励、薪酬激励、产权激励和情感激励等。

实践证明，具有创造力的人受到工作本身的激励——他们发现自己可以从中获得满足感；外部激励在他们的生活中扮演着相对较小的角色。大部分创新和科技人才更在意自己的创新才华能否得到充分发挥，能否有机会从事有意义的创造性工作，自己的创意能否得到足够的支持并被认可，个人创新能力和知识结构能否得到更好的发展和提升，这正是发展激励制度所要关注的。在设计激励制度时应考虑到这些创新人才的个人成长需求，关注他们的成就感、归属感。应设计规划各种学习、参与的机会，设置不同层面的创新支持基金，举办各种创新活动（如创新大赛、创业大赛等），通过明确的制度为他们参与外部专业会议或活动提供支持，提供他们在企业内外的曝光和交流机会。另外，就是员工个人职业发展制度，确保创新人才拥有合适的职业发展也至关重要，提供他们想要做、能够获得满足感的工作。比如，中车株洲电力机车研究所有限公司，不但实行技术和管理双轨制职业发展制度，而且技术线总比管理线高一等级，让很多工程师和科学家更愿意留在技术线潜心技术研发和创新，形成了尊重技术和创新的氛围。总之，完善的发展激励制度会逐渐形成一个良好的创新氛围。

物质激励包括薪酬和股权激励等。这是一种基本的激励制度，其本质在于让企业整体利益与员工个人利益相一致。惠而浦公司的高级领导者有1/3的薪水直接与创新产生的价值相关，这有力推动了公司的创新绩效。当前各种股权激励措施被越来越多企业采用，合理的设计会增强员工归属感和主人翁精神，而现金奖励会一定程度解决员工的基本生活问题，让他们更安心工作。当初张瑞敏接手海尔时，首先想办法从朋友那里借钱发给员工一个月工资，结果令员工深受感动。当然，金钱激励需要精心设计和操作，应和其他激励措施协调发挥作用，避免带来负面作用。

情感激励往往被很多企业忽略，但在现代企业中却是一种越来越重要的激励模式。员工的情绪、士气、激情与其创造力发挥、创新效率直接相关。通过合适的制度安排，比如设置不同类型的荣誉并持续进行宣传，定期安排员工与高层见面沟通，自由创新时间的制度安排，及时奖励那些值得推广的行为，弹性工作制等，让员工感到被信任、尊重和重视。谷歌和 3M 公司著名的自由创新探索时间制度安排就有效激发了员工的创新激情。

当然，在推动激励创新的一系列制度设计的时候，还应考虑到平衡和度的问题。比如，快乐的工作场所和良好的团队精神普遍被认为有利于激发创造性思维，但实际上它们可能会成为抑制因素，过分强调团结实际上也会损害一个团队的创造力，会降低创意的多样性。另外，具有创造力的人普遍认为创造力需要自由，但我们也需要给具有创造力的人一些障碍去突破。如果给他们完全的自由，他们往往就会漫无目的，无法集中注意力；如果给他们设置障碍，他们就会努力征服障碍。

科技公司的创新激励措施

在竞争日趋激烈的科技圈，创新无疑成了各企业不断发展的根本动力。

索尼：筹钱也要创新

索尼公司建设了名为"首飞"的众筹网站，为其员工的创新项目提供融资支持，希望通过创新摆脱颓势。除此之外，索尼公司还将此网站作为销售员工创新产品的网络商店。

三星放长线：为员工提供"充电"假

三星公司公布了两项有关员工福利待遇的新政，除了将时限提高到两年的"带薪育儿假"，还推出了"自我启发休假"制度，入职三年以上的员工可以进行最高一年的语言进修或长期海外旅行。三星公司认为，虽然短期内会因此产生人力损失，但从长期来看，员工们进行充电后再回来，会给组织带来活力。

谷歌：给员工"20％自由创新时间"

为了鼓励创新，谷歌公司曾允许工程师用"20％自由创新时间"开发他们自己感兴趣的项目，但因为担心绩效，2013 年谷歌公司的部门经理们已经剥夺了这"20％自由创新时间"。不过，谷歌公司仍然注重创新，研发了无人驾驶汽车、谷歌眼镜等各种创新产品。

苹果："蓝天计划"让员工做自己感兴趣的事

苹果公司鼓励员工创新。早在 2012 年，苹果公司就推出了"蓝天计划"，某些苹果公司员工可以最多花费两周时间研发自己感兴趣的项目，这与之前谷歌公司推出的"20% 自由创新时间"十分相似。

脸书：各种角色互换激发创新

与谷歌、苹果公司相比，很少有人能想象出脸书内部的创新文化。脸书的创新氛围非常浓厚，不仅拥有专门的移动设计智囊团，员工们还经常有规律地"角色互换"，工程师、管理层和其他团队经常变换工位，从而更好地进行讨论并激发创意。

百度："最高奖"激励基层创新团队

2010 年，为了提高员工积极性、鼓励创新，百度 CEO 李彦宏提出了"最高奖"，针对公司总监以下的做出卓越贡献的基层员工进行高达百万美元的股票奖励。不仅如此，奖励对象还都是 10 人以下的小团队。

国家电网的创新激励措施

作为能源行业的国之重器，国家电网积极构建并实施激发创新热情的激励机制。国家电网破除了制约科技创新的体制机制障碍，研究实施"八个加强"举措完善创新薪酬激励，以加大科技创新奖励力度，激发创新型人才的内生动力。启动实施"新跨越行动计划"，召开全系统近十万人参加的科技创新大会。同时评选年度科技人物奖、试点实施"揭榜挂帅制"和"项目总师制"，研究赋予知识产权成果完成人成果收益权工作方案。近年来，国家电网共对 17 家单位 2 294 名核心科研和业务骨干实施了岗位分红、项目分红、股权分配等激励措施，企业创新创造活力得到激发。此外，国家电网还广泛开展企业双创线下活动，连续多年举办"青年创新创意大赛"，吸引企业 8 万余名青年职工参与。迄今已成立"劳模创新工作室""质量管理（QC）小组""职工技术创新团队""青年创新工作室"等线下众创空间超过 19 万个，累计获得专利数量超过 1 万项。同时，举办青年创新创业训练营，深化"青创孵化中心""创 e 空间"等平台应用，为青年创新创效提供"一站式"服务。国家电网还主办全国"大众创业、万众创新"主题日以及承办央企熠星创新创意大赛，有效激发青年员工的创新热情。

（二）培育有利于创新的文化和氛围

对于创新公司，与创新战略、客户洞察、人才和能力组合等单个要素相比，企业文化发挥着更加重要的作用，它将人们的行为、情感、思维和信念统一，形成公司自我完善和持续发展的模式。但实际上只有一半的公司认为它们的企业文化有效支持了它们的创新战略。当前，创新的步伐加快，创新机会的窗口在缩小，能够跟上竞争节奏的办法就是打造强大的创新文化，为快节奏、突破性创新的成长提供有利的环境和空间。创新文化可以帮助组织或公司有效地获得内外部各种创新资源，基于强大的网络将更好的创新快速推向市场。

那么，创新文化应该是什么样的呢？创新文化应该是基于对创新的共同愿景设想，形成面向创新的观念，它与创新战略相统一，支持创新战略的落地实施。即创新文化就是要在公司内建立共同的创新语言和统一的创新度量标准。具体来说，一个富有创新文化的组织，至少应该具备以下几个方面的特点。

（1）以用户为中心。以用户需求为导向，保持用户思维，注重用户体验，让用户适度参与，是创新成功和高效的关键。这不仅需要市场或创意人员参与其中，各个部门都应该与用户保持尽可能近的距离。

（2）信任与自治。很多公司会允许员工自主安排时间做自由探索，比如3M和谷歌公司。关键是公司应相信员工会在没有监督的情景下高效和合理利用时间与资源，并能做出负责任的判断，能对自己从事的工作拥有尽可能大的权限。而相互信任也有利于人们之间的联结、交流和分享，在积极与轻松的环境中协同创造。

（3）开放的沟通与协作机制。跨职能、跨部门的沟通协作，打破创新孤岛，确保信息的充分流动，对创新来说很重要。制造对外开放的文化氛围也很重要。应认识到不是所有聪明的人都在为自己的公司或部门工作，愿意去寻找公司内外的聪明人并和他们一起工作，通过开放式创新获得外部各种创意。消除"非此地发明"的现象，在内部和外部研发之间取得平衡。

（4）容忍失败和接受风险。鼓励创业精神，支持探索和实验，容忍失败及其带来的成本，理解失败代表学习的机会，愿意奖励那些敢于承担风险去探索并从中学习的人。创新性的文化允许组织拥抱实验以及可能的失败，并保持足够的耐心和远见。

（5）多样化的人才与跨职能团队。小型、多样化的团队往往更具有创新力。不同专业领域、文化背景和性格特长的人在一起有助于不同观点、知识的碰撞和融合。而来自不同职能部门的人组成的项目团队也有助于提升创新效率。

（6）具有合理比例的三种创新人才。包括总是不断涌现创意的发明创造天才，善于组织和推动创新项目前进的创新冠军，以及为公司创新指明方向和提供创新环境及资源支持的创新领导者。尤其是那些具有较强网络连接技能的人，他们具有较高的情商，包括具有自我意识和同理心，能成功和客户及合作伙伴建立关系。

（7）强调价值创造和执行力文化。不能满足于前端的创意活动和所谓的大量创意产生，还应该确保有足够好的创意被执行、转化成知识产权，变成产品走向市场，为用户和社会创造价值。这才是创新文化的价值所在。

美国一家著名的在线影片租赁公司奈飞在创新文化方面值得借鉴。

（1）价值观是真正为大家所认可和遵循的行为规则，可以具体看是哪些人被奖励、被提升、被解雇。价值观涵盖判断力、沟通力、影响力、好奇心、创新、勇气、热情、诚实、无私等方面。

（2）追求高绩效，最好的工作环境是一群超级棒的同事，强调团队，彼此互助，每个人都不可或缺。

（3）自由和责任平衡。公司变大可能会带来一系列负面效果，因此，应建立富有创新精神和自律精神、自由和负责的企业文化。

（4）情景管理而非控制。最佳的管理是通过设定合适的情景而非试图控制员工以获取最大成果。情景管理设定包括清晰的战略愿景、度量体系、假设前提、奋斗目标、明确界定的角色、了解利害关系、决策所需透明度等。好的情景管理要和公司目标或功能性目标相关联，提供优先权选择规则、成功的度量标准和定义。

（5）认同一致，松散耦合。过于严格的管控让人精疲力竭，缺乏部门协同和信任。让员工清楚战略和目标并详尽和广泛理解，保持信息透明，减少审批流程，积极协调。

（6）以市场最高薪资水平雇用卓越员工。一个卓越员工会比两个普通员工做得更多，花得更少。

（7）晋升与培养人才。希望员工自己规划他们的职业生涯，而不是依赖公司。

【案例】

中车四方所以创新文化助推中国高铁持续领先领跑

中车青岛四方车辆研究所有限公司（以下简称"中车四方所"）隶属于中国中车股份有限公司，是中国轨道交通关键系统技术和产品的重要供应商，也是轨道交通行业车辆专业研究所。

作为科研院所改制而来的企业，中车四方所高度重视文化建设，将"创新"定位为企业的行为原则、精神动力和智力支撑，在党建引领和战略规划工作过程中，将"创新"文化上升到打造基业长青百年企业、助推科技实现自立自强的重要因素高度，进行部署、建设、执行和考核，有效提升文化建设效能。

搭建文化建设机制。中车四方所将企业文化版块从原先办公室职能剥离出来，专门作为单独的职能部门，提高文化建设的影响力；成立企业文化建设领导小组和品牌专业委员会，从全局上研究部署企业文化和品牌建设工作，由主要领导担任组长，分管领导担任副组长，班子成员兼任组员，定期召开专题会议研究部署，下设工作小组在企业文化部，牵头负责文化体系建设和品牌宣传；企业文化部与党委宣传部合署办公，文化建设工作纳入党建考核，各支部宣传委员兼任文化管理员，逐渐形成上下联动、协同推进的工作机制。

丰富文化内涵外延。中车四方所将"创新"文化"融入党建、融入战略、融入经营、融入改革"过程中，结合各版块工作的创新特点亮点，不断丰富和完善着文化的内涵和外延，先后将战略理念、人才理念、创新理念、市场理念、质量理念、廉洁理念等纳入文化体系之中，汇聚起推动创新改革发展的强大正能量，引导各条战线的员工朝着共同的目标奋力前进，集中力量重点科技攻关，为轨道交通提供核心系统和关键产品，让"'复兴号'奔驰在祖国广袤的大地上"，让条条地铁列车方便市民出行，让中国"智造"走向世界各地，让时速600千米的磁悬浮列车逐渐成为现实。

"上承大国重器，下担产业引擎。"中车四方所始终坚持基础创新、产品创新、融合创新、体制创新"四个创新"不放松，努力推动中国轨道交通持续领先领跑，助力科技自立自强。

（三）有针对性开展创新文化变革项目

创新文化的重要性逐渐被认可，人们也认为企业文化应该支持创新，商业领导者也整天这么说，但实际上很少有公司能真正做到将这些创新要素整合统一，并超越竞争对手。

　　对复杂的组织来说，实现明显的变革是很困难的，实现文化变革更加困难。实际上，可能只有两种情况会让创新变革更加有效：一是让大家都置身一个"燃烧的平台"上，意识到应该改变什么；二是要得到最高管理层的支持。但在现实中事与愿违。

　　如何实现企业创新文化的变革？要确定我们想得到什么，希望通过文化变革产出什么。产出首先是创新和企业战略要协调，否则就会导致困惑、人为风险、低效和资源的错误配置。比如当初宝洁的雷富礼提出 50% 的创意要来自外部时，就是要克服"非此地发明"的创新障碍，实现创新文化变革，结果很快宝洁的创新产出有了持续明显提高。因此，通过创新带来的财务贡献应该明确和理解，创新既要支撑现有业务的成长，也要带来新的发展机会。但二者代表不同的产出，对创新文化的要求也不同，需要清晰理解其中的不同，以及如何满足不同的创新要求和目标，包括优先项是什么。

　　如何推动创新文化变革？首先是确保创新文化与创新战略的匹配。创新文化是创新战略落地实施的肥沃土壤和推动创新的催化剂。没有创新文化的支撑，创新战略将变成一句空话。其次是不断充实创新内容，激发更多的创新投入。需要是发明之母，不理解用户或消费者是很难理解市场需求的。需要了解用户的动机、心理、期望和习惯，并争取能够和用户一起创造，带来更多机会。因此，应该打造一种支持消费者和用户积极参与和互动的创新文化。再次是要设计和完善企业创新管理体系，包括创新流程和创新组织等，但如本书中提到的，最好因不同创新需要采取不同的创新流程，而不是受限于烦琐的程序和评价文件，太多的管控和规则会阻碍人们将注意力放在创意内容上，损害了创造力发挥。现有的企业文化无疑会产生巨大的影响力，此时要分析其中对创新的阻碍和促进要素。显然，已经具有良好合作氛围的企业文化会更容易推动真正创新文化的建设。

（四）发挥创新领导力作用

　　创新文化建设还应坚持自上而下和自下而上相结合，要同时获得来自高层和基层的承诺，并充分获得中间层的积极支持。既要获得高层的支持和承诺，又要采取草根路线，让更多人参与到创新计划中，包括内部创业、商业计划竞赛、鼬鼠工厂（独立发展空间）等。创新文化关键就是要消除官僚作风和机制。人们之所以有激情投入到创新中是因为有一套机制和系统能够确保他们好的创意能够被推进到下一阶段，否则创新热情很快就会消失。而中间层其实也很关键，他们掌握资源，具有一定决策权，但由于要承担具体的盈亏责任，常常难以估计到全局利益。而如果得不到他们的支持，很可能会破坏管理层和基层的信任。

实际工作中，各层管理者都应发挥创新领导力作用，对整个公司或组织的创新活动产生积极影响。对此 Hunter, S. T. 和 Cushenbery, L.（2011）做了总结分析，他们将组织的创新分为个体创造力、团队创造力和组织创新三个层次（如图8-1所示）。首席创新官对创新活动产生直接或非直接影响，其影响力一方面体现在对组织创新活动的直接影响上，这包括与创新有关的决策行为、资源分配、愿景和战略规划，以及对创新团队具有创造性的信息导入和创新方向引导；另一方面体现在非直接的影响方面，包括在为团队提供必要的创新环境和氛围方面提供支持，分配人力资源名额等。对创新个体来说，则更多是通过制定系统的激励和评价机制，以及首席创新官的榜样示范作用。首席创新官对公司创新活动的影响应该是全方位的，而且是以合适的方式和程度体现出来，真正为企业创新发挥不可替代的独特作用。

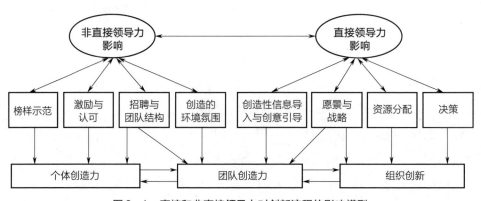

图8-1　直接和非直接领导力对创新流程的影响模型

把正确的人放在正确的位置上。那些具有企业家精神、激情和接受风险的人应该得到管理层的支持，去实践新的创新文化，因为这需要勇气。那些安于现状的人是很难做到的。

总之，创新文化打造应该包括规划和执行可行的计划，行动路线图，优先项和时间表，并对标其他创新领先公司，不断提升和优化创新文化。开始可以专注一个业务单元，探索各方可接受的创新文化和成功经验，然后逐步扩展到全公司，让创新文化变成公司上下的生活工作方式和自觉习惯，让创意活动成为经常性行为，并保持开放性，不断吸纳外部思想和创意，让企业创新文化更加有生机和可持续。

二、加强创新知识和成果管理，打造学习型组织

本书开始就创新本质的阐述中提到，知识是创新的基本要素。创新的过程是技术知识和市场需求融合并向资本转化的过程。即基于需求的发现和技术知识的具备才产生创意或解决方案，然后进一步的产品开发也是技术知识和市场需求的交互作用过程，最终的商业化应用则是技术知识的应用扩散。创新需要知识输入，同时也产生新的技术成果，因此应该加强创新中的知识管理和成果管理，并打造学习型组织，不断提升组织的知识吸收和创造能力，这是企业创新能力的重要一环，是企业赢取竞争优势的重要支撑手段。

企业知识管理的实质就是对知识链进行管理，使企业的知识在流动中不断增值。企业知识一般包括各种设计文档、图纸、软件代码、论文、技术秘密、共用构建模块（CBB）、最佳实践等。一家企业要进行有效的知识管理，关键在于建立起一个适合的知识管理体系。许多著名的企业已建立自己的知识管理体系或平台，对企业知识进行收集、加工、存储、传递和利用，尤其是利用当前先进的网络技术与外部知识信息资源联通，实现知识的获取、存储、共享和应用，利用"知识资源"获得竞争优势，巩固其行业领袖地位。比如，中国一汽围绕降本减费知识管理，搭建了数字化共享平台，实施知识上传、审批、推广、立项、跟踪等全流程在线闭环管理，实现降本成果和经验资产化、标准化、共享化、数字化，目前已有1952项降本知识在线推广。同时，创新降本减费观摩机制，通过现场展示和云上展厅分享相结合的形式，打通"业财技"深度融合渠道，不断挖掘降本减费创新点。

因此，应按照学习型组织的要求，开发建立公司的知识管理体系，将知识作为一种资源进行优化管理，推动公司内知识的共享和组织学习能力提升，为

企业获取持续竞争优势和市场绩效提供基础平台。知识管理工作一般包括以下方面：

1）建立知识管理流程，包括知识创造与获取，知识共享手段和机制，以及知识表达与存储。尤其需要注意隐性知识的提取及其与显性知识的相互转化。

2）建立知识管理信息系统，支持知识的产生、交流、评估、存储和共享。

3）建立知识学习型组织文化，拓展知识创造和共享途径，建设有利于知识产生、流通和分享的环境。

企业非常重要和特殊的一部分具有产权价值的智力资本，比如各种专利、著作权、标准、商标和技术秘密，构成了公司的知识产权（Intellectual Property，简称 IP），受到法律保护。知识产权管理和经营是保护知识财产并提升其价值的有效手段，它包括知识产权权利的创造、保护、维护和应用、经营策略。对此，公司应形成规范的知识产权管理体系，使知识产权管理工作高度匹配并有力推动公司的经营与发展策略。具体的知识产权管理工作一般包括确立公司知识产权规范化管理的组织机构和职责，以及知识产权规范化管理，比如建立企业知识产权管理体系和激励机制，推动知识产权的获取及维护管理、知识产权的经营和风险管理，以及研究开发活动中的知识产权规划与挖掘。比如，中国五矿开展专利质量提升专项行动，设计相匹配的高价值专利评估指标体系，从"专利布局质量、成果质量、运用质量、保护质量、管理质量"五大层面，提出 20 项具体工作任务，细化任务目标和时间节点，与第三方专利服务机构对接征求专业意见，强化专利创造、申请、获取、运用、转让各环节的责任落实和科学管理。推动集团双创基金开展科技成果转化专项对接，以高价值发明专利为切入点，共同研究梳理具有较大推广前景和独立转化空间的优质专利成果。

总之，应该建立知识与成果的规范化管理机制，不断积累公司的知识资产，加强科技成果的保护，以不同的策略促进科技创新成果的推广应用，加快技术创新的速度，如表 8-1 所示。这需要企业的创新管理者推动建立科技创新成果管理制度及团队，以信息科技和管理机制为主要手段，加强创新成果的有效管理，促进创新成果效果的发挥，并辅以必要的激励与考核措施，确保工作有效推动。

表8-1　研发创新成果分类及其应用价值特点

研发创新成果	应用价值特点
企业计划的创新成果	一般直接融入企业产品
不产生直接商业价值的成果	成果由其他研究小组检验，看能否被应用，而知识留在企业研发部门
可能带来经营战略变化的成果	在异常环境下，研究项目的发现非同寻常且有前途，从而能够保证公司经营战略转变以适应可能的新产品概念
可以授权第三方使用的技术	当研究成果带来本企业无法利用的有意义的技术时，可转让专利
值得进一步开发的计划外研究项目	这些个人研究项目的发现非常有意义，以至于能够获得进一步的投资并可能并入企业研究
科学家承担的引发进一步研究的项目	成果的商业价值有限，但能够刺激进一步的研究

三、协同推动创新人才开发

创新人才的核心就是创造力。经济学家钱颖一将创造力进一步分解为三种创造性——创造性精神、创造性思维和创造性能力，称为创造力"三要素"。创造性精神是一种心态或称心智模式，它是一种永不满足于现状、总想与众不同的渴望。爱因斯坦有创造性精神，他是科学家。体现在创业上，创造性精神就是企业家精神。创造性思维不是通常的思考，而是一种超越现有框架的思考，即跳出盒子的思考。创造性能力是指能把创新事干成的能力，包括把创造性思维转换为创造性行动时必须应对的方法，比如面对失败的能力、学习的能力、调整自己的能力等。

不同企业对创造力及创新人才可能有不同的理解和要求。比如，微软对员工的基本要求是了解和关注公司的产品、技术与顾客的需求；自己有一个长期的发展计划，并注重开发自己的独特能力；充分利用被给予的机会；了解公司是如何赚钱的（公司的商业运作模式）；关注竞争对手；善于动脑筋；诚实，讲究伦理，勤奋工作等。结合各种对创新型人才的总结研究及实践，这里将企业中创新型人才的特征总结如下。

1）具有创造性和较强的创造力。他们喜欢做前沿性、挑战性研究，求知欲强，善于从模糊的状态中发现规律模式和机会，得到灵感，产生创意，创造是他们体现自我价值的方式。

2）左右脑并用。一方面强调创意，另一方面强调执行，力求将事情做成，愿意探索和尝试。

3）具有创业精神。能够充分了解并善于利用成熟公司在品牌、资源、人才、专长和渠道等方面的优势。

4）能够接受模糊、不确定的状态，不会因此而不安，并努力降低其中的不确定性。

5）具有开拓精神，不墨守成规，喜欢做有挑战性的工作，敢于冒险和承担风险，成就意识强。

6）具有领导力。包括具有较强的影响力、沟通能力、团队意识和协作精神。

7）具有足够的好奇心，并对新技术的发展动态和趋势保持较高敏感性。追求专业知识前沿，不断学习，善于与实际应用相关联。

8）需求个性化尤其明显，总是不满足于现状，行动力强。

9）蔑视权威，具有强烈的质疑精神和独立思考能力。

显然，创新人才的特质和普通人有很大不同，这对那些传统的人才培养和管理模式来说是个巨大的挑战。对于企业的创新人才，应该有一套科学的培养、发现和激励机制。一般来说，公司的人才培养和发展是人力资源部门的主要职责，可喜的是随着创新逐渐成为公司发展的核心任务或战略性行为，很多公司的人力资源部门逐渐意识到自己在创新人才开发方面的使命和责任，认识到需要改变人才管理理念和方法，为公司的创新事业做出自己的贡献。首席创新官需要从多个角度帮助人力资源部门在观念和工作方法上做出改变，包括在高层支持下的创新机制设计，通过各种培训活动引入先进创新理念和方法，以及让人力资源部门的同事全面参与到创新活动中来，推动与外部标杆企业的交流学习等，最终确保人才战略时刻匹配业务和战略需求的变化。

 案例

中交集团的创新人才激励

为充分激发科技创新活力，更大限度地调动集团内外创新创造的积极性，中交集团不断加大科技创新奖励力度，积极实施中长期激励政策。

第一，中交集团单独计列，设立多项科技创新奖励，并加大科技奖励力度。比如，设立优秀科技创新企业奖、优秀科技创新团队奖、杰出成就奖、突出贡献奖和创新英才奖等奖项，在提高科学技术奖的奖金额度的同时单独计列，不占用各单位年度工资总额。

第二，中交集团积极实施科技型企业股权和分红激励。对集团重点支持行业和战略性新兴产业、价值链高端领域的设计咨询企业和科技型企业实施岗位分红激励机制；对具有代表性、创新性强、成果转化前景好，能形成示范效应的科研成果实施项目收益分红激励机制；对改革意愿强、技术创新能力强、高新科技要素突出、研发人员占比高的工程和制造领域科技型企业，探索开展股权激励机制。

第三，中交集团积极推进混合所有制企业员工持股和项目跟投。对列入国资委"双百行动"和"科改示范"的科技型企业和混合所有制改革试点企业优先开展员工持股机制；中交创新创业基金投入的项目实行科技骨干跟投机制。

通过创新人才激励，中交集团有效解决了创新源泉中主动性从哪里来的问题。

对于如何培养和发展创新人才，企业首先要设计一套科学的创新人才发展机制，包括有利于创新人才的职业发展路线，适应创新特点的绩效评价机制和创新价值观导向。其次是通过各种必要的创新培训和先进的创新方法工具的导入，培养和提升员工的创新能力，打造有利于创新的环境、平台、工具和流程。创新实践是最佳的创新人才培养方式。对此 Imainatik 公司的首席创新官路易斯·索利斯认为，尽管有各种各样的创新方法和工具，但最好的办法还是从做中学创新，只有真正动手实践才能真正领会创新的真谛。他认为公司员工应该在公司范围内有自由空间去搭建创新原型和验证创新概念，各种创新课程和书只能作为补充。再就是创造一个自由、宽松和容忍的文化和氛围，让创新成为主题。尤其应该鼓励年轻人保持挑战者的精神。与年轻人的热情密切相关的是挑战者的能量和动力。在很多中国企业中，年轻人往往因为级别和流程身陷桎梏。另外，还应注意人才的发现和保护、认可。去"关注"与"培养"同等重要，甚至更重要的是"发现"和"保护"那些不寻常的人，那些看上去"极端"的人和有"极端"想法的人，无论是来自公司内外。比培养更重要的是培育，是创造环境让杰出人才"冒"出来。当他们"冒"出来的时候，能够去发现、去欣赏、去保护他们。要善于去发现那些不符合已知标准但有创造力的人，即使我们看不惯的人也应该有成长的空间。

案例

中建八局一公司的人才平台与发展中心

中建八局一公司搭建人才平台与发展中心，实现人岗精准匹配，优秀人才得到成长。

一是搭建人才发展平台，提升全员综合能力。以激发人才效能为落脚点，深入挖掘人才分析数据的潜在价值，助力实现人才的精确配置、精准盘点、精细跟踪、精益培养，形成了"1234"数字化人才管理体系和"沐火计划841"递进式人才培养体系，搭建了分层次、分序列、全覆盖、横纵相结合的网格化学习地图。

二是积极筹建人才发展中心。重点聚焦案例萃取和课程体系开发，凝练公司管理精华，聚力"全覆盖＋选拔制"的培育模式升级，分类搭建适合各业务不同层级的人才成长培养方案，有效促进优秀人才高效复制，实现公司业务发展和人才积累。

在如何激励创新人才方面，陈劲和郑刚（2016）总结出以下几点，可作为参考。

（1）搭建一个施展才华的平台，包括开发项目、资金设备、团队配合、交流论坛等。重要的是要让他们通过适度的公平竞争成为开发项目的主持人，相应也获得其他资源的支配权；平台的组成还包括吸收他们参加企业发展目标的确定、战略规划的研制、新产品开发的计划研究等重大活动，让他们活跃的思维、鲜活的创意能得到企业的关注。

（2）挑战性合适的工作。组织应有科学、健康的发展愿景，设立重要、前沿性的项目，由创新型人才组建队伍参与研究计划的安排，并对项目的完成质量承担相应的责任。组织的目标不能太低，否则创新型人才常会为此情绪低迷。但是一个组织的目标也不能太高，否则会使创新型人才产生严重的焦虑感。一个组织的负责人必须具有高度的爱心和很高的情商，从而不断洞察组织内部创新型人才的内在需求，科学合理地设置与创新型人才潜力110%～130%相当的工作目标。

（3）营造一种自由自在、包容性强的文化氛围。允许他们自由选择创新领域，或者保持一定程度的自由选择权。大量的事实证明，在新的想法完全成熟和被证明有效之前，应保持它的神秘性。比如，3M公司的"不必询问、不必告知"原则,即允许技术人员可以把15%的时间花在他自己选择的项目上。另外,还可以专门为创新型人才量体裁衣,设计有别于普通员工的弹性工作制度,不拘泥于时间和地点。

(4)构建一个畅通的交流渠道。打破创新型人才与管理层之间的等级障碍,开展平等、面对面的交流。比如,经常举行高管与创新型人才共同参加的午餐会、无主题讨论会、野外活动等。直接的对话可以使大家开诚布公,增加彼此间对共同目标的认识、能力的相互信任和理解。很重要的一点,就是形成一个信息资源共享的环境,这会使人才感到倍受尊重与信任。

(5)给予更多的理解和宽容。创新型人才在创新活动中表现出的一些优秀性格特征,在其他场合可能被认为是缺陷。比如,一个很执着的人在日常生活中可能被认为是固执;竞争意识很强的人会被认为是"好出风头";自信心强的人有时也会表现出傲慢自大。如果你能在身边发掘那些个性强烈、不拘小节以及直言不讳似乎令人不快的人,并能耐心听取他们的意见,那么你的工作将因此受益。

(6)提供有竞争力的薪酬,打造利益共同体。知识型员工不仅需要获得劳动收入,还要分享企业价值创造的成果。因此,要为创新型人才铺就一条与企业同发展、共命运的成长道路,不仅物质报酬上要同企业发展一起"水涨船高",而且在个人创新能力的提升上也要如此。因此,企业要积极营造学习的氛围,根据企业及其环境的发展变化为创新型人才提供及时的知识更新培训机会。

(7)应突破组织现有的薪酬机制,并制定一套科学合理的绩效考核与评估机制。对创新人才实行年薪制,薪酬与绩效挂钩,提供具有竞争力的薪酬水平,除货币化激励机制外,可采用树立榜样、带薪休假、资助参加会议等形式多样的精神激励机制,充分调动人才的积极性。

四、引进先进创新理念和工具

很多初创公司或小型公司都曾表现出非凡的创新性,通过创新成功在它们的行业或者产品领域赢得了地位,但之后却逐渐停滞不前。这说明还需要不断完善的管理制度、创新流程和方法来帮助企业维持创新能力和活力。实践证明,先进的创新理念有助于企业更好地及早洞察最新趋势和机会,为企业赢得竞争先机和优势。过去半个多世纪以来，通过企业创新实践探索和大量创新研究，逐渐积累形成了一些广泛使用的创新方法和工具，包括大量的试图帮助企业进行成功创新的模型、准则、工具被开发出来，同时大量最新的创新理念、规律发现、经验总结不断被提出。尽管细节可能会存在争论，但都一致认为按照一个规范化的模型和方法通过一系列的应用阶段后，组织能够提升其产品开发和创新的能力。作为首席创新官，除了通过创新战略指明创新方向和提供创新流程与平台外，还要不断引入先进的创新思想、理念和方法、工具，让企业的管理机制和环境能够更好地适应创新环境的变化，让员工的创造力得到更好的发挥，最终让创新活动更加高效和具有高质量产出。

创新本身也需要创新，即创新的模式、机制、流程、方法本身也需要创新和优化，这也是需要不断引入最新创新思想和方法的原因。这是因为创新本身的复杂性，它牵涉到不断变化的外部市场需求、竞争环境和技术发展，企业本身也在不断发展中，一味固守以往成功的创新机制和方法并不能确保未来继续成功。企业在创新管理上也要不断进步，辨析环境变化，吸收新的思想，探索更好的创新模式和方法，丰富企业创新理念，实现管理上的创新。

当然，企业各自情况千差万别，不存在对所有组织都通用的创新工具和过程，在实际使用中也不必盲目遵守那些条条框框和步骤，关键是要基于需要去选择，吸收其中的精髓，形成适合自己特点和为我所用的方法、工具和流程。也就是说，那些经过提炼和结构化的工具对创新会有很大帮助，它们可以被视为指南，但不必完全被遵从，更需要实际应用甚至再开发。

需要注意的是，创新理论、方法和工具都有其针对性和特定应用情景。也就是说，它们都是在创新的某个环节或方面更有效，只是满足特定的创新需求。比如，用户创新更适合广泛征询、验证用户需求和实现渐进性创新，如果期望它能带来突破性创新就会相当困难；而且创新链条非常长，每个阶段的特点和规律也非常不同。比如，模糊前端创新阶段可以用设计思维等方法，它适合那种需求不明确或问题定义不清晰的复杂情境，通过设计思维方法可以发现深层的根本性需求和形成突破性创意，质量功能部署（QFD）方法则可以将这种创意和产品概念转换成详细精确的技术问题，而针对这些具体清晰的技术或工程性问题，发明问题解决理论 TRIZ 方法将更加有效。现实中由于对创新过程各阶段及其特点理解不够，很容易产生将某种创新方法效能无限放大或期望过高的情况，结果不利于创新方法的顺利导入。企业创新各个方面和阶段的常用工具和方法，如表 8－2 所示。

　　因此，首席创新官在有意识地引入某种创新思想和方法、工具时，一方面应系统分析公司创新面临的挑战和对创新理论、方法的需求；另一方面应对打算引入的创新理论、方法的特点、规律、功效优势做充分研究，在必要的情况下应该借助专业的咨询、培训资源。然后尽可能通过"干中学、学中干"的方式与实际创新项目相结合，推动理念的沉淀和方法的落地。必要的时候可能还需要针对企业实际需要对创新理念和方法做再开发，形成适合公司自身需要和具有自身特色的创新理念和创新工具，这样往往能给公司带来更大竞争优势，更有创新成效。

表8-2　创新管理的工具和方法

创新管理类型	工具和方法
知识和技术管理	知识审核 知识图谱 技术路线图 行业前瞻面板 文件管理 知识产权管理
市场信息	技术检测、技术搜索 专利分析 商业情报 竞争者分析 趋势分析 典型用户 客户关系管理（CRM）
合作和网络	群组软件 团队建设 供应链管理 产业集群
人力资源管理	远程办公 公司内部网 在线招聘 在线学习 胜任力管理

（续）

创新管理类型	工具和方法
接口管理	研发——营销接口管理 并行工程
创造力开发	头脑风暴 设计思维 横向思维 TRIZ 奔驰法 思维导图
过程提升	标杆定位 工作流程 业务流程再造 准时制生产
创新项目管理	项目管理 甘特图 项目评估 分阶段管理 项目组合管理
设计和产品开发	计算机辅助设计系统 快速成型 可用性方法 质量功能部署（QFD） 价值分析 新产品开发计算机决策模型
业务创新	业务模仿 商业计划书 研究副产品市场化

　　随着各种开放式交流技术的发展，其实公司或创新领导者更应该为公司员工打造一个开放式的学习平台，为他们提供接触外部各种思想、方法的机会和渠道，包括必要的资金支持和激励机制，开发各种网上学习资源和交流机制，这都有助于先进创新理念和方法在公司内部的快速渗透和推广。比如金风科技在推进TRIZ方法时，考虑其复杂性及其对公司创新和人才培养的重要价值意义，开始就做了系统的五年应用推广规划，并设计了一套系统的应用推广机制，包括内部

学习应用 TRIZ 方法的认证机制、激励办法、资源配置，以及各种大会、沙龙等推广交流活动，并且得到公司高管的重视，在集团和业务层级设立专门的推广组织。在这种体系性推动下，TRIZ 方法在金风科技得到大范围培训普及，TRIZ 方法的应用也不断深入，逐步结合到业务核心技术突破和难题解决，甚至成为研发人员日常技术研讨和问题分析的共同语言。无论是研发项目的质量和效率，还是员工个人的系统思维能力、创新自信心等方面，都得到明显提高，整体的创新氛围也更加活跃（见图8-2）。

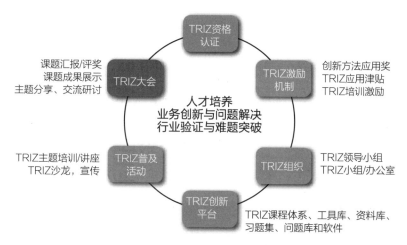

图8-2 金风科技 TRIZ 方法应用推广机制体系

航天科工的创新成果量化激励措施

近年来，中国航天科工集团有限公司（以下简称航天科工）涌现出一批具有航天特色的科技型企业创新创业发展范例，航天科工第二研究院206所（以下简称206所）是其中的典型代表。

206所通过探索量化评价机制，畅通创新成果转化渠道，探索性地提出"成果知本券"（以下简称"知本券"）工作模式。遵循研发团队"创新项目自治"原则，由团队根据阶段性贡献比例完成"知本券"分配，对创新成果实施量化评价。通过"一把尺子量到底"的方法，在产业化各阶段推广应用"知本券"，在成果许可转让、作价入股等环节，依据"知本券"确认"股份"，指导创新团队实现成果确权和收益兑现，实现精准量化激励，有效打通了科研型企业创新成果持有权、使用权、收益权三权分离管理瓶颈，从而极大地鼓舞了内部创新热情，有效提升了创新团队的成本意识、质量意识和市场意识。

206 所以"知本券"为确权依据，进一步探索建立"内创业事业合伙人"制度，目前已在空间微动力、无动力外骨骼等项目中试点运行，模拟公司化运行，压缩管理层级，推行创新项目自治管理。构建服务平台，变创新团队单点发力为产业链协同推进，变技术创新为技术—商业模式—管理多维创新，合力打造科技内创业创新生态圈。通过线上"航天原点创客科技成果转化专家系统"和线下"成熟度概念验证开放平台"，辅导集团公司内外近两百个创新项目，社会效益明显。

资料来源：航天科工优化科技创新管理机制 探索科技型企业内部创业有效路径. (2022 - 04 - 22). http://www.sasac.gov.cn/n2588025/n2588124/c24241597/content.html；

航天科工二院 206 所：打造科技内创新创业与量化激励生态圈. (2021 - 09 - 09). http://www.rmlt.com.cn/2021/0908/624538.shtml.

五、确保创新资金投入和最佳配置

创新就是投资未来。创新具有风险，但其回报率更高。波士顿咨询公司2010年的一项研究发现，投资于创新可以获得额外 12.4% 的增长或回报优势。因此，我们应该将创新看作一项投资，尤其是把创新看作一项长期的投资，而不是那种立刻看到效益的生意，更不是所谓的成本。但现实中企业面临种种压力，更愿意把资源和资金投入到当前看得到效益的项目上。另有一项调查表明，大部分企业将85%的资金或资源投入到日常运营中，而投入到渐进性创新、突破性创新以及颠覆性创新或变革转型中的比例实际分别只有5%。如果问这些企业管理者更合理的比例应该是多少，他们会回答说应该在后三种类型的创新上分别是 10%、10%、5%，日常运营只需 75%的资源配置。如果换个角度，从短期、中期和长期项目看，基本也应该按照类似的比例分配资源投入，经典的就是谷歌按照70%、20% 和 10% 的比例投资于不同周期的项目。在获得即时贴的意外成功之后，当时的 3M 公司拿出研发预算的 20%投入到长期增长项目，他们也意识到应该放松项目筛选标准，那些快速盈利的项目并不是他们要追求的全部。现在的3M 公司已经从当初的即时贴和胶带类创新逐渐拓展到纳米针管无痛输送药液等高端产品创新上。因此，这是个投资策略和投资组合的问题，它与公司的创新战略息息相关。不同的公司可以有不同的组合比例，但最重要的是我们要真正认识到它是一种高回报投资，就像个人或家庭理财一样，能够有合理的资金投入到那些具有探索性和创新性的机会中去，为未来持续发展和赢得竞争布局。

作为首席创新官，首要的任务无疑是让公司高层意识到投资于创新的意义和必要性，并确保有持续、合理的创新投入。这看似简单的道理实际上并不容易做到，尤其是对那些风险承担能力差、面临种种现实业务压力的公司高层来说更是如此。但至少我们应该确保正常的创新投入不会被看似紧迫但并不重要的日常业务需求干扰。比如，有些企业高层经常会耗费大量资源在打补丁和解决紧急问题上，而看不到这些表层问题背后更根本的需求，那就是长期的和创新性的问题解决。要做到这一点，公司应该建立一套针对创新投资的策略、原则和流程。比如，设定一个合理的创新或研发投入比例，将创新资金和日常运营资金的使用分开管理，甚至由不同的部门负责，并确保创新资金的分配使用是基于一套符合创新特点的原则和标准进行。比如，资金使用的权限下放，明确项目的重要性高于紧急性。如果企业确实资源有限，可以优化和缩减投资组合，聚焦少量关键性和高质量创新项目等。

关于创新资金的来源，一方面是来自公司层面的预算拨款，尤其是对那些长期战略性或探索性项目；另一方面，很多企业越来越强调业务部门的创新投入，这需要首席创新官及其团队和业务部门保持紧密的协作，包括从战略、组合规划甚至到项目规划，都应该尽可能让业务部门参与进来，并确立以业务发展需要为出发点，在短期和中期项目上合理配置。这方面金风科技公司的做法值得借鉴，在公司集团层面设计一个集团创新基金，每年保证 5 000 万元的自由创新资金预算，由一个集团级的创新管理团队负责，支持来自集团和业务各层面的创新项目开发。那么在正常的研发预算之外，这笔资金以资助和激励创新活动为宗旨，随时可以申请、拥有相对简洁高效的机制流程，对推动各种包括战略层面的新机会探索、概念验证，以及来自业务层面的新技术、新产品和新业务早期开发验证活动，还有自下而上的个人或团队具有高度创新性的项目开展，都发挥出独特的作用，是在常规预算之外为创新开通的一个独特通道。尤其是他们的创新管理团队在掌握这笔难得的创新资金的情况下，协同业务积极识别响应各种创新场景需求，探索可能的创新模式，灵活调整机制流程。比如，引导和牵引各业务规划高质量创新项目，配套资金共担风险，甚至通过专项形式对一线小微创新活动提供支持，并给予很大自主使用空间，可以说这些对公司各层面的创新工作开展起到极大促进作用，公司的创新体系和创新能力也得到优化完善和提升。同时，这笔创新资金也成为系统开展创新管理工作的一个重要抓手。除此之外，首席创新官还可以扩大视野去拓宽资金来源，包括争取来自国家层面的研究与创新基金支持，甚至与外部伙伴如风险投资基金合作开展一些技术孵化与创业项目等。

但创新预算编制确实是个复杂的问题。它无法通过简单的数字计算做出结论，这更多是战略规划和组合管理问题。有时太多的项目和任务分配有限的资源，导致创新项目之间的资源争夺，项目被延期或失去机会，创新质量无法保证。创新战略的一个关键要素就是资源的合理配置，尤其是有限预算的分配，确保短期创新目标和长期创新战略的达成。现实中一般采取自上而下和自下而上相结合的方式推动预算的最优配置。所谓自上而下就是按照公司整体创新目标和战略，结合创新组合规划过程和以往经验，将预算按照优先顺序对符合创新战略的领域和项目予以支持或引导。自下而上是指在一定的创新战略指引下，由公司各创新部门提交项目计划，经过汇总、评估和组合优化，形成总的预算需求，列入公司战略会议和总的预算编制中。最佳方式就是这两种方式的结合，最后经过评估和平衡，即确保创新目标的顺利实现和优质创新项目得到合理支持，又不会带来太大的预算压力。目前来看，很多公司的研发预算包含在创新预算中，而且占主要部分。其实除了研发还有很多非研发性创新活动，尤其是中小企业，非研发活动占的比例更大。比如，用户创新、创意大赛、创造力开发、设计创新、商业模式创新、知识产权经营、营销与品牌创新、组织创新和管理创新等。

除了以上提到的创新类型及其资金投入，对很多公司来说越来越重要的创新投资还包括风险资金。这种服务于创新的风险资金包括对风险技术的识别和获取进行的投资，为了获得新技术或开拓新业务而对创业公司的投资，技术孵化与创业等所需的创业基金等。当前这种类型的创新随着开放式创新和大量创业公司的出现受到越来越多企业的青睐，逐渐成为很多企业的重要创新组合要素。一般对该部分创新基金的管理是由相对独立的企业投资部门负责，但由于和创新紧密相关，首席创新官也应充分了解并与他们保持良好协作关系，并确保与创新战略协调一致，让资金更好地支持创新和发挥最大效益。

中国五矿的科技资金投入方式创新

中国五矿集团有限公司坚持打造"创新五矿"，创新科技资金投入方式。推动科技、金融、产业有机融合，打通创新循环链条，加大多元化资金投入，构建由集团公司科技专项资金、科创基金、双创基金、产业基金、政府资金、企业自筹资金等构成的系统性、多层次、全生命周期科技金融体系，形成持续稳定的科技投入机制。改革集团科技专项支持方式，有效解决专项资金注资困难、注资周期长等问题，极大调动所属企业科技创新热情。

第九章
提升创新管理水平和效能

本书前面章节对首席创新官的各项主要职责及其工作内容分别做了深入详细的介绍，从创新战略和开放式创新到创意开发与创新流程，以及各种创新使能要素、创新文化和创新评价等。实际上，首席创新官做的每一项创新管理工作或者企业的每一个创新活动都不是相互孤立的，而是通过企业内部一套科学的创新机制与流程来协调关联，并且需要一个积极有效的创新环境和创新平台做支撑。也就是说，企业创新已远非单独实施一个或几个创新项目那么简单，而是一个系统化的行为。尤其是当前创新成本和创新周期不断被压缩，而创新质量却要求更高、挑战更多。为此企业需要一套行之有效的创新管理体系（Innovation Management System，简称 IMS）。

企业能否从创新中获益更多，如何管理和促进创新至关重要。创新管理体系建设的目的就在于系统性提升创新能力，让企业创新效益最大化。很多领先企业已经证明，如果就像管理商业那样管理创新，它也能带来可预期的投资回报。因此，企业需要一个系统规划管理企业各种创新活动的架构体系，一套通用的创新语言和基本的创新流程及工具，以及一致的创新度量标准。创新管理体系建设有助于提升企业的创新效率，它提供客观、中性的创新标杆，为创新人才和创新组织培训与评估提供统一指引，并不断推进最佳创新实践的标准化。而一套科学客观的创新度量标准和机制则是这套管理体系持续有效和领先的保障。首席创新官所做的一系列推动创新的工作都涵盖在创新管理体系范围内。推动公司创新管理水平和创新能力的持续提升本身也是首席创新官的基本职责。

一、构建和完善企业创新管理体系

创新管理体系包括核心创新流程和影响创新的战略、组织、资源、文化（制度）等关键要素，它一方面从创新过程的角度，对从创意和概念开发到产品开发、制造及商业化等横向过程进行管理；另一方面是对创新战略开发制定、适应创新需要的组织架构构建、创新资源优化整合和创新文化、制度建设等创新支撑活动进行管理。创新管理体系建设就是要以企业创新能力的提升为出发点，综合考虑创新影响因素和创新全过程的任务要求，对公司创新活动进行规划完善和部署推广，以更有效地创造和传递新价值，最终推动企业创新能力的提高。

形象具体的创新管理体系全景图，如图 9 - 1 所示。它包括八大基本要素模块，即创新领导力与创新战略、创新流程、创新组织、创新制度与文化、外部合作与开放式创新、创新资源与使能要素、创新评估与优化和创业与风险投资，它们共同构成创新管理的核心内容。

创新领导力与创新战略类似创新管理体系的大脑，其发挥规划和引导以及决策和促进的作用。从市场需求和外部发展趋势出发，洞察未来创新机会和增长点，制定公司创新战略，指明创新目标和路线图，并通过战略的评估不断调整和优化创新组合，推动公司整体创新活动的有序发展。而创新领导力是推动创新战略落地实施的保障，它应该来自公司不同层面，不管是自上而下还是自下而上的创新，创新领导力都会发挥不可替代的积极作用。

创新流程就像是创新管理体系的心脏，推动创新行动持续前行。它对接市场需求和战略规划，可以是市场拉动或技术推动，或者二者兼有。从创意和机会开发开始，它是两个连续的发散收敛过程，先是通过发散思维洞察用户需求和情

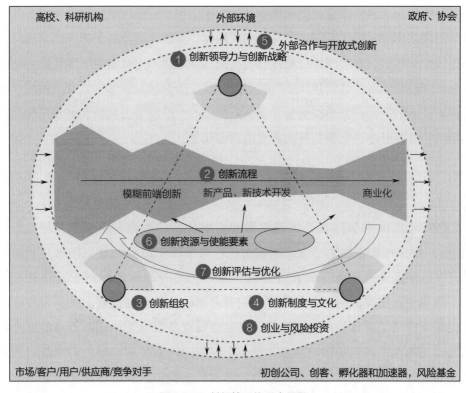

图9-1　创新管理体系全景图

景，再通过收敛确定真正的问题和创新机会，第二个思维发散和收敛则是我们平常理解的大量创意产生和最终创新方案归纳确定的过程。然后是通过灵活高效的创新开发流程，实现技术和产品创新，并对创新过程中的项目及其质量进行管理。最终通过产品商业化和技术转化等技术扩散流程，推动创新成果的市场化应用与经营，实现经济价值，为公司的创新发展提供核心动力。

　　创新组织和创新资源与使能要素是创新管理体系的两个重要支撑。其中创新组织形式决定创新相关的沟通与协作机制，直接影响到创新效率的发挥，针对不同创新的需要应该确保相应的组织模式。而创新资源与使能要素为创新发生提供资源、工具、知识等方面的支持。它包括人财物以及创新工具和方法的投入，以资源的配置优化提供创新必要的保障和服务，以科学的创新工具提升创新效率和质量，并依托知识成果的积累和转化，推动公司内知识的共享和学习应用，实现创新能力提升和效益的最大化。

　　创新制度与文化犹如创新管理体系的精气神，是创新活动的润滑剂。无论是创新战略的价值体现和落实保障，还是企业各个层面的创造力发挥，都来自于先进的创新制度和文化氛围。它将追求创新的价值观内化为公司的行为规范，直接影响公司的创新活力甚至动力。

外部合作与开放式创新是创新管理体系的一只手，是企业创新活动的对外延伸。通过构建开放式创新生态体系，实现内外交互和资源共享，及时洞察发展趋势，跟踪和捕获突破性、颠覆性创意及技术，聚合全球创新资源，实现研发模式的改变，促进核心研发与开放式创新的融合，快速提升自主创新能力，以开放式创新持续提升行业影响力和行业地位。

创业与风险投资是创新管理体系的另一只手。之所以把它单独作为一个模块提出来，是因为当前创业与风险技术孵化已经逐渐成为企业越来越重要的创新活动，不管是突破性创新、颠覆性创新还是商业模式创新，实践证明它带来的创新价值在某种程度上是其他创新活动带不来的。通过协同创新、技术孵化和风险投资等方式，协同上下游产业创新力量，可以不断开拓全新的市场和业务，为企业发展带来新的发展动力。

创新评估与优化是创新管理体系的自我优化和更新机制。它对整个创新体系不断优化，包括对创新能力的评估和创新绩效评价，及其优化改进和提升。通过对包括创新过程及成果的绩效测量、分析及改进和对创新管理体系各要素的成熟度评估及等级认定，形成对公司创新能力的综合评价，并通过持续改善闭环过程不断提升公司创新水平和创新效益。

目前，ISO 正在组织开发和陆续推出创新管理体系标准 ISO56000 系列，其中就给出了企业创新管理体系模型，如图 9 - 2 所示。它基本上和我们前面提到的体系模型一致，但它对推行创新管理有更加详细的方法指引，相信随着 ISO 标准的落地推行，企业的创新管理工作将会有更加长足、快速的进步。

创新管理体系基本涵盖了企业创新管理的方方面面，其核心价值在于通过结构化和完整的方式实现对所有创新活动的有效组织。对于那些期望通过创新获得竞争优势的企业或组织来说，有必要基于该体系框架构建适合自己需要的创新管理体系，并不断寻找和植入经过验证的最佳创新经验。尤其是对那些希望以更低成本获得更佳创新绩效和超越竞争对手的首席创新官来说，更是如此。实践证明，一个完善的创新管理体系有利于构建创新相关的统一术语、策略路线、流程、工具和度量标准，有利于企业内部统一创新目标和途径，提升沟通管理效率和创新执行力。

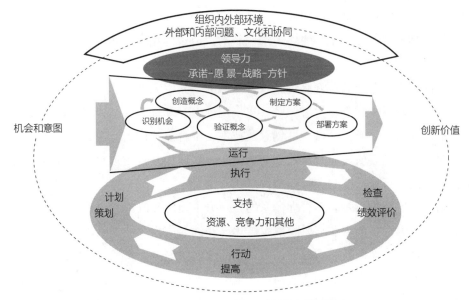

图 9-2　ISO56000 企业创新管理体系模型

　　如何构建和完善企业自己的创新管理体系？创新管理体系建设就像公司的创新活动，是一个持续和不断完善深入的过程，从识别需求和理念导入到创新模式和体系框架设计再到要素模块细化和落地，以及成熟度评估和完善优化，然后又进入新的需求识别过程。总之，这应该是个永不停歇的过程，目的是保持创新体系更好地满足企业创新的需要以及适应外部创新环境变化。对此，一个比较有效的办法是借鉴或者建立自己的创新管理体系成熟度模型，一般分为五级，定义每个级别需要在哪些要素或具体哪些方面做到什么程度，并建立一套相对客观和具有指导作用的评估标准体系，不断检视自己的创新管理建设进展，跟踪创新管理前沿思想和吸取外部最佳实践经验，推动自身体系的完善和改进。后面将对创新管理成熟度做详细介绍。

　　创新管理体系的构建除了要深刻理解创新本质，还要深入掌握创新活动的规律，并结合企业的实际情况和创新需求。

　　另外，创新管理体系建设实践中可能会遇到各种困惑和挑战。这里列出几个典型的问题和答案供思考。

　　建立自己的创新管理体系是否有必要？是否会成为管理负担？对此，我们要理解标准的创新管理体系只是供参考，是建议，且可大可小——企业要根据需要和实际情况决定实施的深度和宽度，满足需求即可。一般来说，每个组织都应该拥有自己的创新管理体系，开发自己的工具、流程和方法。只是需要注意创新管理体系建设是走向不断提升的途径，它是一个量化指引，而非一次性的标杆工具。要看企业创新需求，如果只是开发一个简单创意和产品，则没必要。它帮助组织实现持续的卓越创新，目标是通过规划、建设和运行该体系来提升企业创新能力，实施过程中应减少创新中的浪费。

一套结构化的创新管理体系是否与创新中的创造力及其自发性相悖？创新中确实有很多方面不适合用传统的方法管理，比如创造力、创新思维和企业家精神。虽然有些要素不能完全规划和控制，但并不代表就完全不需要管理。

创新管理体系适合那些没有中央控制的网络架构组织吗？是的，很多组织的内外部具有更加复杂的交互，而创新来自任何大小或形态的组织，开展创新管理有助于更好地沟通和协作，也会为创新活动提供不同层面的支持。

标准化的创新管理体系会不会扼杀竞争差异化优势？每个企业或组织会根据创新需要决定自己的创新管理体系，没有唯一的答案。竞争差异性优势可以通过具体的执行和开发各种工具、实践和流程来实现。另外，不同企业实施效果会不一样，也是差异化的重要表现。

二、不断提升企业创新管理成熟度

创新管理成熟度（Innovation Management Maturity，简称 IMM）是在前面提到的创新管理体系基础上形成的、用于衡量企业创新管理水平和体系建设进展的一套标准。目前已经有多种版本的创新管理成熟度模型被开发出来，如美国 PDMA（产品开发管理协会）与美国 TIM（全面创新管理）基金等共同开发的创新管理成熟度模型，以及 Planview 公司开发的创新管理成熟度模型等。创新管理成熟度体系至少应包括两部分内容，即创新管理成熟度等级模型和创新管理成熟度审计方法（如成熟度评估对照表）。利用创新管理成熟度模型，企业可以评价自己的创新管理工作和创新能力达到什么水平，设定持续提升的目标，并且还可以借助各审计评估结果和关键指标来指导后续具体的改善工作。

创新管理成熟度等级模型一般是基于卡内基梅隆大学开发的能力成熟度模型（Capability Maturity Model Integration，简称 CMMI）框架而来，典型的分为五级，最高级相当于一个理想和系统完整的创新管理体系，最低级则是那种基本还没有开展创新管理工作的原始状态。对于各个等级的定义，不同成熟度模型虽然在细节描述上稍有不同，但划分标准基本类似，主要还是从创新管理体系的基本要素，如创新领导力与创新战略、创新文化与制度、创新流程、创新组织、创新资源、创新评估与改进等方面，对五个等级分别按照应该涵盖哪些要素以及这些要素应该发展到什么程度进行定义。而这些基本要素及其进一步的分解定义便成了创新管理成熟度审计指标，在此基础上按照等级进行定性甚至定量描述后即构成整个创新管理成熟度审计体系。虽然不同成熟度模型在评价指标的划分和设计方面差异比较大，但最终涵盖的内容还是基本一致的。图9-3是结合多种创新管理成熟度模型的等级划分并结合实践验证优化而成的创新管理成熟度模型，可以作为不同公司度量自己创新管理水平和创新能力的参考，有条件的公司也可以据此制定适合自己情况和发展需要的成熟度模型，用来指导和考核企业的创新管理建设。与成熟度模型相对应的评估指标体系分为两个维度，它基于创新管理的基本要素及其细分进行设计，可以作为参考，并根据自己企业情况设计适合自己的评价指标，如表9-1所示。

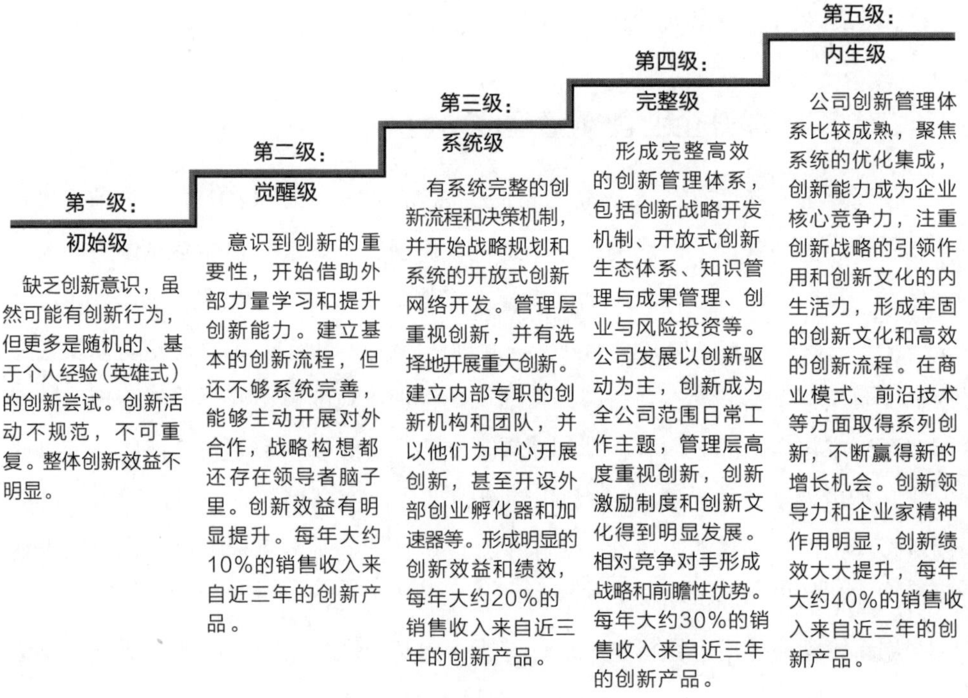

第一级：初始级
缺乏创新意识，虽然可能有创新行为，但更多是随机的、基于个人经验（英雄式）的创新尝试。创新活动不规范，不可重复。整体创新效益不明显。

第二级：觉醒级
意识到创新的重要性，开始借助外部力量学习和提升创新能力。建立基本的创新流程，但还不够系统完善，能够主动开展对外合作，战略构想都还存在领导者脑子里。创新效益有明显提升。每年大约10%的销售收入来自近三年的创新产品。

第三级：系统级
有系统完整的创新流程和决策机制，并开始战略规划和系统的开放式创新网络开发。管理层重视创新，并有选择地开展重大创新。建立内部专职的创新机构和团队，并以他们为中心开展创新，甚至开设外部创业孵化器和加速器等。形成明显的创新效益和绩效，每年大约20%的销售收入来自近三年的创新产品。

第四级：完整级
形成完整高效的创新管理体系，包括创新战略开发机制、开放式创新生态体系、知识管理与成果管理、创业与风险投资等。公司发展以创新驱动为主，创新成为全公司范围日常工作主题，管理层高度重视创新，创新激励制度和创新文化得到明显发展。相对竞争对手形成战略和前瞻性优势。每年大约30%的销售收入来自近三年的创新产品。

第五级：内生级
公司创新管理体系比较成熟，聚焦系统的优化集成，创新能力成为企业核心竞争力，注重创新战略的引领作用和创新文化的内生活力，形成牢固的创新文化和高效的创新流程。在商业模式、前沿技术等方面取得系列创新，不断赢得新的增长机会。创新领导力和企业家精神作用明显，创新绩效大大提升，每年大约40%的销售收入来自近三年的创新产品。

图9-3　创新管理成熟度模型

表9-1　创新管理成熟度评估指标体系

一级维度	二级维度
创新领导力与创新战略	创新领导力
	创新机会发现
	创新战略制定
	创新战略执行
	创新战略评估与优化
创新流程	创意开发及立项决策
	新技术开发
	新产品开发
	研发流程与质量管理
	项目管理
	技术应用
	技术扩散
创新组织	创新治理机制
	创新体系
	创新组织与创新团队
创新制度与文化	创新空间
	创新激励制度
	创新文化
	企业家精神
外部合作与开放式创新	开放式创新网络
	外部风险技术获取
	协同创新平台
	吸收能力
创新资源与使能要素	创新人力资源
	创新资金资源
	知识管理
	知识产权管理
	技术标准化管理
	创新方法工具资源
创新评估与优化	创新绩效管理
	创新体系成熟度管理
	创新体系自我优化
创业与风险投资	创业机会发现
	新业务孵化
	风险投资效益

在具体的创新管理成熟度评估中，可以遵循 PDCA（Plan 策划、Do 实施、Check 检查、Act 改进）的思想，按照客观、全面、定性加定量的方式进行系统的推进。具体来说，可以先做好成熟度评定准备工作，按照评定事项据实整理准备汇报材料，客观呈现创新管理体系发展现状和投入产出情况；然后是实施成熟度评定，通过专家打分等形式，必要时另行组织访谈、调研和问卷等，并综合各方意见后最终形成评定结论；接着是分析和检查评定结果，制定改进方案，即找出公司当前创新管理中的不足和需要重点发展的地方，进一步分析验证和咨询专家意见，制定提升方案和行动计划；最后是具体推动执行创新管理改进提升方案。

创新管理领域除了创新管理体系设计和创新管理成熟度开发，另一个重要的工作是推动制定创新管理标准。国际上以欧美为代表的创新理论研究和创新管理实践一直走在世界前列，尤其是近期他们意识到制定创新管理标准的必要性和价值意义，包括欧盟和 ISO 都在开发自己的创新管理体系标准。所谓创新管理标准，类似我们这里提到的创新管理体系架构，就是要提炼出一系列创新管理的原则性、程序性或指引性关键要素，它们都是打造企业创新能力所必需的，诸如制度和文化、战略和创新领导力，创新资源、创新流程、创新评估和改进等，是在大量创新管理理论研究和最佳实践总结提升的基础上形成的，对于企业创新管理体系建设具有重要的指引价值。欧洲从 2013 年开始相继推出创新管理标准体系 UNE‐CEN/TS 16555，包括创新管理体系等一系列标准文件。可以预见，就像企业普遍实施的 ISO 质量标准一样，创新管理标准也将逐渐成为大批创新性企业借以提升自身创新能力的重要标准依据。

总之，创新管理成熟度模型和创新管理标准的目的还是帮助企业更好地构建自己的创新管理体系，相对创新管理体系理论框架，它们更加结构化和具有实践指导意义，具有工具的作用。尤其对于尚未建立创新管理体系的企业来说，创新管理成熟度或创新管理标准就是一个科学完备的《创新管理体系建设指导手册》，帮助企业以最低成本、时间和风险快速构建自己的创新体系。

三、推进创新度量并提高创新能力与绩效

创新度量属于创新管理的关键议题，通过创新度量可以更好理解公司是否处于更有利的创新状态。企业是否具有创新性，以及创新能力高低，需要一套创新度量标准。所谓创新度量，即对创新的投入带来回报高低的分析。就像埃德沃兹·德明提到的：你无法管理你不能测量的东西。创新作为公司发展的核心任务和管理焦点，如果不能有效衡量是不可思议的。实践也证明，人们总是照着度量标准行动的，只有有了正确合理的创新度量指标，才能确保人们采取正确的创新行动。我们衡量的也正是我们期望得到的，它具有强大的风向标作用。创新度量标准对于塑造企业创新文化至关重要，它会影响企业文化，最终也会成为企业的创新文化的一部分。因此，作为首席创新官，需要不断推动不同方位的创新度量，除了前面提到的创新管理体系成熟度评估之外，还要对公司及团队的创新能力与具体的绩效等进行测度，并与公司创新激励措施相结合，以此作为进一步推动创新能力和创新效益提升的基础。

但也不得不承认，创新度量虽然很重要，其本身一直是个富有争议和挑战的课题。这一方面是因为其复杂性，一套评价体系包括评价目标与原则、评价指标设计与权重、评价方法与步骤，甚至包括后续的评价分析与改进方法等，其中定量的难度和定性的精度等问题都需要认真对待，很难有绝对全面、客观、精确的标准。另一方面，虽然创新的度量方法目前已经发展到第四代，度量的指标从经典的研发投入逐渐丰富扩展到创新产出、创新过程产出，以及创新管理、知识管理、机制、政策等，但创新度量无论是理论上还是实践方面都不够成熟，如表9-2所示。

无论创新度量多么具有挑战性，度量方法多么不够完善，都不能阻止我们推动创新度量工作，这是由其重要性决定的，只是注意不要陷入复杂的度量方法和工具中，而应立足度量的目的和实效性。另外，具体的创新度量标准与方法还要适应不同的目的需要。总的来说，创新度量的目的一般有两种：一种是针对企业创新能力或创新性的创新型企业评比；另一种是企业内部对自己创新水平和绩效的自我评估，具体又可以分为综合的企业创新能力评估和不同层面的创新绩效评价。

表 9-2　企业创新度量代际演变

	第一代	第二代	第三代	第四代
时期	20 世纪五六十年代	20 世纪七八十年代	20 世纪 90 年代	21 世纪
指标	研发投入	创新产出	创新	过程
指标内容	研发投入 科技人员 资金 技术密集度	专利数 论文发表 产品 质量改进	创新调查 创新指数 创新能力对标	知识 无形资产 网络 需求 集群 管理技巧 风险/回报 系统动态性
理论基础	反映了线性创新概念，聚焦于投入指标，如研发投入、教育支出、资金支出、研究人员、大学毕业生和技术密集度等	考虑到科学与技术活动的中间产出而增加了一些产出指标，如专利数、科学论文、新产品和工艺数，以及高技术交易等	在调查和综合公开可用数据的基础上，集中了更丰富的创新指标和指数，主要关注国家创新能力的比较和排名，难度在于国际数据的有效性和服务部门创新调查	计算实物或人力投入所依赖的知识基础的形成与扩散途径，跨组织的网络关系带来的知识交换，考虑经济状况公共政策、环境、基础设施、社会态度和文化对创新的影响
执行组织	科研人员	OCED 等	OECD/创新调查	研究中

（一）创新型企业评比

对于创新型企业的评比，一般的评比标准是显性的创新投入和产出比，比如研发投入强度、创新强度、公司绩效、创新效益、专利申请和授权情况、标准制定情况等外在的创新绩效表现。它一般由政府或公益机构进行，比如著名的汤森路透以专利授权为主的全球创新百强企业评比，波士顿咨询公司每年基于公司业绩的全球创新公司评比，福布斯每年根据创新溢价评出的全球最具创新力企业百强，以及《快公司》杂志以更加综合的创新评比手段每年评出的全球最佳创新公司 50 榜单等。显然这种创新型企业评比手段更加强调从某一个或几个具有代表性而且又容易量化的指标着手，它具有树立标杆（对标）和宣传推广的意义。很多国家政府机构也开发自己的创新型企业评比指标体系。这些指标更加系统和综合，目的是为创新政策制定和改善国家创新环境提供依据。比如国内由科技部组织实施的创新型企业评价工作，就采用"4＋1"评价指标体系，它包括了诸如研发经费强度等定量指标和创新管理等定性要素，如图9－4所示。

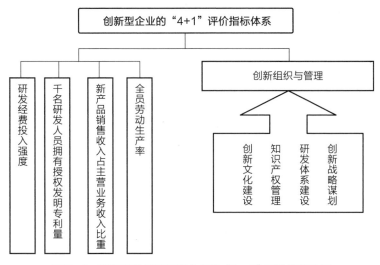

图9－4　科技部关于创新型企业的"4＋1"评价指标体系

（二）企业创新能力度量

企业内部的自我评估，目的是通过评估结果发现需要改进的地方，不断提升自身的创新能力。这种创新度量会更加深入和系统，创新指标既包括创新投入和产出，也包括创新过程产出和背后的创新支撑要素，如前面提到的创新管理成熟度评估就是要对企业创新管理诸要素进行系统的度量和评价，它们虽然不是企业创新绩效的最直接体现，但直接关系到企业整体创新效能的高低。对于首席创新官等创新领导者来说，除了关注前面提到的创新型企业评比等外在形象外，其关注点或许更多在于内部创新能力和创新绩效的度量，即推进企业的自我创新能力审计和提升，并最终反映在企业外在的创新绩效的提升和竞争优势上，甚至很多评价指标，比如研发投入强度、专利申请和授权数等，也是内部创新审计的重要指标。

首先，应看创新能力的度量。这里所谓企业创新能力，就是企业所具有的一种创造新产品和服务的能力，或者说是不断发现市场需求和产生创意，并能将创意转化为产品或解决方案来满足用户需求，从而创造和获取价值的能力。关于创新能力的描述和解释有很多，如 J. Guan 和 B. Lawson 等人分别对创新能力的定义，如表9-3所示。但看得出来创新能力是个多要素的综合体现，它可以简单描述为技术创新能力和产业化能力。具体来说，它表现在机会定义和创意能力，新技术、新产品、新服务开发与整合能力，产品市场开发与商业化价值获取能力，而其背后体现的则是整个公司或组织的战略决策与领导力、创新管理、知识积累与研发、创新文化与机制、创新人才聚集与培养、内外资源利用，以及生产运营和供应链等方面的能力。可以看出创新能力包含了前面提到的创新管理能力，但范畴更大。其次，创新能力的度量与创新绩效连接更加紧密直接，而创新管理成熟度评估更加强调其本身的完备性，虽然其最终是以创新能力的提升为目的。企业创新能力、创新绩效及创新管理等之间的关系，如图9-5所示。

表9-3 关于企业创新能力的定义

J.Guan 与 N.Ma（2003）	B.Lawson 与 D.Samson（2001）	Paulo Antonio Zawislak 等（2012）
7 个维度： • 学习能力 • 研发能力 • 资源配置能力 • 制造能力 • 市场营销能力 • 组织能力 • 战略规划能力	7 个核心要素： • 愿景与战略 • 能力发挥 • 组织智能 • 创造力与创意管理 • 组织架构与体系 • 文化与氛围 • 技术管理	4 项核心能力： • 技术开发能力 • 运营能力 • 管理能力 • 交易能力

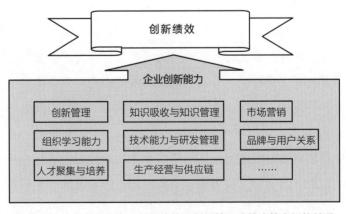

图9-5 企业创新能力、创新绩效及创新管理成熟度等之间的关系

（三）创新绩效评价

企业的创新性大小或者创新能力高低并不是最终目的，最终目的是取得更好的创新绩效，保持足够的利润率和可接受的风险水平，赢得持续竞争优势，确保企业持续成长。因此，对企业来说创新度量的一个重要指标就是创新效益。相对创新管理成熟度和创新能力的度量，创新绩效的度量更加灵活，前两者一般是针对企业或组织整体的创新度量，而创新绩效既可以是对企业创新效益的整体评价，也可以是对某个部门、团队，甚至某个项目和个人的创新活动度量，尤其是它不追求度量的全面性或完整性，可以有针对性地就某一个或某几个方面进行度量。正因为如此，创新绩效度量的指标设计也就显得更加复杂和富有技巧性。

具体针对创新绩效度量来说，指标应该充分考虑到根本目标是什么，要与创新战略紧密关联，能为组织的进一步学习和提升提供依据。具体的指标设计方法可以按照以下四个步骤进行。

1）设定提升的目标。将度量与公司愿景、使命及战略相关联，但目标的设定还是来自用户的需求，可以试着问这样几个问题：该目标是你最终想要得到的吗？它是否足够具体？它是否可以量化？它是否现实？它是不是用户驱动？

2）确保度量的是那些能够达到目标的事项。确保度量的内容有助于达成目标，即它是否能推动目标达成？它是否和以前失败的途径不一样？是否将行动进行优先排序？最好选择 3~5 个指标。

3）使度量事项与你所能影响的东西相适应。如果让某人负责某项指标，尤其是那些改进性项目，关键是要确保他们能够影响输出。即首先明确：谁负责该事务？他们控制流程吗？

4）按照时间轴度量事项。所有行动都应该基于时间规划，确保流程持续改进，并了解度量的事项是否在朝目标前进。

对于度量指标本身的质量要求，一般我们希望提高数据的准确性、可获取性，结果的客观性、可接受性，这要求度量指标的适合性、全面性，以及度量方法的科学性与适应性等。目前创新绩效主要从创新投入、创新过程（产出），以及创新最终产出三个方面进行度量，它更加定量化，相对客观和容易操作。对于指标的设计，我们应该注意以下几个方面的问题。

度量指标应尽可能具有明确的指导意义，发现真正问题，这将有利于后续改进效果等最终度量目标达成。绩效指标是管理层衡量创新投资回报的重要工具。针对团队或者部门的创新度量一般是用于向领导汇报，证明当初创新项目的投资带来的价值，管理层需要验证当初的投资为公司带来效益。而管理层一般做创新汇报时，会用到一些指标，如新产品财务贡献率，研发强度，盈利或营收平衡时间，专利申请或授权数量，特定时间内新产品发布数量等。尽管这些指标对于创新度量十分重要，但它们并没有带来学习和持续改进的效果。就像测量的体重结果虽然能说明你已超重，但无法指引你将来如何减重一样。度量创新现状尚不能告诉我们将来如何改进创新，反而容易带来负面效果。比如"专利申请数"这项指标，可能会导致个别团队和个人为了申请专利而申请，非但无法给公司带来利益，甚至会给公司因为专利申请和维护造成经济负担。但如果我们能够发现那些影响或者导致我们测量出最终产出性指标的因子，如降低体重的影响因子包括每天少吃点、多锻炼、少喝酒等，那么我们就可以直接采用针对这些影响因子的度量指标，这样最终的改进效果将十分明显。

度量指标应该具有清晰明确的定义，避免歧义，并考虑到可能带来的负面效果，辅以必要的引导。比如对于"新产品对销售额的贡献率"这个经典的度量标准，大家对什么是新产品的定义往往大相径庭，有人认为全新的产品才是，有人则认为只要有新的改进就算新产品。如前面提到的，创新绩效度量只是便于度量改进创新活动带来的影响，很多时候偏于创新结果和定量化数据，它对创新过程或如何创新本身的体现不够，或者缺乏具有指引性的信息。而创新绩效指标代表公司的期望和要求，对员工来说则意味着被提升的机会和获得的奖励，这时更需要对度量指标进行详细的定义，并辅以必要的正确创新方法引导，尽量避免负面效果。

可以参考著名创新度量学者韦恩·麦基针对新产品开发总结出来的度量指标设计需要考虑的六大关键要素，尤其是对项目和团队的创新绩效度量更有借鉴意义，如下所述。

建议一：只度量做得不够好的事情。人们习惯度量做得好的地方，让报告更好看，但这样做没什么太大意义，因为我们的直接目的是改进和提升。

建议二：正确理解度量指标能做什么，不能做什么。如前面提到的，很多度量指标只是个结果，但不能解决问题，需要我们在此基础上进行分析和针对，大多度量指标做不到这些。

建议三：度量适当数量的指标。创新绩效度量可以做到针对性很强，就某个方面度量，这时太多的度量指标可能适得其反，有些指标可有可无，或者只是为了显得好看，结果导致无法聚焦解决问题，浪费大家时间。

建议四：确保度量指标与公司目标的协调。显然我们首先要问的就是为什么做创新度量？目标是什么？与公司目标的关系是什么？使用与目标无关的指标会误导他人，产生不了实际效果，也很难得到高层认可。

建议五：让度量对象的负责人参与到指标制定的过程中来。这样制定的指标才更加合理、可行。同时，负责人的参与制定也意味着一份承诺，这将有利于度量结果的被认可和后续改进行动的顺利开展。

建议六：度量指标的定期监测和行动力。度量指标的设计还应考虑到实际的度量过程，或者度量本身也是对创新流程管理的手段之一。这需要度量指标有利于平时度量观测，并在合适的节点有助于改进行动的执行。

公司或组织的创新绩效度量指标体系（示例）可供参考，如表9-4所示。它是按照创新投入、过程和产出三个维度对指标进行整体划分，同时又进一步从领导力与战略（做正确的事）、能力或执行力（正确做事）和资源投入及文化（支撑要素）等不同视角细化度量指标。如果是针对创新项目或创新团队的绩效度量，指标可能会没那么复杂，会更加有针对性。另外，还要考虑针对不同类型的创新活动，比如针对一般性技术或产品改进等低风险创新，会考虑用"产品线扩展与提升"或"商业流程改进"等进行度量，而对于高风险的新型技术投资，可能会用到"新产品""新商业模式或平台"等指标。这里关键是要掌握绩效度量指标的设计原则和方法，并切实考虑到度量的目标和情景，考虑到外部环境的变化等。

表9-4　公司或组织创新绩效度量指标体系（示例）

维度		创新绩效度量指标
创新产出绩效	经济效益	近三年来的新产品在本年度产品销售收入中的百分比
		与本行业一般企业比，公司创新产品（技术）进入市场的时间要快多少
		近三年技术创新的收益相对于创新总成本的盈利能力
		与本行业一般企业比，公司创新产品（技术）获得利润的时间要快多少
		技术创新项目的成功率
		近三年来技术创新项目对公司总利润的贡献
		与竞争对手相比，公司的技术创新项目的盈利能力
		与竞争对手相比，技术创新的成功程度

（续）

维度		创新绩效度量指标
创新产出绩效	直接创新效益	新产品及关键新技术成功创新数
		改进产品数
		重大工艺创新数
		主持或参与制定新标准数
	创新积累效益	专利申请数
		技术诀窍数
		技术文档数
		科技论文数
		科技与产品创新项目立项数
		产品质量改善率
		劳动生产率提高幅度
		创新周期（或交付期）缩短率
	社会效益	对产业升级、国家或区域经济发展带来的影响力和贡献率
		与国家政策、社会价值取向相适应程度
	环境效益	每万元产值能源消耗减少量
		减少环境污染的程度
创新过程绩效	战略开发	外部环境发展趋势分析报告数及质量
		创新机会发现数
		创新战略开发质量和评估调整效率
		创新战略计划编制数量
	组织	管理层对创新活动投入时间和参与程度
	创新周期与流程	需求、创意获取数量
		技术与用户交流频率
		企业内部研发、市场等交流协作频率
		研发创新项目按时按计划完成率
		创新成果转化应用与扩散成功数量及概率
		企业内部制定并成功执行的规范、标准数量
	创新资源投入	研发投入占销售收入比例
		研发人员人数比例
		技术带头人、技术桥梁人物数量
		企业技术人员人均培训费用规模
		创新工具、方法导入与应用开发次数

（续）

维度		创新绩效度量指标
创新过程绩效	外部资源利用	企业外部创新资源开发数及结构合理性
		研发部门与高校、科研院所交流频率与合作项目数
		前瞻性、关键技术外部发展跟踪评估报告数及引入数
		企业外部风险投资项目评估数与完成数
	创新激励	企业内部开放日、技术论坛、创新大赛等交流、创新、创意活动数
		技术人员参加国内外专业会议人次
		创新激励制度（薪酬、股权、职业发展等）制定完善程度
		企业内部创新环境改善项目数
	自我革新	企业自我创新效能评估与完善提升项目数

中电科芯片技术的创新评价体系

中电科芯片技术（集团）（以下简称"中电科芯片技术"）树立以科技创新质量、绩效、贡献为核心的正确评价导向，建立了中电科芯片技术科技创新评价体系，坚持科学分类、多维度评价，以定量评估与定性评估相结合、过程评价与结果评价相结合等方式，成体系开展创新评价工作。

一是建立以价值贡献为导向的项目评价体系。中电科芯片技术设计了"项目价值评价"与"项目后评估"两套指标体系。项目价值评价是从先进性、政治价值、重要性、市场价值、技术创新水平、经费等维度进行综合价值评价，客观评定项目级别。项目后评估是在项目通过验收后，集中组织对项目进行价值评审，通过"关键技术指标完成情况"等五个维度，客观识别价值贡献大、完成质量高的项目，以进行相应的激励。"项目价值评价"与"项目后评估"两套指标体系，倡导科研工作服务经济发展的使命导向，客观评价各类项目科研成果的技术价值、经济价值、社会价值，逐步改善"唯纵向项目"的不合理价值导向，以价值为判断依据，增加科研人员对横向/自主投入项目的重视程度，进而提升项目成果转化率，引导项目创造更高的经济与社会价值，同时实现对科研人员的精准激励。

二是建立创新主体评价体系。中电科芯片技术坚持科学分类、多维度评价，以中电科芯片技术下属事业部、创新中心、产业公司作为评估主体，设计评价体系，从投入力度、创新活动、创新产出、创新环境等维度进行综合评价，形成多维度综合性科研工作评价体系，通过复盘上一年工作，反推短板弱项，来修正下一年工作方向，评价标准根据实际需要逐年迭代，持续完善以形成长效机制。

Handbook of Chief Innovation Officer

第十章
成长为创新领导者

本书一直在强调，首席创新官不只是一个职位头衔，应有负起全面领导和推动公司创新工作的使命，它代表一种领导力和创新治理机制，公司的 CEO、创新副总裁或者首席技术官都有可能成为公司的首席创新官，关键是其要负起创新领导者的职责，发挥创新领导力的作用。首席创新官不一定是最有创造力的人，但其更善于成功推动一个大型且复杂的组织在创新的道路上不断前进，导入新的文化和新的流程，引导组织创新，更好地适应经营战略的需要。

下面将就真正意义上的首席创新官应该具备的素养和能力做具体探讨。强大的首席创新官首先应具备卓越的创新领导力，它有别于传统的领导力；其次首席创新官应该做公司内部创新事业的倡导者和坚强后盾；而企业家精神和创业精神更是首席创新官的基本素养。

一、卓越的创新领导力

谈起领导力，高瞻远瞩、影响力、业务经验、情商等，这些一向被视作领导者应拥有的重要能力。而对于创新领导力，除了具备这些基本能力外，还需要更突出创新的特质：理解创新的本质特征和规律并做创新的传道士，具有开放的头脑和企业家精神，强调协同环境，富于洞察力和预见能力，敢于挑战现状和自我等。创新领导力就是要创造一种空间，让人们愿意并能够努力工作，以创新方式解决问题。

在罗兰·贝格对全球 CEO 的访谈中列举了首席创新官的三个本质特点：积极的鼓励、宽容对待失败和耐心。无论是博世公司的"构造正确的框架和正确的精神意识"，还是 Infosys 信息技术公司的"引导高级管理者为创造友好的氛围，对创意持谦恭、鼓励和帮助的态度"，支持创新都是至关重要的。接受失败，但不要重复犯同样的错误，这与鼓励创新延展是一体双生的。3M 公司 CEO 巴克利说："你必须接受失败，将失败作为宝贵的财富，从失败中吸取教训，然后继续前进。"联合利华 CEO 塞斯考也同意这一观点，他说："如果你不能接受失败，不鼓励冒险，那么你就不可能实现伟大的创新。"每位 CEO 都有他们自己的方法来应付受挫感和压力。我们要有耐心，必须冷静，因为重要的创新可能需要孕育很长一段时间。比如，博世公司花了 15 年引入电子稳定程序刹车技术，花了 20 年使高性能的柴油射入系统做到完美。但是，"现如今，几乎商业的方方面面都迫切需要速度，"巴克利说，"你怎样以更快的速度实施创新，你如何以更快的速度进行创造？答案是你必须承担更多的风险。因此，风险管理和对风险的容忍度是公司成长和加速创新的关键因素。"丰田汽车公司总裁张富士夫认为竞争压力大大增加了对速度和复杂化风险评估的需要。"在如此紧张激烈的情况下，不可能冷静、放松、不慌不忙地集中精神寻找解决方案。我们被迫边跑边思考。这种情况本身就是我们必须面对的挑战。"

尤其当前针对信息化快速发展下指数型增长和指数型组织的出现，奇点大学首席执行官兼创始人罗布·纳伊将指数型组织领袖的性格特征归结为六个方面，这也是对首席创新官的最高要求。

1）梦想家式的用户宣传者。组织领导者成为企业形象的终极代言人，确保组织与用户交流的一致性。像乔布斯那样，亲自参与到用户体验方方面面的决策中。

2）以数据为本的实验家。能够在混乱中创建秩序，以过程为导向，基于精益创业方法，快速迭代并更新知识，以数据为中心，让用户参与其中，最终实现组织的敏捷和高速扩展。

3）做乐观的现实主义者。能在任何场景下找出积极结果，帮助团队坚定自己的目标。

4）极高的适应力。领导者必须跟着时势改变关注点和技能，持续学习让他们能够维持组织的指数型增长。

5）根本上的开放性。与组织外部的专业人士合作，并从开放渠道和噪声中辨别积极信号。

6）超自信。突破官僚阶级的线性思维束缚，具有超强的无私奉献精神和信心，以及颠覆自身业务的勇气和毅力。

著名创新实践研究学者罗伯特·特克也基于自己对大量的企业首席创新官的跟踪研究总结出新时期首席创新官的七大创新技能，可以作为参考。

1）能够识别和抓住机会——做风险承担者。

2）能够挑战现状——做假设挑战者。

3）聚焦终端用户——具有同理心。

4）能够想在 S 曲线前头——做前瞻思想者。

5）世界级合作者——伟大沟通者。

6）创造大量新创意——具有创造性。

7）善于让别人接受新创意——做影响者。

总之，关于首席创新官特征的总结有很多，这里综合各种理解认为首席创新官应该具备或者应从以下几个方面来要求和提升自己。

（1）拥有梦想：总是能提出激动人心的愿景，以远大目标和富有挑战性的任务激发创新激情。关注自己的核心竞争力和竞争优势，善于制定基于愿景的创新战略和行动计划。

（2）趋势洞察：关注和抓住趋势，善于学习，并能产生洞察和预见，识别其中的机会，驾驭变革潮流。

（3）善于激发团队：能够将战略意图与团队沟通，并激发行动。打造激励创新的文化氛围，让工作变得更有趣。激发团队，让他们更有能量和活力。

（4）善于沟通推销：在相对复杂、模糊和有冲突的情境下，善于表达和沟通，以清晰的逻辑、合情合理的方式做解释阐述，或者能将缺乏共识但具有重要价值的早期创意或方案有效地推销出去，赢得合作和协同。

（5）聚焦用户：善于站在用户角度去感受他们的痛点，以毫无预设的同理心去感受用户，发现那些没有满足的需求，然后从用户角度去设计方案。总是致力于为用户创造最大价值，推行用户驱动的创新，善于让用户参与到新产品开发中来。

（6）容忍模糊：能够承受和尽力结束创新过程中的不确定性，并能很好地管理，在模糊、高度不确定性下做决策。面对改变、新事物的出现以及复杂无序、相互冲突的情境时，能够分辨规律和模式，激发信心。

（7）追求不同：总是创造意外的成功，跳出旧有的思维框架，努力改变游戏规则，引入突破性创新，让自己和产品与众不同。

（8）质疑一切：挑战传统和假设，不相信只有一条正确的道路，总是不停问"为什么"和"如果……那么……"一类的问题，问一些探索性问题，营造质疑的环境，决策后进一步质疑和重新评估。

（9）全面综合：构建自己的多种专长和系统思维技能，组建和领导一个跨职能团队。拥有博采众长的创意，发挥多样性和多方协同。

（10）构建流程：确保战略协调和引导策略，设计商业模式，确立规则和度量系统，鼓励即兴创作。

（11）尊重批评：能够获得并给予信任，使组织聚焦于创新的无穷潜力。

（12）接受风险：实践企业家精神，没有风险就没有回报，拥抱风险。不断试验和从市场反馈中学习。从失败中学习，变得更加优秀。能够帮助组织接受一定程度的风险，并对它们带来的不可避免的起伏进行有效管理。

（13）领导变革：创造性激发不满足现状的思维，降低对变革的抵制。通过模范带动别人，展现企业家领导力特色。适应快速的内外部变革，并创造积极的变革。

（14）企业家精神：推动和实践企业家创业精神，并不断学习。寻找各种机会并快速追求实现。持之以恒，克服障碍，创造性解决问题。

（15）资源组合利用：将公司想象成各种技能和资源的组合，而不是针对具体市场的产品和服务提供商。首席创新官会寻求重新定位、重新开发，组合不同资源去创造新的增长机会。

（16）敢于行动：具有冒险精神和强大的执行力、行动力，注重细节，能够发现问题、解决问题，善于在行动中学习和迭代进步，做行动的巨人。

以上特质都是基于大量首席创新官的创新成功经验总结而来。比如，英格瓦·坎普拉德（Ingvar Kamprad）将家具零售变成宜家的那种自组装模式，尼古拉斯·海耶克（Nicolas Hayek）突破瑞士表业传统引入 Swatch，以及迈克尔·戴尔（Michael Dell）拒绝计算机分销商渠道而直接面向用户让他们自由选择配置等，都是在挑战传统观念和追求改变。而贝佐斯创建亚马逊的案例则是洞察趋势驾驭潮流的经典案例。早在 1994 年他阅读一份有关互联网应用爆炸性增长的趋势报告时发现了电子商务的变革性潜力。当时他问自己，在那种潜在的增长态势下什么样的商业模式才有意义？他的结论是网上书店，很快他扩展这些业务，变成网上的沃尔玛。华特·迪士尼将核心能力和战略资产组合优化建立娱乐王国。拉里·佩奇和谢尔盖·布林从网络搜索拓展到软件、操作系统、硬件、自动驾驶汽车、先进机器人和长寿技术，则是对自身资源创新性组合和利用的成功故事。以用户为中心和基于用户需求进行创新的例子更多。比如，著名健身机构 Curves 创始人发现健身馆无法满足女性的需要，他们创建了专门针对女士的俱乐部，成为世界上最大的健身连锁机构。弗雷德·史密斯（Fred Smith）看到全球隔夜快递服务需求，并创建了 FedEx。没有人告诉乔布斯我们需要 iPod、iPhone 和 iPad，但他看到了这种需求。

如本书提到的，领导力本身并不天然就带有创新力，现实中很多领导力表现出来是缺乏创造性的。比如很多调查中发现，员工总是抱怨他们的领导在阻碍创新，而不是推动创新。这里对创新领导力的描述从卓越的战略视角与洞察力、积极的心态和感召力、超强的沟通协调与网络连接能力、组建多样化的创新团队，以及做一个"T"型领导者五个方面展开。

（一）卓越的战略视角与洞察力

创新领导力之一就是富有战略洞察和预见能力。通过战略视角分析行业演变趋势，阐明公司的信念和预期，预测未来用户需求，预测相关技术的发展趋势，甚至有可能预测竞争对手的行为。所谓战略性视角，包括前瞻性视角、内部视角和交叉视角。将这三种视角结合起来，领导者可以采取一连串的价值创造举措。关于未来需求、技术和消费者品味的前瞻性视角，能帮助公司找到关联价值领域。有关独特资产的内部视角，有助于获得前瞻性和交叉视角。通过交叉视角可以找到有价值的互补业务，从而突显出前瞻性领域。这种战略性视角需要优秀的分析技能，具有从数据中探索战略价值的热情，致力于不断优化和完善战略，识别和发现新的增长机会。

首席创新官首先要做有远见的人，兼有战略性思维和创造性思维。创新都起步于愿景，作为首席创新官，其重要工作就是打造公司未来发展的愿景，这种愿景既来自对内外环境的评估，也来自自己的文化直觉。首席创新官要随时保持警惕，通过审视环境变化发现潜在的机会和风险。首席创新官还要具有洞察力，能够从未来发展情景中看到机会。对这种洞察力的发掘，有时候直觉比按部就班的理性分析更重要。数年前，比尔·盖茨发现年轻的谷歌公司在网站上招聘和他们的既存商业模式不相干的人才，更像微软需要的人才。警惕的盖茨马上给相关的同事发出邮件，但是这并未引起其同事的重视和反馈，结果谷歌搜罗到许多优秀人才，推动了公司创新，迅速成为搜索引擎界的大赢家。当年苹果公司设计麦金塔计算机时，乔布斯便否认了市场调查的可用性。他借用了福特的说法：在我们为他展示产品之前，消费者不知道自己需要什么。看懂消费者到底需要什么，和跑去问消费者需要什么，实在是两回事。具体来说，首席创新官可以通过以下途径来提升自己的洞察和预见能力：

- 与用户、供应商及其他合作伙伴沟通来了解挑战和潜在机会。
- 运用情景计划来想象未来的各种可能。
- 出席其他行业或其他职能的会议和活动，扩展自己的视野，发现边缘机会和相互影响。
- 善于识别模式，从含糊中找到出路和新见解。

（二）积极的心态和感召力

创新的过程意味着风险，其结果则意味着改变。通过积极的影响力和感召力带来行为的改变，是首席创新官的价值所在。每一个机会中，悲观主义者看到的都是危险。在每一种危险中，乐观主义者看到的都是机会。3 000 个新药创意中可能只有一个最终能够成功上市，这意味着创新过程中我们可能要时刻面对失败。作为首席创新官，就需要保持积极的心态、对创新的坚定信念，激励和号召大家甘心追随和全力以赴，不停追求自我提升，激发团队创造力。

积极乐观精神不是放弃质疑或者忽视现实，它体现的是一系列领导力行为背后的宝贵态度。这种态度就是出于寻求和创造积极结果而保持的一种积极方式，而表现出来的具体积极行为包括但不限于以下几点：

1）基于对积极结果的预期和追求，总是愿意考虑好的创意和机会。

2）行动前愿意以开放和平等的心态倾听各种观点和建议。

3）总以最佳方案争取成功，及时评估风险并采取合适的预防措施。

4）一旦获得创新机会，会以高于 100% 的努力争取最后成功。

5）相信别人，也相信各种潜在机会。

6）接受失败，并将它作为成功道路上的一部分。

7）善于跳脱当前的框框和限制，进行突破性思考。

8）能够创造和积极影响有利于创新的环境。

9）善于和众人建立网络联系，希望看到别人成功和组织成长。

传统的领导力强调控制，而创新领导力的真正精髓在于打造一个积极协同、向上的环境。一些创新研究甚至认为，对协同的促进能力是当今领导者推动组织内创新的"魔法"之一。开发了著名浏览器火狐的 Mozilla 实验室是一个网络状组织，这里完全没有层级架构。员工们从来不会因为被命令、告知要去完成某件事情而去做某件事情。在一个网络中贡献自己的一分力量，成为员工工作的动力。事实上，Mozilla 的高层从一开始就有意识地搭建、促生了这样的组织结构和文化，并通过自己的行动去影响和带动员工。首席创新官就是要善于激发出他人的创造性，而激发创意的一个关键是激励。优秀的创新公司往往是在激励上做得最好的公司。企业组织必须让员工明白，即使失败了也很安全，不会有任何被惩罚、丢面子的顾虑。因而，成功的首席创新官往往能够找出更好的方法激励和感召组织中的员工致力于创新。

（三）超强的沟通协调与网络连接能力

创新活动是个复杂的多方协作过程，作为首席创新官，其核心任务就在于建立信任关系，通过各种正式或非正式的方式合理协调平衡各方利益。具体手段包括积极主动的沟通，了解各方的诉求，协调各方目标，建立互信，引导各方频繁参与。这需要首席创新官具有较强的语言和协作能力、推销想法和创意的能力，能够清晰有效传达那些早期、模糊、概念性的想法，具有领导不同领域专家组成的优秀高效团队的经验，以及与内部、外部不同合作伙伴沟通协作的能力，并在必要的时候表现出强悍的外交手腕，在处理可能冲突的时候能够坚持，牢牢握紧对创意进行验证所需要的资金和资源。另外，在这期间需要注意一些原则和方法：

- 尽早并且经常沟通，防止因为沟通不畅导致抱怨和不配合。
- 确认内外部关键利益相关者，分析他们的需求，找出利益不一致的地方。
- 通过结构化、促进性谈话，找出存在误解或受抵制的领域。
- 直接找到抵制者，了解他们的顾虑并及时进行处理。
- 认可并奖励支持团队协调的同事。

根据猎头公司的统计，新设的首席创新官一职多数是由具备营销背景的人来担任。尽管拥有一定专业知识（在 AMD 这类科技公司则需要掌握大量的专业知识）可增加这一跨部门职位的可信度，但是首席创新官必须具备向通常持怀疑态度的企业权力机构推销高风险新项目的能力。"营销主管通常能言善辩，"猎头公司史宾沙管理顾问公司营销人才业务负责人格雷格·韦尔奇说，"他们知道如何在 CEO 的耳边低语'这是我们的首创'，他们赢得支持的概率要大于某些拥有 20 年研发经验的人。"

无论首席创新官是身经百战的企业老兵，还是思维新颖的外来者，执行经验寥寥的创意者并不适合这一职位。这也是扬基蜡烛公司把首席营销官的职责与研发、品牌战略相结合，从而选出经验丰富的品牌经理里克·鲁福洛的理由之一。鲁福洛在加盟扬基蜡烛公司之前，曾负责 Limited Brands 公司的 Bath & Body Works 新生产线的启动工作，他还曾在庄臣公司和宝洁公司负责过品牌管理工作。目前，鲁福洛主管产品开发与市场营销部，其名片上写着：品牌、营销与创新高级副总裁。他的职责主要包括：设立更加严格有序的创意评估执行方式、与业务部门磋商创新型生产流程、在全球市场物色散发扬基蜡烛香味的新装置。"若仅仅扮演创新角色，我可能只要搜索各式各样的小玩意就行了，"鲁福洛说，"然而将创新角色与高级管理职责相结合，首席创新官的职责就不单是为了创新而创新了。"

尽管如此，首席创新官职位不是公司标准官阶中稳定的一级，失败的风险很大。然而，能力出众的候选人会被该职位的重要性以及与成功相伴的高报酬所吸引。如果他们正在开辟一项全新业务并能最终成功地付诸实践，这种前景着实令人兴奋。

（四）组建多样化的创新团队

在 21 世纪，科技进步基本上都是团队合作的成果，而非天才的单打独斗。协作与共享对于进步是必不可少的。创新永远都是团队和组织性的行为，多元化日益成为创新的一个先决条件。基于创新需要组建多样化的团队是创新成功的保障，这是一个基本共识，也是作为首席创新官的职责，领导者要鼓励组织的多元化。研究不断证实，创意和创新往往出现在具有不同专业特长和业务背景的人员分享各自想法的场合。比如，皮克斯动画工作室的高层特意组建了一个特殊的部门来发展新电影，负责从各部门找来不同特长的人员，不断找出并优化创意点子。在皮克斯，人们可以找其他任何部门的人帮忙解决业务难题，而不用报告请示。多样化的团队一方面是要适应创新活动跨学科、跨职能、跨领域的特点需要，从创意到市场化，需要不同背景、技能和职能的人参与进来；另一方面就是要确保具有不同个性专长的人才进来。它不再是传统的固定的职能团队，而是基于创新项目需要组建的项目团队，包括项目管理人才、创意人才、设计师、专业技术人员、商业开发或市场专才，甚至金融财务人员等。总之，创新团队人才的配置应该和创新的需要相适应，并确保成员之间的互补性，相互协作，根据创新的需要适时发挥各自优势。

从团队领导类型特点分析，一类是维持现状型领导者；另一类是开拓创新型领导者。如果总是聚焦于认真做事，并以拥有完美技能为荣，坚持员工和团队把事情做正确，那么这种类型的领导者偏向维持现状。如果经常对常规感到厌倦，乐于尝试新事物，并认为员工和团队应该多尝试新的方法，那么这种类型的领导者属于开拓创新型。维持现状型领导者更善于维持业务发展和平稳运行，但也倾向于压制创新性思维和突破性实验，很难带动创新和改变，除非是有十足把握。开拓创新型领导者喜欢寻求新的创意和途径，善于接受新事物和激发他人更具创造性，但可能在持续推动一个创意开发实现直到创造效益这个过程中缺乏耐力，容易失去焦点。显然两种类型的团队领导者都有自己的盲点，关键是互补所长，最好的办法就是发挥团队的作用。

　　从创新人才类型特点看，有的善于逻辑分析；有的更多凭直觉行事，更加相信自己的感觉；有的倾向于从大局角度看问题，喜欢抽象；还有的则聚焦具体问题解决，能够专心于具体细节。从逻辑性与直觉性、具体性与抽象性两个不同的思维风格维度来看，可以将人才分为四种不同类型，如图 10-1 所示。企业家型人才善于征询、好奇和发现各种可能性而启动创新，并通过具体的行动将它实现；艺术家型人才善于基于想象和原创思维而产生诸多创意和设计概念；发明家型人才善于总结和收拢各种创意，按照创新流程去开发那些最有前途的设计方案；工程师型人才善于基于严谨的科学原理和手段将这些创新产品最终实现。

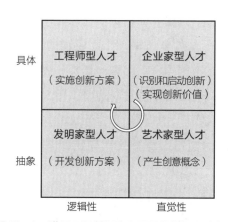

图 10-1　满足不同创新阶段需要的创新人才类型

　　从创新过程看会发现这四种不同类型的创新人才刚好满足不同创新阶段的需要。从企业家型人才启动创新项目，到具有创造力的艺术家型人才产生创意，然后由发明家型人才将优秀创意和需求、技术、环境充分融合验证，形成合理的创新解决方案，工程师型人才则将新产品原型开发并生产出来，最后的产品上市和商业化可以继续由企业家型人才来完成。因此，作为首席创新官关键是理解这种创新的规律，从创新的需要和人性的特点分析如何组建创新团队、如何利用创新人才、如何管理团队和创新项目，在不同阶段采取不同的标准和管理风格，起用不同特征的人才主导创新活动。同时，首席创新官也要精心维护好这个团队，改善团队创新文化，建立激励制度，认可和支持创新活动，利用社交网络等 IT 手段打开知识分享局面，确保团队的协作精神，打造优秀的团队创造力和执行力。

罗伯特·塔克对于优秀创新团队的特点做了总结，可以作为团队建设的参考，主要包括以下几点：

（1）保持精干的小团队。正如著名的"两个比萨原则"所讲：如果你的团队大到两个比萨不够吃，那就表示这个团队太大了。团队规模一般保持 5～7 人为佳。

（2）邀请最牛的玩家加入团队，而不是迂腐无趣的人。这对于形成多样化和富有活力的团队氛围至关重要。

（3）有意识引导团队方向。团队的原则、价值观、方向和重点都需要有意识的引导，但也不是那种强制灌输。

（4）建立适合团队需要的创新流程。流程可以很简单，但要明确有效，把适合团队的先进创新思想、方法和原则贯彻进去，让创新行动可控和有效。

（5）认可团队每个人的创新风格。团队成员的创新风格可能各有不同，有的是左脑思考者，有的是右脑思考者；有的更善于战略和愿景开发；有的更善于探索完全不同的创意；有的更善于改进和优化；还有的擅长行动起来去验证创意及解决方案。重点是要认可和发挥他们各自的优势。

（6）让每个人都成为英雄。每个人都有其价值和优势，助他们以最大可能发挥才能，让每个人都可以实现自己的创意，成为创新的英雄。

（7）庆祝团队中的每一个具有里程碑意义的事件，以及各种克服关键障碍取得的成功。这将有助于强化团队创新文化和价值观，激发团队的创新动力。

（五）做一个"T"型领导者

首席创新官或许是最具有挑战性的工作之一。因为他们要管理的是具有高度不确定性的新业务，而且涉及公司内外不同技术领域、不同职能部门甚至不同行业、产业。首席创新官是公司内部创新活动的关联者、协调者、引导者、促进者，其既要懂业务，又要懂创新和创新管理；既要和公司内部员工沟通协作，又要和公司外部合作伙伴和客户沟通协作，这都需要其拥有诸多领域的知识。如果是一般的员工，或许他们只需要具有较强的执行能力。创新者则需要善于对技术和产品进行创造性思考，而首席创新官更需要能够在战略上进行创造性思考，甚至进一步在愿景上创造性思考，他们需要在复杂和不明确的情况下提出正确的问题和方向。因此，理想的首席创新官应是"T"型高级复合人才，即他们的知识和能力结构是一专多能，甚至是多专多能，既要对专业技术和业务有深入的见解，还要有宽阔的知识面、管理技能和人文素养，深入的专业知识有助于他们获得洞察和创意，宽阔的知识面有助于他们更好地和外部合作。

要求首席创新官成为"T"型人才看起来有些苛刻，但如果我们理解了拥有"T"型知识结构可以为首席创新官更好发挥创新领导者的作用提供充分的知识和经验支持，有助于他们更好地履行这种领导者角色，这种要求并不过分。Imaginatik 公司的首席创新官路易斯·索利斯就提到：公司期望首席创新官是个拥有多种技能和经验的多面手，因为他们需要推动公司的持续创新，但也不可能扰动整家公司。我们还要注意避免将首席创新官本人及其能力过分放大和神化，因为创新总是基于一个团队来进行的，要将其领导者角色的发挥定位在团队环境和协作文化中，而不是臆想首席创新官可以包揽一切，无所不能。

世上没有完美或超能的人，尤其当公司内外形势发生变化的时候，首席创新官也必须跟着改变才行，他们必须跟随时势改变专注点和技能，因此持续学习是保持战斗力的关键。"钢铁侠"埃隆·马斯克曾在和清华大学经济管理学院院长钱颖一的谈话中提到他先后学习了商科和物理，他还鼓励清华学生多进行跨学科领域的交叉学习，在不同的领域中自由穿梭，可增进不同学科间的相互理解与阐释。作为首席创新官，面对各种复杂的情景和挑战，除了实践锻炼还需要制订学习计划且持续学习与自我提升；此外还要保持开放的心态，善于向别人学习，在实践中学，积极探索和总结经验教训，通过学习和实践让自己拥有深厚的技术素养和广泛的领域知识，积累丰富的经验和技能。

二、坚定的创新领导者

虽然很多企业追求以创新为自身发展的主要驱动力，但很大程度上创新还没有真正被更多人理解与认可，创新风险也让很多企业领导者犹豫不决或逃避。企业需要首席创新官宣导创新的价值和意义，让更多人投入创新事业中，并为他们提供健康的创新环境。总之，首席创新官首先要成为坚定的创新领导者，对创新充满激情，保护和推动项目从创意阶段进入商业化阶段，为企业不断寻找和创造新的增长引擎。

（一）挑战现状，引领变革

创新的本质就是改变，对现状进行改变。张瑞敏的名言"鸡蛋从外面打破只是人们的食物，但从内部打破就会是新的生命"深刻说明，不主动创新和变革就很可能被别人颠覆。但现实是，很多人发现自己很难接受变化，更不用说主动变化了。首席创新官应该通过担任公司的变革先锋这一角色帮助组织推进变革并适应变化。当然，要挑战和质疑当前的思维习惯并非易事，尤其是对于大型机构而言。首席创新官要力争说服组织中的保守力量，让他们明白要在事情被打破前主动改变，与其将来应对被颠覆的危机，不如现在改变，这样才能让组织更加主动和有信心。

在推动变革时，尤其要重视年轻人的求变思想和力量。年轻人拥有热情，会产生许多想法，将这些能量引入创新正途具有重大意义。Infosys 信息技术公司注重引导年轻人参与到开发新软件、改进现有程序的竞赛之中。穆尔蒂建议："我们必须鼓励年轻人，因为年轻人总是有很多新的想法……我们必须营造这样的氛围，让年轻人自信满满，让他们精力充沛、充满热情地为公司创造更多价值。"Infosys 信息技术公司的精英文化欢迎专业才干，同时公司还宽泛地定义了"创新日"，并为这一节日预留了长达三天的时间。节日期间，只有不到 30 岁的人才能向高级管理人员陈述想法和建议。这种做法给年轻人以尊重，使他们说出自己的想法，并证实 Infosys 信息技术公司真正想要鼓励的是最底层员工的创新。

变革性改变不会一蹴而就，也不能是一个临时动作，需要一个长效机制。为了保持创新的能量和动力，即使创新成功了，也要继续给予关注和发扬，否则胜利带来的好处可能逐渐淡化。持续的创新使人精神愉悦，但是人的本性是在创新成功后重新创造的渴望会减弱。打破现状和追求改变的精神需要持久的培育和企业文化的熏陶，并且有制度的保障，让质疑现状者有发挥的空间。比如，谷歌就用质疑文化和数据导向排除创新中遇到的阻力。谷歌认为，当公司大了之后，公司里会出现很多"职场河马"，它指的是"高薪人士"。在很多公司里，权力和薪资往往与任职时间挂钩，而非与个人具体能力挂钩。这些拿着高薪的决策者在公司里一言九鼎，而公司中创意精英的意见却往往被忽视。如何排除"职场河马"的干扰，让创意精英的想法能够顺利表达甚至实现呢？谷歌提倡的质疑文化和数据导向可以对抗"职场河马"，这是让创新顺利进行的两大武器。谷歌强调在公司营造一种"质疑"文化，甚至把"质疑"作为一种硬性规定，是员工的一种义务，而不是"可做可不做"的事情。因为谷歌认为，如果因为员工保持沉默，并最终让不好的构想占据上风，那么无论是制造这种沉默环境的"职场河马"，还是现场不愿意表达自己想法的员工，都应为最终结果负责。通常公司决策权在于领导。对于未来可以做些什么，员工只需要等待领导下达命令就好。这样导致员工丧失了思考和创新的动力——这种组织像蜘蛛，蜘蛛的决策权在大脑，四肢的活动都依赖于大脑的信号。而谷歌通过数据驱动将决策权赋予个人，每个人可以数据结果为依据，根据整体目标做出决策。因此，谷歌员工可以更放心地开展创新，而不用担心"职场河马"突然粗暴地要求你按照他的方法行事。谷歌的组织更像海星——海星没有头，它的智能分布在身体各处。

首席创新官应该带头挑战自己和别人的假设，并鼓励不同的视角，寻求改变。这包括：专注于问题的根源而非现象，比如多问为什么；针对现状，列出一些存在已久的假设，并问不同的人这些假设是否成立、在什么条件下成立；然后，设定专门的"安全区"会议鼓励讨论，欢迎公开的对话和冲突；在决策中加入反对者的意见，让挑战早日浮现；从那些不会被决定影响的人那里获取相对客观的意见，做出合理的决策。

（二）开放的态度和宽容失败的心态

从某种意义上讲，创新和创造几乎就像是对信仰的探求和考验。要认识到，创新过程是混乱的，具有不确定性。一次成功总是伴随着此前的多次失败，必须接受失败，将失败作为宝贵的财富，从中吸取教训，然后继续前进。作为一个创新领导者，首席创新官必须保持积极开放的心态，容纳失败并敢于承担责任。对多元化创新企业而言，这份宽容尤为重要。毕竟多元化创新更需要时间与灵感，需要与不同部门和文化的人进行摩擦碰撞才能找对方向。更何况，除了等待创新以外，从企业管理的角度，这份宽容还有进一步的意义——消除员工的后顾之忧。某家制药公司发现，全公司各个层面的工作人员都倾向于惩罚错误，而非从错误中学习。这意味着领导者通常会竭尽全力地掩饰自己的失败。公司的 CEO 意识到，如果公司想要变得更具创新性，就需要改变这种文化。在他的领导下，团队开展了三个项目：第一个项目用来宣传那些最初失败但最终产生更有创造性解决方案的事情；第二个项目用来鼓励跨部门协作；第三个项目用来开展创新比赛，鼓励新想法。同时，该公司的 CEO 也更愿意承认自己的失策。最后，这家公司的文化变为大家更愿意分享知识、敢于更大胆地创新。将"艺术"带入"科学"的管理中，是首席创新官必须具备的能力。而这样的能力来源于开放的头脑，而非对教条的严格遵循。

现实中，企业创新的关键不在于"万事从头越"，而在于创新者的警觉。一个开放的头脑是运载这种警觉的关键。世界级豪华酒店丽思·卡尔顿一向以一流的服务品质著称。近年来，公司发现一贯以来实施的"20 条服务基本规定"已无法真正满足日益年轻化、多元化的用户要求。同时，公司领导层意识到，如果继续在这 20 条上加码，对于员工来说这些规定将成为一纸空文。于是，领导层决定"软化"这些"生硬规定"，将 20 条规定改为 12 条价值原则，赋予员工们足够的空间自己去实践这些原则。"必须帮客人拿行李""必须为客人带路而不只是指路"等僵硬的"规定"变成了"我被授权来为客人建立一种独一无二的、值得记忆的、很个人化的住店经历"这样的"原则"。这种帮助大家"开放头脑"的做法，使得一线员工们的创新服务层出不穷。伴随这种"开放头脑"，首席创新官也需要具有一种对事物深刻理解的能力。比如，"我们到底要做什么""如何做好"，而不是一味追求"我们怎样才能创新"。

案例
谷歌：即使创新失败，员工也可能获得高绩效

在谷歌有一种说法："要想创新，就要学会把败仗打漂亮，学会从失误中汲取教训，从而为以后做准备"。比如，谷歌曾推出的信息与社交网络服务 Wave 在最初被寄予厚望，但是一年后谷歌便宣布放弃，而媒体也对此冷嘲热讽。但实际上，谷歌后来的很多项目从 Wave 的尝试中吸收了经验，比如 Google + 和谷歌邮箱的一些技术就借用了 Wave。这种对待失败的态度让谷歌对于失败的团队比较包容。如果产品以失败告终，团队成员不会被扫地出门，相反还可以在公司里继续寻找合适的岗位。这种做法也是对创新者的激励，当看到努力但最终失败的员工并没有被解雇，大家才更愿意走出舒适区，迎接一些高风险的挑战。

不仅在公司文化上鼓励这样，谷歌在员工绩效考核上也做了相应引导。谷歌在进行考核时除了考核当下的产出，还会考核事情带来的长远影响。如果技术难度够高、创新够大，但是会承担很大风险，那么谷歌进行绩效评级时不仅会考虑创新结果，还会考虑创新过程。正因这样具有容错率的考核机制，谷歌的工作人员才愿意做创新尝试，最终谷歌高风险、高回报的技术项目也层出不穷。谷歌很多新的项目，最后都从失败的项目中汲取营养。

（三）勇于突破障碍的毅力和耐心

创新总要经历各种磨难和磕磕碰碰。这是因为创新在于创造新的可能，在某些方面没有经验可循，问题和挑战随时出现，即使之前做好充分的规划和准备也是如此。创新的本质在于挑战现状，创新者在创新过程中必然会遇到各种保守势力和既得利益者的阻挠和不配合，让创新变得困难重重。首席创新官需要具有足够的勇气和毅力面对各种挑战、障碍和失败而不气馁，需要具有敢于战胜困境的激情和信念，相信自己可以带领团队创造出新生事物。这是因为：第一，毅力可以帮助创新者应对挫折和失败，能够从失败中吸取经验和教训，坚持前进；第二，毅力可以帮助创新者跨越困难，能够不断地寻找各种解决方案，达到创新目标；第三，毅力可以帮助创新者建立信心，更有自信、更有勇气去冒险和尝试，更有可能取得成功。

同时，绝大多数重要的变革进步都需要多年的努力和心血。目光放长远很重要，这需要足够的耐心和韧劲。从树立创新意识到对创新深入思考，再到真金白银加大创新投入、真刀真枪落实创新，很多企业已深刻意识到创新是一场没有终点的马拉松，需要足够的耐力和耐心。

首先，耐心体现在踏踏实实地在创新路上前进。创新并非一味地投入资金就能成功，创新不仅探索周期长，还要冒失败的风险，需要有长远的战略眼光。国内企业特别是一些领跑行业的高科技企业，越来越重视基础前沿研究和原创技术开发。华为、腾讯等纷纷下大力气吸引顶尖科技人才，有的还把内部的技术研发部门放在更显要的位置。华为创始人任正非曾这样形容企业的技术研发：过去的30年，华为从几十人开始，到几百人、几千人、几万人再到十几万人，都在对准同一个"城墙口"冲锋，攻打的"炮弹"也已增加到每年150亿～200亿美元，全世界很少有公司敢于像华为这样对同一个"城墙口"进行投入。可以说，正是得益于这种"集中力量在一个比较窄的方向上突破"，华为才拥有了包括核心专利在内的几万项专利，具备了保持全球竞争力和局部领先的持续信心。

其次，耐心反映出清醒认识创新的真正价值所在，并付诸实际行动。以数字经济发展为例，具备 IT 能力的互联网服务商并非去颠覆某个线下行业，而是通过采取新技术、新模式，与产业的上下游一起，降低成本、提高效率、改进体验，共同把"蛋糕"做大——这才是真正有价值、可持续的创新。而这样的创新往往需要时间，不可能一蹴而就。

（四）保护创新活动和创新人才

保护创新活动和创新人才是首席创新官的天职。

相对于公司的常规业务，创新活动往往是非主流的，需要首席创新官积极呵护和培育。比如，新的业务创新立足于某个市场，开展一些小规模、带有控制性实验性质的活动，针对的是较小地域范围的人群或较少数用户人群，这被视为一种低成本实验方法。首席创新官必须让这些市场实验活动免受企业核心业务的干扰，因为这些实验项目可能就是未来的创新项目，同时还要允许创新团队享有一定特权，迅速判定商业创意是否可行，或是否需要改进还是立刻放弃。这些由首席创新官监督的示范项目，目的是为了证实哪些商业假设是可行的，哪些是不可行的。比如，有一种新的商业原型也许能够帮助企业判断用户是否愿意为某项产品或服务买单，同时通过这种商业原型了解其他信息——包括用户如何使用新的产品或服务、用户的购买频率以及用户在功能、价格和便利性之间的取舍。开展这样的实验项目可能需要组建一个焦点团队，同时还要开展深入调研，在产品设计或业务设计中可能涉及一些潜在用户参与调研工作。这种新的商业原型一旦被证明可行后，将会经过一个高层管理者的审核探讨过程，此时首席创新官必须与企业职责相当的高层管理者进行紧密合作。

"功以才成，业由才广"，人才是创新的第一资源，没有强大的人才队伍做后盾，创新就是无源之水、无本之木。在一个创新组织中，应有不同层面的创新人才。其中，企业家即企业创新的探索者、引领者、决策者、领导者，是企业创新的"灵魂"，在企业的技术、管理、制度创新整个过程中发挥主导力量；创新领军人才是企业创新的精英，是企业中既具有杰出性又具有引领性的新型人才，其杰出性表现在他们是本专业、本领域公认的专家和杰出人才，其引领性表现在他们能够带领一个创新团队不断攀登创新高峰；创新员工是企业创新的执行者、推动者和接受者，是企业培育核心竞争力、获取竞争优势的关键人力资源。在此基础上，企业为达到某种技术创新目标会设置各个创新团队。创新团队打破了传统企业内部职能划分及不同组织机构之间的制约与障碍，由创新思维活跃、技术才能互补、工作目标高度统一且愿意为同一创新目标而相互承担责任的高技术人才组成，由技术项目负责人领导并得到企业高管支持。可以说，企业家、创新领军人才、创新员工是企业创新在不同层面的执行者，创新团队是企业创新的重要执行形式，而他们对创新的执行都离不开首席创新官提供的管理上的支撑。

戴尔公司的首位首席创新官詹姆斯·斯蒂克莱瑟（James Stikeleather）对创新有自己的见解。他认为：不管用现有技术还是新技术，只要得到与以往不同的结果，就是创新。虽然现代企业具有越来越强的竞争意识，认识到可持续创新带来的商业潜在力量，但是鲜有真正脚踏实地从一点一滴做起的。

事实上，离市场最近的一线员工最容易洞察和把握新的线索。谷歌创始人谢尔盖·布林和拉里·佩奇追踪了公司里的成功创意，发现来自上层的创意的成功率远不如来自下层的创意。只有服务于各个岗位的员工都具有领导力素质，创新才会真正地成为企业的基因，成为他人无法拷贝的文化。因此，如何让普通员工具有领导力，是首席创新官面临的重大课题。正如管理学家明茨伯格所说："真正的领导能够通过发掘人们蕴藏的能量，设法使别人变得更优秀。"

在这一方面，一些非常注重组织创新的公司通过培训和强化组织文化，帮助管理人员和员工培养洞察力，使企业不断在行业内外寻找到新的发展机遇。还需营造安全的创新空间，尤其是创造一个鼓励提问的安全空间。比如，美国西南航空公司CEO凯莱赫会请直接下属和其他人向自己提出一些有挑战性的问题，鼓励员工多问为什么，重视并及时认可员工的想法和创意。另外，我们需要给员工创新的时间。比如，在谷歌有一个70/20/10原则，即公司70%的资源分配给搜索引擎等核心业务；20%的资源分配给新型产品，10%的资源分配给全新产品。这样的资源配比既能够保证核心业务发展，也能够给予新型业务支持、鼓励产品创新。为了达到这样的资源配比，谷歌鼓励员工拿出20%的时间研究自己喜欢的项目，以此激发员工的创造力和创新精神。谷歌的很多服务如谷歌语音、谷歌新闻、谷歌地图、谷歌翻译都是员工"20%自由创新时间"的产物，员工可以选择自己想做的事情。不过，想要用这"20%时间"做自己喜欢的事情需要满足一些条件。首先，一定要在完成常规项目后才可以，因此这个时间也可能像谷歌翻译 iOS 版本开发小分队一样，是安排在夜晚和周末的。其次，这"20%时间"从事的工作必须是他们认为对公司最有利的工作。所以，如果员工已想好在"20%时间"里做什么，就必须向上级提出自己的创意，并且拥有充分准备与佐证自己的想法。如果创意通过，那么后续开发过程会被追踪，开发成果要接受评估。这样既保证了员工的自由度，又保证了员工在这"20%时间"里能够有自觉性和执行力，能够把创意真正落地。此外，比如 3M 公司有著名的 15% 规则；宝洁公司鼓励员工将 75% 的时间用于"成事"（如执行任务），将 25% 的时间用于"谋事"（如发现更好的方式以执行任务）；亚马逊公司则定期要求员工做实验，为创新项目工作。

（五）用行动证明你是创新领导者

首席创新官是企业创新的组织者和管理者，通过对各种创新活动进行全面的管理和支持，监督创新指标的贯彻以及整个组织的创新项目实施，不断评估和提升创新效能，实现由单个和偶发的创新向系统化、可持续创新转变，从而不断提升组织的创新能力和竞争力，确保公司长期战略目标的达成和可持续成长。

首席创新官需要通过实际行动展示公司对创新的重视和追求。典型的例子就是宝洁公司原 CEO 雷富礼。他将自己在领导宝洁期间（2000—2009 年）的角色定义为："合伙"首席创新官（与首席技术官一起），宝洁公司的首席"外交官"（向外推介宝洁公司的创新），"不"博士（帮助做出终止项目的谨慎决定），以及创新啦啦队队长。作为公司 CEO，雷富礼积极参加宝洁公司内部创新基金，并定期和宝洁公司各业务单元一起回顾创新和战略执行情况。他经常宣讲创新的重要性，并努力挑选和培养具有创新思想的人做领导。如果探索更多的领导者是如何推动创新的，会发现诸如脸书的 CEO 扎克伯格、亚马逊公司的 CEO 贝佐斯等对创新具有同样的执着。他们不会等着创新发生，而是撸起袖子前往具体的创新战场，在积极参与的过程中发现关键拐点并及时做出战略性决策。

有时只有高级领导者才能克服创新障碍。他们帮助分析创新环境，制定清晰的创新战略选择，尤其是能够识别出有利于公司的战略性机会。很多公司一开始投入大量时间和金钱推动一些创意，但结果被高级领导层否决，因此首席创新官的积极介入和早期决策至关重要。此外，首席创新官积极参与创新流程也是敏捷创新的需要。比如，一个创新小组在和高级领导者回顾创新进展时提到，如果公司提供一种关键的科技资源，那么他们的进程会加速推进，但之前没有人对此做任何事情，仍然遵循标准程序进行。也许在座的高级领导者离开会议室，打了两个电话，创新小组期望的科技资源就得到了。

三、坚强的企业家精神

优秀的企业一般会推动员工的企业家精神建设，而首席创新官应该成为企业或组织内部的企业家精神的典型代表。关于企业家与企业家精神有各种不同的描述，一般认为企业家是市场的发现者和创造者，他们发现不均衡和创造不均衡，而企业家精神是企业家特殊技能（包括精神和技巧）与特征的集合，是一种重要而特殊的无形生产要素。有人对企业家精神从创新、冒险、合作、敬业、学习、执着和诚信几个特征进行描述。彼得·德鲁克对企业家精神的论述最为经典，可以总结为：它强调创造新的价值和提出新的价值观；它更是一种行动，有勇气面对各种不确定性而做出决策；它寻找变化，对其做出反应，并将其视为机遇加以利用；它通过有效管理降低风险，提高成功率。可以看出，创新是企业家精神的灵魂，企业家精神在促进创新和刺激经济发展方面发挥着根本性的作用。事实上，彼得·德鲁克已经将创新和企业家精神视为企业高层管理者工作的一部分。作为首席创新官，更应该具备坚强的企业家精神，并成为公司内部的企业家精神的典范，影响和带动一大批创新者履行企业家精神和创业精神，在公司体系内推动创新的成功。从这个意义上来说，对于置身一个大中型的企业或组织中的首席创新官来说，企业家精神有它独特的内涵和意义。下面从首席创新官的创新管理职责角度出发，从三个方面分别做具体介绍。

（一）敏锐的商业悟性

所谓商业悟性，就是商业敏感性和商业头脑，即能够敏锐快速地理解某种商业情景，并能以产出效果的最佳方式来应对它。之所以首先强调商业敏感性，是因为创新本身是个经济学术语，其意义是基于创意商业化实现价值和财富创造。可惜现实中很多企业和个人会把技术研发或创意、发明等同于创新，片面化理解创新。很多企业更是把创新的职责赋予研发或技术部门，而没有做好商业化方面的资源支持，甚至有些技术出身的首席创新官本身就把自己的工作范围局限在创意开发和新技术开发探索方面，而缺乏商业化的思想和足够的商业转化计划。结果很可能就是导致企业创新投入很大却效益很差。另外，在相对系统化的架构体系下，创新者（员工）可以执着于产生大量独特、新奇的创意，某种程度上我们不会苛求每个创新者都能为自己的创意做出专业的商业分析和制订十分完备的商业计划，也不要求他们从创意开始一直参与到商业化整个创新过程中，完善的创新体系内应该有专业的创新团队和创新管理人才支持这个过程。除了系统的商业化流程、规则和人才支撑，首席创新官要承担起创新的全面责任，自己本身也要具备专业的商业技能和敏锐的商业悟性，能够以商业化的眼光和商业化原则去审视和要求这些创新机会，推动创意的成熟完善和顺利商业化。

商业悟性正是企业家精神的本质特征之一，寻找好的创意并将其商业化以创造价值也正是企业家的核心任务。所以首席创新官应该是企业内部企业家精神的实践者和倡导者，其中就包括应具有较高的商业敏感度、洞察力和决断力。首席创新官的商业悟性主要表现在具有全局意识和战略思维，对外部商业格局的洞察、分析能力，以及知道如何从中发现商业机会、辨别真伪和创造商业价值的能力。具体来说包括对潜在商业机会的敏感度和识别能力，对创意的商业评估能力，对创意或技术的商业化完善能力。这需要他们拥有对商业的深度见解，对市场现状的分析能力和对市场变化的敏感度，以及对市场前景的预测能力及体现出一定的辨别力、思考力、前瞻力，以及表达力和执行力，具有独特的见解。也要求他们以商业发展为自己的事业追求，平时要置身商业环境，多参与公司的商业活动，了解商业开发情况，熟悉商业规则。

商业悟性背后是对商机的洞察和创新驱动力量的识别能力。彼得·德鲁克指出，追求确定性的人往往不能成为优秀的企业家。企业家总是寻找变化，对其做出反应，并将其视为机遇加以利用。首席创新官就要做这种企业家，善于发现机会，识别那些能够带来创新的背后力量。创新是企业家的灵魂。与一般的经营者相比，企业家的主要特征是创新。企业家的创新精神体现为一个成熟的企业家能够发现一般人所无法发现的机会，能够运用一般人所不能运用的资源，能够找到一般人所无法想象的办法。创新的驱动力量虽然很多，但市场需求或机会是最根本的驱动力量。企业家的创新精神表现为能够洞察商机，引入一个新产品，实行一种新的模式，采用一种新的生产方法，开辟一个新的市场。即企业家精神的创新特征在于开创新市场、新用户，他们善于创造新的价值和提出新的价值观，有勇气面对不确定性做出决策，擅长寻找变化，分析变化背后的动因及其趋势，对其做出判断和反应，并将其视为机遇加以利用，同时他们又能管控风险。

如何形成这样一种商业悟性呢？显然这是个有挑战性的工作，建议着眼大局，洞察趋势及其对自己核心业务潜在的影响。比如，会带来什么挑战和机遇，而不是将眼光局限于当前具体事务。可以通过以下几个问题来不断引导自己提升在商业方面的敏感度，加深自己的商业素养。

当前世界正在发生什么？如当前互联网经济下产业边界变得模糊，人工智能技术的发展让计算机战胜围棋高手，中国经济的发展催生一个庞大的中产阶级消费群，高铁的发展让区域一体化发展成为可能，全国"双创"活动推动人们的创新创业意识和素养大大提升等。

这种发展变化意味着什么？比如谷歌图书馆项目打算将公共图书馆和大学图书馆的图书扫描后放到网上，而五家出版商集体起诉反对谷歌，认为这是侵犯版权。法律是站在印刷出版商一边还是新媒体一边呢？立法者是否要为新媒体制定新的版权保护法？投资者是否应该投钱到那些支持新媒体消费的技术（比如电子书及手持终端）上呢？具有商业悟性的领导者需要透过不同的视角和观点去分析这种趋势。

这对我们（的业务）意味着什么？基于对大局的把握，这个时候首席创新官需要审视自己的业务和战略。当年伊梅尔特担任通用电气的 CEO 后提出要实现每年 5%~8% 的有机成长，这对当时的通用电气来说意味着每年需要创造 100 亿美元的新收入，那么这些新的营业收入从哪里来呢？伊梅尔特和他的团队回过头来分析哪些市场会有足够大的发展空间，结果发现包括中国和印度在内的新兴市场正在经历世界上最快的发展，而这些新兴市场的发展正需要诸如可靠的能源、清洁水和各种交通方式的基础服务，通用电气刚好能够在这些方面提供有竞争力的服务。于是伊梅尔特当时预测通用电气未来一定时期内 60% 的增长都将来自这些新兴市场。而结果也证明通用电气后来的发展甚至超过了当初预定的

8%增长率的目标。这说明只有具有商业悟性的领导者才能做出这种战略性的反应。

会首先发生什么？未来的趋势发展是有节奏和前提条件的。首席创新官能够识别那些关键的里程碑，或者关注那些新浮现的事件。当初苹果公司在2001年推出数字音乐播放器iPod并不足以赢得绝对优势，但它的iTunes音乐商店却让它获得巨大成功。为了确保iTunes这个在线音乐资源的成功，当时乔布斯认为需要确保三个要素：消费者愿意付费下载音乐，有足够广泛的音乐供选择，以及消费者和音乐发行公司都能接受的价格。2003年当这三个要素全部具备后，苹果公司很快在2005年售出3000万个iPod产品。当然这些要素不一定全部可以掌控，关键是要预测潜在结果，并做出有效反应。

我们如何发挥自己的作用？这个时候需要充分考虑利益相关方尤其是用户所能接受的方式。比如，用户是政府方面，要理解他们的决策方式和采购政策等，然后决定我们应该以用户接受的何种商业模式来确保自己具有竞争力。

最后就是执行，并通过迭代和"做中学"不断探索最佳商业方式。对企业家来说走向成功最关键的两件事是执行力和速度。很多时候可以说速度是克服障碍的一种有效方法，对此彼得·德鲁克更是强调"企业家精神是一种行动"。其实很多公司都是因为执行力不够而令人惋惜地被市场抛弃，有些公司如华为却能够凭借强大的执行力快速追赶和超越那些通信行业的巨型对手。

BP公司是如何培养商业悟性的

鉴于当前世界处于高速和不可预测的变革中，公司几乎不可能完全依靠自己有限的几个高级领导者去弄懂这个复杂的商业环境。有些20来岁的年轻人可能和那些高级领导者对外界信号的理解非常不同。甚至用不着成为所谓的高级领导者，都可以很熟练地签海外合同、在新的领域进行商业贸易，对一些商业条款进行评估。

在BP，我们发现商业悟性是可以培养的，有两个实践至关重要。第一个是提出期望，希望我们的人能够和外部的人建立联系，不仅仅是交易，还可以在传统的商业关系之外开拓更广泛的事物。比如，BP在剑桥大学开展了一周的管理开发项目，让高级管理者和来自不同背景的人对话，比如天文学家、人类学家、政治史学者、经济学家和演员等。另外也需要在公司内部展开对话。在组织内，我们进行深入的对话，探讨人们希望开展哪些业务，相关情景是什么，他们从公司那里期望得到什么支持。然后很重要的是要给予这些人探索实验的空间，让他们去尝试，并在必要的时候给予支持。

第二个是我们有时会忽略的实践。就是坐下来反思：我们尝试了吗？是否有风险？其中的教训是什么？我们刚刚成立一家 BP 新能源公司，正计划总结从中学到了什么。

如果参加对话的人不能立足现实、具有自我意识和足够自信地承认错误并接受帮助，那么对话就很容易偏离正确轨道。我们明确支持对个人发展的投入，不是那种个人自我设定的方式，而是要在一个商业情景下。具有高度自我意识的人很少被自己的观点所限制。比如在我们的新能源业务中，我们逐渐了解到政府具有超出我们当初预期的各种需求，满足这部分需求需要通过更多具有细微差别和多角度的方式才能实现。

我们想去帮助我们的人开发自我意识能力，允许他们投入足够的时间让这些细微之处变得更合理可行，而不是立刻就解决问题。这是一种真实的测试，让他们对外部世界获得更深入的理解，即他们是否愿意等待，排除新闻资讯带来的噪声，聚焦那些长期根本性的东西，然后采取合理的行动。

当不同层面的人变得更加老练和富有策略性见解，我们的战略就会从个人能力真正变成整个机构的能力，通过这种变革，我们的业务质量也更加受益于整家公司上下的知识和洞察。

（二）追求价值创造，做用户价值的捍卫者

企业获得收入和利润才能生存，但更本质的是创造价值。所谓的价值创造，就是为用户、为社会提供新的产品和服务，而且是以更低的价格和高效的方式解决了用户或社会的问题。只有不断创造价值，企业才能获得效益和持久发展。商业或市场成功最终都应该以用户价值的实现为依归，以用户为中心，这是很多企业成功的法宝。公司可以雇用最好的工程师，开发最好的技术，开展最好的市场研究，但如果这一切不是基于对用户需求和用户价值的真正理解，最后都将无疾而终。在选择一个创意或者推出一个新产品时，我们应该首先弄清楚：这是不是用户想要的，对用户有没有好处。

但实际上真正做到将用户价值放在第一位并不容易，尤其是涉及各部门的具体利益，甚至与公司整体商业利益相抵触时，这个时候需要公司高层出面坚定维

护这一原则。首席创新官应该做用户价值的捍卫者，坚持以用户为中心的创新，做用户声音的代言者，确保公司的创新沿着正确的轨道前进。

为了在公司内部更好地落实以用户为中心这一原则，作为首席创新官首先应该正确理解什么是用户价值，然后再从如何更好地理解用户、更好地满足用户、更好地服务用户三个方面推动这一原则落地。

所谓用户价值，我们一般理解为用户期望并且从产品获得的好处或利益。那么坚持用户价值就是要聚焦用户需求，以用户价值为核心追求，其本质在于解决创新什么的问题。具体来说，我们可以从交易和使用角度、社会学角度以及用户体验角度来理解用户价值。

首先是从交易和使用角度理解。从交易角度，一般来说金钱是价值的衡量指标。而有时候价值并不一定通过交易过程来体现，比如一个网站的价值在于沟通，它并没有发生交易过程，因此还要从用户使用的角度看，主要是使用产品的时间和精力投入。用户价值可以同时从交易价值和使用价值两个角度去衡量。这里的使用价值，更多的是产品的物理和功能属性。

其次从社会学角度理解。用户价值还有社会和文化的一面，包括赋予产品的代表性意义。有时人们也愿意投资于那些看起来没有什么使用价值或者和产品本身功能价值无关的地方，因此这个时候价值更多的是一种符号价值，是象征性（如品味和声望）和社会性（如社交网络）。比如，购买奢侈品很大程度上并不是简单的要满足使用功能，而是因为它带来的身份地位象征。从产品开发者角度看，这种用户价值很大程度上可能不是来自产品本身，而是来自通过诸如品牌宣传等沟通所传达的信息。

最后从用户体验角度理解。更多时候产品的用户价值很难说是来自产品本身或者其象征符号，而是通过用户与产品的交互过程体现出来，这就是所谓的用户体验。用户体验带来的价值体现在产品整个生命周期，包括购买体验、使用体验甚至维护体验等。从这个角度看用户价值的体现在于用户需要的不是具体的什么产品，而是产品所能带来的体验，包括问题解决和情感满足等方面。一般我们说产品体验来自用户与产品的交互过程，好的用户体验意味着可以提高用户效率，降低用户的适应难度，降低用户出错率，节省培训和学习时间等。当前以用户为中心的设计已经从原来关注外观和人机等方面转向用户体验，包括对用户的情感、社会和文化情景的深入考虑，如表 10 - 1 所示。

表10-1　用户价值的不同体现形式及其特征

价值体现方式	交易	符号	体验
价值来源	对产品的定价和（质量、功能）期望	社会和文化情景	在特定社会和文化情景下用户与产品的交互
价值定义特点	基于交易的客观度量	主观且比较随意	兼有客观和主观
价值衡量依据	交易情景	社会沟通	产品带来的体验
产品价值形式	用户付出的金钱	社会赋予的意义	带来的体验
对设计（创新）的启示	让产品质量和性能看得见	理解如何创造社会意义	理解如何打造体验

　　基于不同表现形式，用户价值可以分为四类，如图10-2所示。功用价值是指一个产品的使用结果，比如完成一个物理或认知任务，它包括使用的便利性、质量与性能、经济性等。社会意义是指带有社会属性的价值，包括通过拥有和体验某个产品，给用户带来诸如社会声望和身份识别。情感价值是指通过与产品交互给用户带来的情感作用，包括愉悦和感情，具体来说它体现在美学、意义和情感三个层面。而精神价值则主要是产品承载诸如好运气等精神寄托。

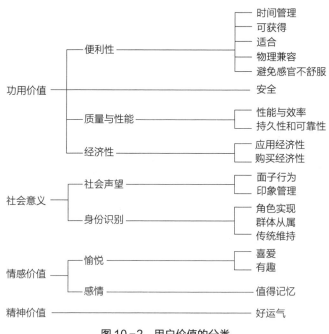

图10-2　用户价值的分类

实际上用户价值是非常复杂和动态变化的，在定义用户价值时应该持开放的心态。用户价值往往和环境及情景相关，同一个产品在不同的使用场景可能带来不同的价值。比如在一个小城镇，有辆汽车可以很方便地到很多地方，但在繁华的大城市如北京，停车和交通堵塞都给这种便利性带来很大的负担和约束。产品的价值还与使用者本身的爱好、经验、评价标准高低、评价维度（如自我导向还是他人导向）等有关。因此，为了更好地理解用户价值所在，要研究用户所处的环境、场景、情景、前因后果。深入且全面了解用户将有助于准确定位用户价值，产生更多不同的创意方案，从不同角度满足用户需求。

具体的用户价值识别和定义可以通过以用户为中心的设计方法完成，比如用户研究或用户创新等。用户研究一般是通过诸如用户问卷调查、访谈、现场观察、信息收集和数据分析、可用性测试、场景设定、建立用户模型和用户画像等定量、定性手段逐步明确用户需求和痛点，定义用户价值，验证产品创意或概念等。而用户创新意味着创新从用户开始，与用户紧密交互，与用户一起创造，让用户参与到产品开发和创新中，可以更好地获得用户洞察，与用户共同创造，测试产品概念，推动产品方案或商业模式快速迭代等。用户创新主要包括基于开放式创新平台的用户创新，以及与领先用户的联合创新。比如华为公司在全球范围内与加拿大电信运营商 TELUS、西班牙电信、东风汽车等客户建立了 26 个联合创新中心，了解客户及最终消费者的需求，帮助客户成功，提高满意度。

需要说明的是，对于用户价值的定义，有时候需要超越简单的用户研究或用户创新，因为它们带来的更多是渐进性创新。要想获得突破性创新，更需要对用户行为的深入洞察和对用户隐藏需求的挖掘。华为轮值 CEO 徐直军就认为华为未来的挑战是用户也不清楚自己要什么，华为不能简单倾听用户需求了，而是要与用户一起互动、碰撞，共同探索需求。设计驱动的创新或许更适合突破性创新，设计思维就是一种比较好的工具和思维方法。设计思维是一种用于解决复杂问题的方法，通过逻辑、想象、直觉和系统推力，探索各种可能性，从而创造有利于用户的产品或解决方案。它持有设计师的心态，坚持追根究底的同理心和人性化，和用户深度关联去发现创新机会，从复杂中发现简单，提升体验质量，并坚持集体智慧的力量。总之，作为首席创新官要做的工作就是坚守和推动用户价值第一法则，以合适的方法、流程和组织推动用户价值在公司创新实践中得到落实。

美的以用户为中心的产品创新占领市场高地

"美的式创新"最终落脚在以用户为中心的产品创新，而这种模式的产品创新为美的集团带来更稳固的市场地位。在美的集团看来，科技创新就是要"接地气"，强调的是恰到好处地匹配用户的痛点、需求。以当前家电业最热门的 AI、人机交互来说，就是要达到"懂你"的最高境界，不是多高程度的交互性，而是完全"零交互"。当家电比人"还专业、还聪明、更主动"时，AI 科技的商业价值就实现了回归。

自 2018 年起，美的集团陆续推出高端品牌 COLMO、互联网品牌布谷、年轻品牌华凌等多个品牌。COLMO 始终秉承"科技服务生活本源、设计释放理性空间"的品牌理念，致力于为精英消费者打造兼具至臻品质和自主学习能力的 AI 科技家电。2020 年，布谷品牌营收突破 2 亿元，同比增长超过 260%，实现新生品牌积极进取下的逆势增长。在品牌营销端，作为互联网电商品牌，布谷专注落地营销模式及商业模式的突破和创新，全力跑通"单品爆发、品类深耕"的爆品营销模式，同时在满足互联网新生代用户个性需求的基础上，发挥多品类协同优势，实现稳定结构增长。华凌品牌持续通过"好看的设计、好用的功能、好玩的互动"与二次元、潮流文化等代表年轻化特征的圈层建立联系，同时基于品类特性积极拓展销售渠道，2020 年整体营收规模近 29 亿元，同比增长超 200%。

美的不断推动数智驱动创新战略，加速全面智能化落地，为用户打造更美的的智慧生活。2020 年，美的 IoT 围绕"用户综合体验第一"的目标，从用户研究、智能场景企划、IoT 产品与技术、生态合作、IoT 运营等方面进行一系列创新，重点升级连接技术与智能安全体系，加快推动 5G 产品落地、IoT 生态场景和服务机器人平台化。同时，围绕安全、健康、美食、便捷、个性五大主题，向生态合作伙伴全面开放智能场景和 IoT 技术，从用户体验生命周期出发，构建以用户为中心的美的智能家居商业价值链，为用户提供全场景体验服务和更多优质生态增值服务，打造"更美的智慧生活"泛美居生态。美的 IoT 开发者平台累计接入智能产品超 4 000 款，智能设备联网量累计同比增长 103%，联网活跃设备已达 3 800 万台，美的美居已经服务 3 200 万个家庭。正如美的副总裁胡自强所说的，以消费者为中心、以用户思维为推动，不仅仅是一个端对端的体系，而是整个研发过程、管理体系都不同，这样才能真正实现以消费者为中心。

（三）永远的创业精神

什么是创业精神？我们一般理解创业精神就是积极进取，顽强奋斗，克服循规守旧的心理，具有敬业敬职的职业道德和勤俭节省的精神风貌。其实创业精神更是推动突破性创新的关键因素。创业者的特质在于拥有做新的事情的迫切期望，痴迷于重新定义用户价值；拥有敢于冒险的勇气、管理风险的能力、发现机会和项目执行的速度，以及关注焦点和思维从业务优化向业务创造的转移。

我们审视那些成功的创业者或者创业企业家，他们一般都具有能屈能伸的韧性、不怕冒风险的过人胆识和高度的社会责任心，这也是企业家精神的根本。为了避免一个重大新项目的潜在风险，著名玻璃瓷器材料公司康宁的前CEO就使用了一个创业者的做法：不找公司要钱，而从他最大的客户——德州仪器那里寻求财务支持。

但一直保持创业精神却是个挑战。从心理学角度看，人的个性可以概括为外向、随和、认真负责、充满激情、开放等特点，其中开放性最为符合创新的需要，它表现为创造力、好奇心和探索精神，追求新的体验。有些人天生就具有开放性，有些人则偏保守。而往往是保守的人成为领导者，因为他们更符合我们的主流观念，让很多人感觉更舒服。而创业家从本质上来说需要更加开放，所以他们的初创公司具有和成熟公司不同的特性，直到他们逐渐发展和成熟，很多创新者逐渐被相对严肃和保守的人替代，创新的脚步也就逐渐慢下来。对此，那些保守的领导者如果理解创新的规律和意识到他们需要调整自己的风格，也可以领导创新，而其实创新者也可以管理大型的业务，只要他们能够不断自我反省和学习管理技能。许多成功的首席创新官采用"学习性启动"的方式来帮助自己和组织重新获取企业家精神，同时规避风险。所谓学习性启动，就是将创新行动迅速落实到一些小的创意点子上，并从直接的市场反馈中得到更多的洞察。确认了创新项目的可行性之后，再在大规模范围内推广创意。"学习性启动"能打造一个有保护性的屏障，使创意远离公司的常规，因为这种快速往往能够掠过公司内的一些障碍，使员工将精力集中在新的创意上。"学习性启动"的重大意义还在于员工能够在整个实战过程中学习。

总之，在成熟的公司或组织内，富有创业精神的首席创新官可能会遇到更大的挑战，对此最好问一下自己如下几个问题，以便做好充分的准备：

1）你是否准备承受风险？

2）你的变革将给谁带来重大影响和冲击？

3）在做出变革前你需要做什么？

4）谁能帮助你，以及如何帮助？

5）做出变革需要付出多大成本？

6）如果你打算做出变革，那么会如何做？

7）变革需要多长时间？

8）谁能一直在后面支持你？

9）如何庆祝成功？

第十一章
迎接创新实践的挑战

　　创新管理聚焦企业的创新行为，但其实它和企业其他管理活动密不可分，同样面临着诸多传统的和新的管理难题，尤其是关系到企业发展模式、战略决策、组织架构和创新途径选择等策略性问题。本章将就其中几个关键和典型热点问题做深入探讨，希望能帮助创新领导者们在做出这些影响全局的创新管理决策时拥有一个科学、客观的思考基础。

　　除了应对具有全局性和战略性的创新管理重大挑战之外，首席创新官等创新领导者还面临着个人或自己团队工作实践中经常遇到的各种挑战、障碍和困境。在工作实践中巧妙应对这些挑战，既需要创新领导者本身的管理与领导技能，也需要通过学习同行的实践经验，不断提升自身的应对能力。

一、创新管理重大挑战及其应对策略

创新管理是企业管理的关键一环，构建企业创新管理体系只是走向持续创新的第一步，创新管理体系运作落地和优化实践则是一个更加复杂和富有挑战性的工作。企业管理者经常会面临一些战略性的决策困境。这些挑战体现在公司的增长模式问题、当前发展和未来发展投入的平衡问题，开发性与探索工作的二元协调问题，技术产品创新与商业模式创新的选择问题，以及创新与创业的融合问题等。作为创新领导者，首席创新官有责任对这些问题形成清晰的理解和认识，提供具有前瞻性的洞察，并推动公司高层管理者一起做出明确的判断和决策，为公司创新事业顺利发展提供重要的策略保障。

（一）渐进性增长与风险性增长模式的选择

对于一家企业来说，复杂的内外部环境导致其不会一直以同一个模式成长。当企业投入一个新产品或开发一个新市场后，面对相对明确的市场需求和丰厚的市场潜力，它会积极推进产品和服务的持续改进升级，并通过业务流程改善、质量提升等手段，扩大规模，持续榨取最大市场利润，获得最大投资回报率。但现实是在高度竞争的环境下，高利润的市场下很快会有大批竞争者进入和赶超，利润率会快速下降，企业的成长曲线会逐渐变得平缓。如果企业想继续获得突破性成长，就必须进一步开发新的产品和服务，创造新的业务，开拓新的市场，尤其是那些突破性和根本性的创新机会，让企业及早占领先机和处于产业高端，获得高附加值。但显然获得这样的突破性成长机会不会是靠那种持续增长策略所能实现的，它需要一种高风险的战略性创新来获得这种竞争优势。

其实这涉及两种不同增长模式的问题。一种是渐进性增长战略，它是靠内部持续改进公司环境、生产力来应对外部不断变化的市场，是一种革新性活动。它及时满足不断变化的用户需求，并保持健康的现金流，包括通过成本缩减努力构筑自己的生存底线。这种增长模式风险相对较低，增长稳定，但附加值低，容易被竞争对手超越。另一种是风险性增长战略，是靠内部在新产品、服务开发方面的创新投资，新的业务开拓，以及外部新技术和新兴市场的投资开发，它通过根本性创新和改变游戏规则为公司创造新的市场，成为市场领导者，带来快速成长和高投资回报，是一种革命性行动。波音公司的一位国防和空间安全总裁说：那些给我们带来成功的东西将无法带领我们走向未来，我们需要开始新的征程，寻求不同的增长。但这种增长模式的风险会很大，对各种资源的要求也很高，一旦失败可能会给企业带来毁灭性打击，如图 11 - 1 所示。

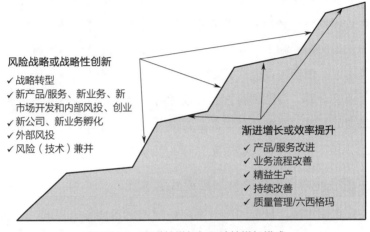

图 11-1 渐进性增长与风险性增长模式

理想的状态是同时保持这两种增长模式，但事与愿违。首先这两种增长模式需要不同的管理平台和管理技能，包括在策略、流程和具体手段上都有很大不同，渐进性增长战略需要相对明确的市场需求和技术路线，重点是通过相对严谨、细致的运营确保较高的执行效率；风险性增长战略则要面对十分不确定的市场和技术方案，需要通过不断试错和快速迭代逐渐逼近市场。其次，两种增长模式对资源的需求也不同，渐进性增长战略更多是强调内部资源的优化利用，而风险性增长战略则需要不断吸取外部互补性资源。尤其重要的是，这两种增长模式对管理者的要求也不一样，渐进性增长战略需要熟悉市场、技术经验丰富的运营专家，而风险性增长战略相对更加强调创新性和开拓性，需要那些勇于探索和敢于冒险的人，对管理者要求更高，压力更大。

因此，对于在同一个公司环境下的同一批管理者来说，同时执行这两种增长模式是个很大的挑战。一种应对策略是根据技术周期的规律让两种增长模式交替进行。比如著名的杜邦公司，在其 100 多年的发展历史中之所以能够取得持续成长，就是因为几次重大的转型，包括最早的从生产炸药转向化学材料，后来进一步发展成材料帝国，不断拓展新的发展空间，保持企业的有机成长。另一个经典的案例则是 IBM 公司，它从当初的打孔带到后来的 PC 机，到现在的咨询服务，也是在一步步通过艰巨的转型赢得企业的持续成长。

另一种应对策略是在公司内推行渐进增长的同时划出独立的空间，或者在公司外另行开发风险性增长机会，等相对成熟时并入公司的高效运行平台，丰富公司的竞争组合，这也是当前比较典型的模式。比如通过新兴风险技术获取，外部颠覆性机会孵化，风险投资等手段。比如谷歌公司，就在其网络搜索主业之外培育了自动驾驶、智能家居、高速网络等多种新的战略性业务，尤其是为了更好地发展这些未来的战略性机会，进一步将这些业务从谷歌原来的业务体系内独立出来，与网络搜索（即当前的谷歌）业务并行，组成目前的 Alphabet 公司。

杜邦公司的三次转型

提起杜邦公司，你会想到什么？尼龙、莱卡还是杜邦涂料漆？不止这些，美国自由女神像的金属结构采用的防锈涂料也来自杜邦公司；人类首次登月，宇航员穿着的 21 层宇航服中，有 20 层材料是由杜邦公司生产的。

杜邦这家几乎与美国历史同步的企业在过去的 211 年中，从第一个百年的火药制造商到第二个百年的化工能源巨擘，再到如今实现了从一家化学企业到（材料）科学公司的转型，每一次的华丽转身都堪称完美，如图 11-2 所示。

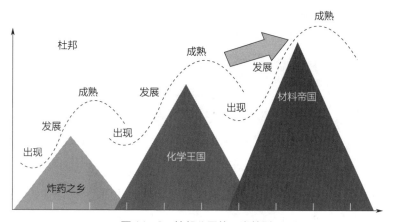

图 11-2　杜邦公司的三次转型

杜邦公司在 19 世纪诞生之时，靠生产黑火药掘到"第一桶金"。当时，美国向西部推进，修铁路、开煤矿、建运河网等活动使各地对火药的需求日益增加，杜邦公司逐渐成为世界最大的火药生产商之一。20 世纪，美国经济不断发展，消费时代来临，杜邦公司全面转向化学品生产，向市场提供各种各样的高科技产品。而 21 世纪，全球气候变暖，人类社会面临粮食、能源、安全防护等诸多挑战，杜邦公司于 2000 年正式将"可持续发展"确定为公司使命，转型为市场驱动的科学公司。为了成为全球最具活力的科技型公司，提升杜邦公司在高增长、高利润的农业、营养品、先进材料、生物技术领域的竞争优势，其在 2012 年更是进一步将在汽车涂料和工业涂料领域处于领先地位的高性能涂料业务部卖出。

杜邦人在 200 余年的历史长河中也只做了两次大的转型，体现了"不轻易转型"的发展理念，并可以看出其对发展大势和自身市场定位的准确把握，不转则已，转必成功。其中以创新为驱动，以转型追求可持续发展，是杜邦公司给予我们的重要启示。而从实验室主导到市场驱动，将可持续发展的理念与市场价值连接起来，是杜邦公司强大创新能力的重要体现。

科学将日益成为人们日常生活的重要组成部分。杜邦公司正在将自己发展成一家增长更快、知识含量更高的公司。杜邦公司意识到，能独特地表述本公司精髓的企业新定位，对于加快公司发展进程极为重要，而"创造科学奇迹"能让杜邦公司达到这一目的。

（二）当前效益追求与长期战略投入的平衡

在渐进性战略增长和风险性战略增长两种模式的选择过程中，还涉及另一个重要问题，那就是投资组合的问题，即公司对短期、中期和长期战略投入的配置策略。短期战略更多是针对渐进性战略增长机会，中长期的投入一大部分就是针对高风险项目。我们应该同时关注当前业务增长和新业务开发，一方面增强和拓展今天的业务；另一方面打造未来的商业机会，为未来的可持续成长打下基础，如图 11-3 所示。这种同时拓展当前核心业务和抓住明天新的增长点的可持续发展战略可以帮助公司确保合理分配有限的资源，保持合适的风险水平，提升战略质量，让管理者能够有足够的愿景和耐心投入到长期发展计划中。未来虽然不可预测，但至少可以通过组合来管理未来，而不是靠简单的赌徒心理。

但实践中这同样是个困难的决策过程。在市场形势大好的时候公司是否愿意拿出足够的利润投入到一些高风险项目中，为企业布局未来的增长点？其结果可

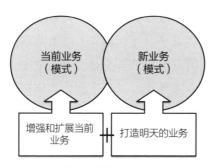

图11-3　当前业务开发与未来新业务投入的平衡

能丰硕无比，也可能颗粒无收或收益不明显。对于那些具有一定任期的企业决策者来说，做出这个决定尤其困难，他们会在股票价格和季度收益的压力下被迫采取短期思维。但正如比尔·盖茨所讲，如果你通过变革管理规划未来，未来就会眷顾你；如果你过于关注当前业务，你就很难向前看。

战略性投入和当前发展投入的平衡还体现在如何确保战略性投入能够不断反哺当前的业务成长，不断为公司的发展提供养料和动力，即需要提升战略性项目的快速成熟和成功率。比如要从发现用户没有被满足的需求出发，通过由外至内的方式，从用户的视角探索未来的战略机会；立足目的地规划现在的路线，让创新征程更加逼近期待的未来；设定实现增长战略的里程碑，确保路线正确和及时调整，降低风险等。

谷歌的战略性创新项目

谷歌的使命是"整合全球信息，使人人皆可访问并从中受益"。正是因为公司有如此远大的使命，它似乎不像其他企业那样特别在意某个新项目的短期赢利能力。这也是谷歌致力于和能够进行颠覆性创新的重要驱动力。

谷歌的管理者在战略上具有足够的耐心，比如谷歌想要掌握的不仅是信息技术，还将触角伸向了能源领域——准备产出低成本绿色电能。在美国加州的山景城举行的年度股东大会上，谷歌宣布公司未来有"登月"计划。其实这都是它仍面临着来自提供相同服务的其他公司的激烈竞争的结果，尽管谷歌公司已经成为世界上最大和最强的网络公司。虽然这些投入大部分尚未产生赢利，但它们都是在为谷歌的雄伟战略添砖加瓦，没有什么人会怀疑谷歌达到其最终目标的决心或能力。

当然，谷歌这种致力于颠覆性创新的战略面临着各种挑战，包括股东方面的短期利益诉求。股东们对谷歌公司花钱的方式颇有微词，对不专注于发展其主营业务——搜索引擎而是将更多的时间和金钱用于发布新产品的行为有些许不满。公司之前发布的一些产品和服务并未产生巨大的市场影响，从而被股东们视为失败的产品。诸如正在研发的无人驾驶汽车和 Project Loon 等，这些技术的开发需要大量现金。所以，谷歌公司需要股东们的配合。对此，谷歌创始人布林保持对公司的所有权和控制权，同时他给股东们的信中向股东们极力陈述公司未来的愿景，并且向他们保证，公司未来将会致力于研发让人们过上更健康、更快乐生活的技术。布林认为，成为搜索引擎领域的市场领袖是谷歌的一个里程碑，未来谷歌将创造与众不同的新里程碑。这包括谷歌公司正在开发的能够检测糖尿病患者血糖值的隐形眼镜。

施密特曾提到："大多数公司最终之所以会失败，是因为它们在某件事上做得很好，但无法在下一件事上做得更好。它们没有扩大自己的使命，没有挑战自我，没有继续建立其他平台。它们都是渐进主义者。而谷歌与它们不同，我们理解的技术变化实际上是以创新形式进行的，而非渐进式。"实际上谷歌一直在斥巨资并购新兴科技企业及其技术，而这些企业和技术将会帮助公司在未来树立新的里程碑。一个典型的例子就是 Android。2006 年，Android 只不过是一家刚刚成立 22 个月的初创公司，它面向手机研发软件。那个时候，谷歌仅花费 5 000 万美元就收购了 Android，而这项交易也被谷歌的兼并和收购部门负责人称为"有史以来最好的交易"。

施密特认为股东们了解谷歌的搜索和广告业务，但不一定明白谷歌投资的其他项目，比如自动驾驶汽车和智能眼镜等。他向股东们保证，减少汽车事故、通过眼泪测试糖尿病患者血糖等雄心勃勃的项目，最终将帮助谷歌成为一家经久不衰的成功企业。谷歌的策略是关注某些东西，不仅关注与之相关的现状，更关注其未来。

（三）开发性与探索性工作的二元协调

企业的创新链条上既需要探索"天马行空"的未来机会，也需要脚踏实地的技术与产品开发。这代表两种不同模式的创新形式，即探索性工作和开发性工作，它们在目标、知识基础、结构、文化和绩效影响等方面各自有鲜明的特征，而且差别很大。探索性工作，包括对新知识、新机会的探索，为企业未来发展奠定基础和补充养料。它一般是面对未知的市场和技术领域，目标用户不明确，需求不明确，产品概念也不清楚，技术路线也是未知，是公司突破性创新的重要来源。除了需要内部的知识技术基础，更需要外部知识、信息等资源的融入。这种工作带有试错和快速迭代特性，它强调创造性和独特性，高风险但也会有高回报。而开发性工作则是针对相对明确的市场和当前用户需求，以及清晰的产品概念和性能配置，通过规划好的技术路线和现有内外部资源优化利用，快速将产品和服务推向市场，创造价值。它强调的是质量、效率和效益，更多是渐进性创新和提升。

　　显然探索性和开发性这两种工作方式很难靠同一套流程和标准去监督实施，对人才和环境、资源的要求很是不同，甚至相互竞争，但它们都是企业所必需的。通过探索性工作发现未来的机会和储备必要的知识、技能，通过开发性工作将这些机会变成现实，为企业带来效益，反过来也支持进一步的探索性工作，如图11-4所示。因而其中的挑战就在于如何在一个公司组织体系内兼顾这两种不同的创新工作形式。对此一种做法是采取半结构化组织方式，满足两种不同创新方式的需要。另一种做法是采取二元制组织方式，即一方面在企业主流组织中建立适应开发性需要的环境和平台、体系，同时成立相对独立的探索性开发团队和空间，比如创新小组、创新实验室、创新事业部和内部企业等，确保在组织结构和文化上保持独立性，满足探索性工作的需要。在此方面很多企业都有实践，比如谷歌公司的X实验室，华为公司的2012实验室等，都是为了满足这种需要。这里的关键就在于确保二者的协同性，而不是绝对隔离和各行其是，能够及时实现二者的相互转化和支持。

　　在推动探索性和开发性两种工作的时候，还应避免一些潜在的陷阱。比如探索性工作强调大量新机会新创意探索，但这是个无限的空间，可能容易因过度探索陷入失败的漩涡，无法获得收益；而开发性工作比较容易看到效果，很容易导致公司更加排斥探索性工作，热衷于当前的开发性活动，不知不觉中让公司的环境适应能力和未来发展动力受到损害。因此应该保持二者的平衡与协调性，并适时根据内外部环境和公司发展战略做出适当调整，或并行进行，或分阶段稍有侧重，实现二者的良性互动。

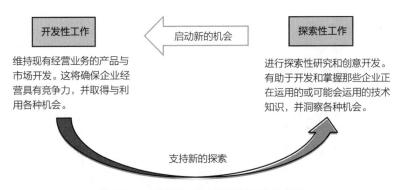

图 11-4　开发性工作与探索性工作的关系

华为的产品与技术研发及其 2012 实验室

华为的组织架构体系如图 11-5 所示，其主要业务平台包含三大 BG（Business Group），分别为运营商 BG、企业 BG 和消费者 BG。此外还有其他部门，包括与探索性工作相关的预研机构——2012 实验室。

2012 实验室是任正非看完电影《2012》以后，认为未来信息爆炸像数字洪水一样，华为想生存下来就得造方舟而建立的。其中包含海思芯片、软件平台、算法、业界先进开源平台转化、材料等基础、前沿技术研究部门。这些并非都是新建组织，而是从原来产品中调整过来的，独立给予人力、资金预算。华为有 15 万员工，7.5 万人投入研发，研发人员中有超过 10% 从事领先产品的预研工作，每年研发投资费用约 40 亿元。

早期华为公司的产品处于跟随梯队，其研发人员更准确来说是开发工程师，将成熟的芯片、操作系统、标准化协议、客户业务需求作为输入，采用 IPD 流程进行项目管理，即可支撑公司高效率、高质量、低成本、大规模地开发出可以销售到市场的产品，而对更注重技术创新、技术突破的研究工作则投入不够。

随着市场的高速扩张，单纯的价格优势无法突破欧洲高端市场，无法获得高端利润，在技术密集的通信领域，各个产品不得不冲向技术领头羊的位置，只有这样才能支撑华为的长期发展。过去预研人力主要在产品线或平台部门，它的使命是市场利润最大化，对未来技术投资驱动力不足。

2005—2010 年，华为逐渐调整队形，在硬件部、软件部以及多个产品线成立专门预研部门，加大对前沿技术和新领域探索研究的投资。2012 年，公司组织大调整中形成了"2012 实验室"，包含海思、欧拉、诺亚方舟、高斯等多个部门。

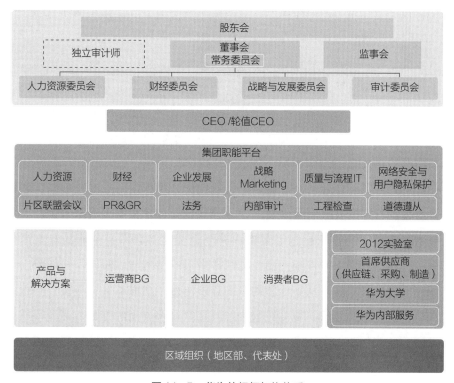

图 11-5　华为的组织架构体系

三大业务 BG 下面还有多个 BU（Business Unit），即产品线，比如企业 BG 包含 IT、企业网络、企业无线、企业能源等。运营商 BG 包含无线、固网、业务软件等。每个 BU 下面往往因为与产品结合过于紧密等原因，一些部门不会剥离到"2012 实验室"，产品线内部有部分预研部门，还有一些小规模预研工作在 BU 的架构设计团队中进行。

（四）技术与产品创新，还是商业模式创新

技术或产品创新曾经是企业创新的基本内容，而现在随着互联网技术的高速发展，基于互联网的商业模式创新成为一夜暴富的抓手，让很多技术企业羡慕不已。到底是通过技术、产品、服务创新实现企业的快速成长，还是通过商业模式创新快速致富，已成为很多企业纠结的地方。其实，这是对两种创新模式的误解。当初公司的创新之所以聚焦于技术和产品创新，是因为那时市场竞争激烈程度不够，商业模式创新动力不足，再加上技术等条件不够，因此公司的创新产品

一般是在现有的商业模式下商业化。而随着互联网技术的出现，对人们的生活方式和企业的运营模式都带来巨大冲击，这包括市场渠道的颠覆，让企业可以与用户直接交易，企业的边界被打破，市场的力量倒向了用户这一端，竞争的态势也随之改变，竞争步伐和强度加大等。这便造成企业的竞争压力急剧变大，同时却让商业模式的变革变得容易，于是商业模式创新成为企业在原有产品创新之外获得竞争优势的又一重要手段，尤其是对于那些大量涌现的创业公司来说，更是它们脱颖而出的重要抓手。

商业模式创新与企业的产品创新、技术创新、组织创新和流程创新等创新活动的本质区别就在于其具有整体性。商业模式创新也常常体现为服务创新，表现为服务内容及方式、组织形态等多方面的创新变化。它需要企业的较大战略调整，是一种集成创新，并伴随产品、工艺或者组织结构与运作流程的创新。

商业模式创新更注重从市场和用户的角度出发，从根本上思考设计企业的行为，视角更为外向和开放，更多注重和涉及企业经济方面的因素。商业模式创新的出发点是如何从根本上为用户创造和增加价值。因此，它逻辑思考的起点是用户的需求，即根据用户需求考虑如何有效满足它。所以企业价值主张的改变，常常是商业模式创新的起点，这也是为什么有专家认为商业模式创新起始于讲一个诱人的故事，这点明显不同于技术创新。技术创新通常具有内向性，常常是从企业所擅长的技术特性与功能出发，看它能用来干什么，从一种技术可能有的多种用途中去挖掘它的潜在市场。

商业模式创新不一定要求必须有技术创新同时发生，在没有发生重大技术创新的情况下，商业模式创新同样可以产生。但是，商业模式创新和技术创新并不是完全独立的。技术与产品创新相对周期较长，风险较高，但它能为用户创造更大价值，而商业模式创新更多是提升价值传递和获取的效率。商业模式是企业从技术中获取价值而构建的合理收益架构。如果没有足够的技术创新做支撑，商业模式的优势也会逐渐失去后劲，丧失竞争力。如果我们仔细审查包括阿里巴巴、优步等公司的商业模式，会发现其背后是更加强大的先进技术做支撑。比如阿里巴巴通过大数据技术为商户提供商业情报信息，优步通过算法和定位技术监控交通状况和提升约车拼车体验等。因此，当今越来越多的企业将技术创新和商业模式创新同步进行，通过二者有机协同，取得更大成功和竞争优势。可以说，没有商业模式设计的技术创新是不完整的，技术创新加上商业模式创新将更有竞争力。

1. 为技术创新设计恰当的商业模式

大约 30 年前，乔布斯和几个苹果公司的员工来到神秘的"施乐 PARC（Palo Alto Research Center）"，他第一次看到"视窗"演示大约一分钟后，竟然跳起来大叫道："你们为什么不应用这些技术开发产品呢？这真是最了不起的东西！这就是技术革命！"然而，视窗并没有成就施乐，却成就了微软公司和苹果公司。

施乐的尴尬正缘于技术创新和商业模式创新的割裂。PARC 本身在技术创新上并没有辜负施乐的期望，但由于其技术创新和商业模式创新是割裂的，技术创新迟迟无法转化为企业利润，导致 PARC 成为纯粹的成本中心，不能创造市场价值，最终变成施乐的大负担。

对同一项技术创新，可以为其设计多种商业模式。企业可选择超过其机会成本的、可实现的、企业价值最高的商业模式。至于是采取全新设计的商业模式，还是沿用已有商业模式，并不重要。

苹果公司推出"iProduct + iTunes + App Store"，这就是产品创新、技术创新和商业模式创新的合璧；佳能公司推出了新发明的小型复印机，采取的恰恰是之前施乐所抛弃的"剃须刀—刀片"传统商业模式，旧瓶装新酒，照样后发制人。

2. 技术创新为商业模式创新构建竞争门槛

任何商业模式创新要想建立长期的有效优势，需要掌控某种稀缺的资源能力，或者商业模式可以持续地升级。这些有效优势可以通过技术创新来构建。

利乐打入中国市场靠的是 80/20 的设备投资方案（客户只要付款 20%，就可以安装设备，此后 4 年，每年订购一定量的利乐包装材料，就可以免交其余 80% 的设备款），这是一种商业模式创新。利乐为其设备开发了很多新技术，建立有效门槛。比如，利乐的纸质材料都设有一种标志密码，灌装机上的电脑识别了这个标志密码才能工作，用其他公司的包装纸灌装机就不工作。此外，利乐拥有 5 000 多项技术专利，有 2 800 项正在研发和申请。利乐通过这些技术专利为乳品企业们提供了更多增值服务，持续增强与合作伙伴的关系，技术创新很好地支持了其商业模式创新。

3. 商业模式本身没有优劣之分

商业模式本身是没有优劣之分的，只有适合与不适合。比如，在 iPhone 没有成功的时候，大家一直诟病苹果公司的失败是由于其系统太封闭，认为封闭的商业模式很难成功，但同样是封闭系统的 iPhone，为什么就成功了呢？另外，同样是平台型公司的模式，天猫可以很成功，为什么一些家政服务的平台就一直做不起来呢？小米成功之后，大家都在谈"软硬结合"，但是到现在为止，好像也没有见到有哪家"软硬结合"的企业特别成功的。其实，商业模式是创业者在企业发展的过程中为了改善目标用户体验，维持竞争优势，对各个流程环节进行合理设计后形成的一个结果。并不是创业者一开始就追求的一个目标。商业模式是一种结果，而不是一个目标。

> **案例**

特斯拉的商业模式创新与颠覆性技术创新

特斯拉在车类市场的成功主要是综合了全新的商业模式和颠覆性的技术创新。

特斯拉与传统汽车制造商的主要不同之处在于其商业模式，它改变了传统汽车制造商仅仅打造汽车并出售给客户的模式，而是在构建一个全新的电动汽车生态系统，即服务电动汽车的供应链，包括电池供应、充电桩安装、服务站网络建设、交易平台和技术支持等。

特斯拉具有颠覆性的技术创新。马斯克以保护环境、提高汽车使用体验作为目标，开发出全新的电动运动车型。特斯拉实现了汽车新一代驱动系统，即可以利用大量电池储能，将更多科技元素融入其中，从而提高了汽车的安全性和操控性，并利用其大量的优质及绿色的电动驱动技术为客户带来更优质的汽车交通经历，比如安全驾驶告警、自动转向灯、能量补给信息、报警给客户等，从而颠覆了传统汽车制造商的模式。

（五）成熟企业的创新与创业及风险投资

当前，全球进入一个创新与创业时代，二者都得到快速发展，并且相互融合。对于成熟或大型企业来说，除了固有的内部创新这条主线外，也开始关注创业，包括内部创业和外部创业公司，并与公司孵化器和加速器、风险投资等结合，希望借此提升公司创新能力、创新创业文化或实现公司快速发展。其实内部创业和风险投资还是个相对新鲜的事物，很多公司都在摸索，推进的过程中遇到不少的挫折和困惑，开始产生怀疑，认为成熟企业不适合内部创业，在风险投资方面则看不到明显效果。

我们应该理解成熟公司创新与创业公司创新的区别和联系。本书中已经介绍了创新与创业的不同，再结合前面关于技术创新、产品创新与商业模式创新的分析，我们不妨认为成熟公司的创新更多是集中在技术创新和产品创新等方面，即前端的创意开发和技术与产品研发分量更重，一般和公司当前产品相关性较强（当前产品的改善或升级），以渐进性创新为主，后续商业计划开发阶段较少有商业模式方面的创新，而是更多利用现有的商业模式（渠道、资源、用户等）。而创业公司创新的核心在于通过对机会的判断去开创新的事业，和成熟公司创新的不同在于两点：第一点是创业公司的创新主要是基于新出现的突破性技术创造全新的产品创意，或者基于对市场机会的判断以新产品开拓出新市场，或者提供具有颠覆性的质优价廉产品；第二点就是创业公司往往在商业模式方面也有较大创新，甚至就是完全靠商业模式创新。为什么说成熟公司创新以渐进性创新为主，而创业公司却有较多颠覆性创新或者商业模式的创新呢？理论上公司可以组织开展各种创新，但现实却是残酷的。对于成熟公司来说，主要是聚焦创新业务版图的扩展，需执行和扩大已经证明的业务，因此更愿意集中财力和人力到渐进性创新上是合理的。而且成熟公司在长期追求低风险、高效率的情境下形成的创新流程往往不利于来自底层的颠覆性创新，其成熟的商业模式和运作机制形成的强大惯性难以一时改变，也不利于商业模式创新。而对创业公司来说，它们无法拿同类产品和大公司竞争，这些敏捷的年轻公司只有靠创造新的产品或服务才有机会生存。它们追求高风险高回报，没有固有体制和文化的拖累束缚，虽然经历多次试验尝试和高频率的失败，但在和用户的频繁交互中却能逐渐形成适应用户、市场的产品和可行的商业模式。尤其是当前互联网技术和风险投资的现代融合，更加改变了人们的思维方式，让颠覆性创新和商业模式创新更容易实现，造就了诸多高速增长的初创公司。

因此，成熟公司和创业公司在创新方面具有互补性，但很难相互兼容。对于高度创新的初创企业来说，它们有好的创意和快速实现的能力，其核心价值在于快速将创意和技术变成产品推向市场，通过用户交互验证产品可行性，以及探索有效的商业模式的可行性。但和成熟公司相比，初创公司缺乏基础设施、资金和市场渠道，尤其是迫切需要获得第一批用户，它们需要快速放大自己的创新效应，赢得市场和建立品牌，而这一点是成熟公司的优势，尤其那些成熟的大型公司具有影响甚至重新定义整个市场或产业的能力。但成熟公司本身缺乏创业的环境和条件，可以进一步总结为以下几个方面：

（1）担心风险。正如克莱顿·克里斯坦森提到，享有当前现金流的公司不愿冒险去创造市场绩效不明确的新产品，结果新的创意就无法享受到那些创业公司特有的激情投入。

（2）阻碍发明的结构性因素。前面提到的成熟公司在流程、机制以及策略上都不利于颠覆性创新和商业模式创新，这都属于结构性因素，亨利·切萨布鲁夫也同意阻碍创新的结构性因素是大型公司的通病。

（3）总是期望可预期和持续的结果。成熟的公司背后有很多投资者，他们期望可预期、稳定的财务收益，而这是和创新天生具有的不可预测和颠覆性相冲突的。

（4）缺乏培训。传统上，成熟的大型公司的员工一般接受的培训是如何管理现有的业务，而不是创造新的业务。他们寻求获得更多市场份额、增加新的产品特征、利用和优化现有竞争优势。而创业家需要学习创造新的市场，打造全新产品，获得蓝海竞争优势。

（5）个人风险与回报的不匹配。在大的公司，失败是很难被接受的，而且关系到个人职业发展。创业风险则往往将实验和失败当作创新过程的重要部分，就像在实验室做科学实验一样，其中金融和个人风险巨大，回报也更大。在大公司，这种潜在的金融收益往往和个人职业发展风险不匹配，因此会阻碍创新。

那么，如果成熟公司希望将创业融入自己的创新体系，想通过启动内部创业计划来提升自身创新能力和内部创业精神，就应做必要的变革和精心规划准备，否则将异常艰难。比如公司战略上是否重视创新；公司CEO是否认可并强力推进创新；公司是否愿意从长期发展的角度看待创新项目，这些创新项目对企业创新计划能否带来促进作用；公司是否愿意投入足够资金支持这些活动和项目；公司是否严肃认真看待创业活动中产生的创意和项目；公司是否有合格的人才有足够激情组织这些活动。如果公司能够满足以上条件，那么在推行内部创业或者商业计划开发大赛等类似活动时应该确保在以下几个方面做好工作：

（1）保持清晰一致的目标：包括和公司战略一致，满足一般的商业计划开发目标（打造新业务，提升技能，组建跨职能团队等），并且能够改变公司文化，甚至促进公司转型。

（2）获得强大的高层支持：高层支持至关重要，否则会很容易受到中层经理的抵制，他们喜欢渐进性创新，也不愿看到传统的动态平衡被打破，或者本该属于他们低风险项目的资源被分享。尤其是突破性创新和创业大多要经历诸多失败，高层支持更为关键。

（3）确保足够的资源保障：足够的资源保障是开展创业项目所必需的。包括对获胜者的激励措施，创业大赛项目的运作费用等。还应确保能够在其他公司资源如市场渠道、技术知识和专家顾问等方面得到支持，员工是否被允许和支持投入时间在这些项目上，高管是否愿意花费宝贵时间提供裁判、辅导等帮助。

（4）制订完善的计划：包括建设网站确保广泛有效的沟通，引起大家的关注和热情，以及合适的时候让关键利益相关方参与进来，创业计划大赛的不断完善和更新等。

（5）注重实质创新而非形式：避免太多形式上的东西，简化参赛申报材料，让参赛者可以将更多精力用到创新性问题解决上。

（6）保持团队坚定执行力：创业项目往往会经历几番周折和难以预料的变化，应该建立一个可见且受人尊重的，富有激情和责任感的团队，确保坚定的执行力度。

（7）支撑工具开发应用：建立一个高质量的网站用于沟通，以及提供各种有用的信息、知识分享和应用工具等都是非常重要和有价值的，它们有助于连接来自不同地域和领域的人组成多样化团队，而且这种创业活动很多时候都是在工作之余完成的。

（8）推出策略：需要有一个清晰的策略及具体计划确定赛后如何推进和应对各项成果，并且得到管理层、组织者和参与者的一致认可。应该将创业大赛融入一个完整的创新创业计划中，而不是简单的一个临时活动，否则其价值就会大大缩减，也很难长期开展下去。

（9）愿意接纳外部合作伙伴：如果公司内部力量不足，可以借助外部专家参与创意评估，这也有助于产生新的思想火花。有的大赛甚至对外开放，允许外部人提交参赛项目（或者要求其中主要人员来自公司内部），从而丰富创意数量和质量。

（10）宽容失败，接受奇才及其古怪想法：真正的创新开始可能看起来有点疯狂，但它确实突破了边界，这种打破常规的创意应该得到鼓励。而那些"失败"的参与者也应该得到认可和鼓励。苹果公司的 iPod 和 iPhone 产品据说就是吸收了当初失败的牛顿项目中有价值的东西。

在拓展企业内部创业机会的同时还应关注外部创业环境的变化。当前，在全球化、数字化、人工智能和互联网为基础的商业、技术民主化等力量推动下，我们的社会处于一个剧烈的变革时期。它既改变了人们的生活方式，也改变了产业发展模式，包括驱动要素、商业模式、人们的工作和生活模式等。传统的大企业不再是优秀人才的首选，快速成长的初创企业成为他们的追随对象。此外，市场竞争强度和企业发展压力急剧提升，技术优势不再成为唯一法宝，甚至无法单独作为竞争优势，社会经济发展节奏加快，产品生命周期大大缩短，创新速度要适应快速市场反应的要求，创意创造过程变得大众化，创新资源分散，用户不再是被动的购买者，参与创新创造的需求越来越强烈。

尤其是在"双创"（大众创业、万众创新）的大环境下，社会的创新创业热情高涨，企业家精神迅速蔓延。各种创业孵化器、加速器、产业园比比皆是，创业活动，X 实验室，创业竞赛，各种天使、风投基金也随处可见。而 3D 打印、精益创业等先进创新和创业手段更是推波助澜，价值创造的速度越来越快。今天全球市值最高的 10 家公司当中，苹果、微软、谷歌，基本都是在二三十年前创立的公司，它们迅速超越了那些百年老店。再以小米为例，小米手机的销售在两年中从几百万台增长到了 6 000 万台，这在过去几乎是不可想象的。而与此同时，创业成本被极大地降低了。创业的羁绊被打破，创建一家企业花费不到 1 万元，最快一周办好手续，各种社交网络、网络媒体、网络营销、口碑营销等大大降低营销成本。透过互联网，也许三五个人就能不断将一个狭窄领域越做越大，甚至成为业界的领跑者。事实上，巨头们同样意识到了这个机会。但受制于船大难掉头，它们越来越难颠覆自己，居安思危，它们选择的路径往往是砸巨款，不断在外部投资新创事业。

那么面对这样一个发展趋势，企业的领导者或许应该开拓眼界和心胸，大胆拥抱外部的创业和创新，将外部创业公司的创新作为与自己企业内部创新相互补充的重要一环，采取双轨思路：一方面在企业内部打造一种包容创新创业精神的企业文化和环境；另一方面通过孵化器、加速器和风险投资等金融手段积极捕获外部的创新机会和成果。企业构建一个创新创业生态系统可能更加重要，将各种孵化平台和加速器、初创公司和小公司、科研机构、创客等联系在一起。具体可以是构建技术孵化平台和企业加速器，建立精益创业流程，和外部创业社区建立紧密联系。初创公司的特点就在于将不同技能和观点的人聚集在一起，他们之间交流合作产生的创意会立刻被实施，而不会受到层级体制下决策者的阻碍。成熟企业可以借助该创业生态圈去监视和跟踪突破性及颠覆机会的出现。硅谷很多创业公司创立之初就定位于将来被几个目标性的大公司收购，这样它们在战略规划、市场定位和产品规格等方面都会有意识和这些大公司的风格协调，一旦获得某些用户认可就算市场成功，他们的市场价值就会大升。初创公司在短期内实现从概念到产品、市场的开发，在大公司可能需要几倍的时间和投入。成熟公司收购这些经过市场和用户验证的技术和产品，放到自己的成熟运作的平台上与已有产品集成，或者形成新的业务，快速放大（当然也可能去独立发展），以较少的投资创建自己的新业务，提升竞争力。这个时候初创公司和成熟公司建立了一种共生的关系，形成良性的协作关系，这可能是未来一段时期一种流行的协同创新模式。

总之，创业已经成为提升公司创新能力的重要方式。它甚至已突破公司的边界，包括创业项目和人才都可以来自公司外部。作为首席创新官，在推进创业的时候，除了遵循以上规则，还应从全局的角度和以开放的眼光去理解和看待，尤其是注意以下三点：

1）创业应是公司整体创新体系或组合中的一部分，但也要注意它无法取代公司本身的创新行为，必须确保自己的核心研发与创新能力。

2）要从长期发展的角度看待这种带有风险投资特性的创新活动，不可急功近利，应保持足够的耐心和韧性，才能最终从中受益。

3）从创业生态的角度推动企业内外部创业或基于风险投资的创新。

丹弗斯、惠普和高通三家公司的内部创业项目

近10年来，内部创业成为很多国际性公司提升创新能力方面的新尝试，这里列举丹弗斯公司、惠普公司和高通公司三家国际性公司的内部创业实践总结，具体请参考表11-1和图11-6。

表11-1 三家国际性公司的内部创业实践对比总结

	丹弗斯的 Man on the Moon 项目	惠普的 Flashpoint 项目	高通的 Venture Fest 创业大赛
发展历史	自2004 年每年一次	自2006 年运行两次	自2006 年每年一次
预定目标	提升创业文化 开发创业技能 发现新业务机会	提高商业悟性 开发创业技能 开发汇报技能 发现新商业机会	培养创业者 提升创新水平 实现商业突破 探索管理创新实践
管理层支持	CEO 赞助 由公司风险部门员工管理	业务单元和 CTO 赞助 由志愿员工管理	CEO 赞助 由指定研发小组管理
项目特点	向所有员工开放（但申请者需通过能力测试） 以小组或个人形式参加 通过两轮评选最后5 个项目胜出 最后向执行层评委会汇报	向所有员工开放 小组形式 通过两轮评选最后3 个项目胜出 最后向执行层评委会汇报	向所有员工开放（但申请者需通过能力测试） 以小组或个人形式参加 通过两轮评选最后10 ~15 个项目胜出 最后向执行层评委会汇报
资源	预算：70 万~90 万美元 每个获胜团队获得1 万~10 万美元 丹弗斯风险和业务部门提供教练 赞助支持商业计划开发、研究、展示、旅行、顾问和知识产权等 导师来自高管	预算：15 万~20 万美元 业务部门提供辅导 网站门户提供方法、模板、学习资源	预算：100 万美元 赞助支持商业计划开发、研究、展示、旅行、顾问和知识产权等（5 000 ~7.5 万美元） 竞争管理部门提供教练辅导 项目路演期间提供正规培训项目 网站门户提供模板和其他学习资料

（续）

	丹弗斯的 Man on the Moon 项目	惠普的 Flashpoint 项目	高通的 Venture Fest 创业大赛
激励措施	有机会开启新的业务 参加 MIT EDP 项目 学习培训机会 接触高管和被认可的机会 新的正规职业路径	有机会被孵化成创业项目（20 万美元创业基金，3 个月周期） 参加 MIT EDP 项目 建立人脉网络和接受导师辅导 接触高管和被认可的机会	有机会开启新的业务 相关培训经历、人脉和导师辅导 接触高管和被认可的机会 可以继续负责项目下一步开发（但目前还没有正式职业路径安排）
结果	第一个五年，有 21 个提案被孵化，集成到其他项目或者转出 大约每次有 55 个团队或个人参加 参加者来自 10 个国家 提升了创业文化	两年内有 152 个小组参加 第二年参加者来自 23 个国家 第二年获胜项目内部进入 Beta 发布阶段 调查显示提升了商业悟性和创业技能	2009 年有 200 个参与者 调查显示创业技能和态度大幅提升 75% 的项目计划进一步调查，最终有约 20% 的项目被实施

资料来源：MIT EDP：MIT 的创业精神开发项目 Entrepreneurship Development Program。

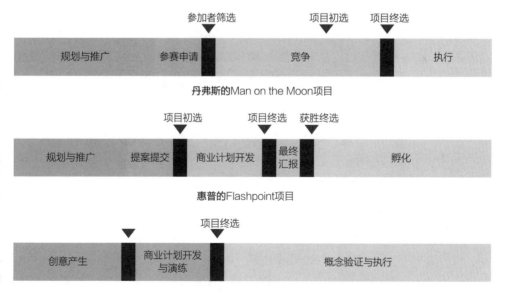

图 11-6　丹弗斯、惠普和高通三家公司的内部创业流程规划

1. 丹弗斯的 Man on the Moon 项目

项目最初是为了激发文化变革，提升创业技能和产业精神，最后发现很多高质量的商业项目从竞赛中产生，现在也将产生突破性商业创新作为活动的一个目标。活动也为公司风险投资部门带来项目资源，帮助发现那些具有创业精神的人才，充实到创业项目中去。丹弗斯的 Man on the Moon 项目及相关活动由丹弗斯风险投资部门直接赞助和管理，风险投资部门向公司管理委员会汇报，并由 CEO 直接领导。

该项目主要寻求三种类型的提案：①能够创造全新业务线的创意；②能够创造与当前业务相关的新业务的创意；③能够将当前业务提升 5 ~ 10 倍性能和绩效或者将成本降低 50% 的创意。

参赛团队一般包含 4 ~ 5 人，鼓励包含不同职能和专长的人，团队需要提交一页商业提案总结和各自成员的技能及贡献。基于这一页的提案有 12 个小组去角逐第一轮比赛，在这期间重点是强化团队"一分钟电梯游说"其价值主张的能力，一天的人际网络建立，培训和团队组建启动活动等。接着是 6 个星期的开发期，之后提交两页的执行总结和向公司高管及外部评委提供 10 分钟的路演汇报，最终有 5 个小组被选中进入比赛第二阶段。在第二个 6 周的阶段内，重点转移到商业概念开发，形成自己的商业模式，包括用户洞察和承诺、财务预测、资源需求等。会在这里通过现场和在线培训等方式，以及丹弗斯风险投资部门的教练辅导，提供创业精神和商业智慧方面的帮助，帮助团队全面提升。

第二轮的 10 分钟汇报主要面向公司风险投资部门投资委员会，包括 CEO、COO、CFO 和各业务单元总裁。他们会基于市场潜力、市场进入战略、价值主张可持续性和汇报质量选择两个提案，成为冠军和亚军，它们都有机会参加 MIT 的一周创业精神开发项目 EDP。

除了大赛提供的赞助费，团队被允许使用公司内部、外部资源，尤其是丹弗斯的国际资源。

丹弗斯创业大赛项目的激励措施相对有限，包括增加在公司高层面前的曝光度，提供新的职业发展机会，每次大赛大概有 10% 的参加者改变自己的职业道路，加入风险投资领域或新业务开发方面。更多的参赛者选择将自己创意的商业化作为最大的奖励。

丹弗斯风险投资部门会对最终筛选的项目做进一步调查，直到能够作为新业务去开发，团队成员可以选择继续参与后期孵化。最终每个项目的去向一般包括作为独立的业务去孵化，合并到现有业务，转出到公司外独立发展，以及被拒绝。

2. 惠普的 Flashpoint 项目

惠普的创业项目最初是一个草根发起活动，受 MIT 的"五万美元大赛"启发，由公司新业务开发团队的一名成员启动，并由志愿者负责运行，得到首席技术官和一名负责技术和产品开发的高管的赞助支持。

3. 高通的 Venture Fest 创业大赛

高通创业大赛有四个基本目标：①培养创业领导者；②提升公司创新文化；③发现潜在的突破性创新机会；④验证管理创新实践（如情报收集、团队自组建、内部市场等）。

高通创业大赛的特点是它由公司研发部门的新业务开发专家负责，并向 CEO 汇报。最终选出的三个项目得到资助以进一步验证概念，其余项目如果足够好仍可能得到部门的创新预算支持。

二、首席创新官的个人挑战及应对技巧

作为公司的创新领导者，除了和首席执行官等高层管理者一起面对诸如上面提到的公司层面挑战之外，首席创新官在推动企业创新过程中还会遇到各种各样的个人挑战和困境，尤其作为一个相对新生的角色，还需要一个被外部理解和认可的过程，工作实践中的配合协调以及与整个公司运作系统的融合都有很多具体的问题需要解决。

首先是创新本身的高度不确定性、高风险和复杂性等特征决定了创新是个富有挑战性的工作，而作为公司创新战略的执行者和创新活动的全面管理者，首席创新官几乎就成了一个"高危"的工作。这体现在首席创新官要面对创新活动本身的高失败率，承受迟迟看不到投资回报的压力，面对创新人才不足或者创意匮乏的问题。也可能会陷入大量低质量创意的漩涡，耗费太多资源却还是不足以开发出一些高潜力的创意。经验不足的首席创新官还可能会过高估计创新，认为创

新就是一切，或者毫无章法地什么创新都做，为创新而创新，无法做出正确优先选择，忽略了公司的日常运营规律而人为加大了创新的风险，让自己处于不利境地。

其次是首席创新官所处的公司内外创新环境的问题。即面对公司传统的观念和标准、复杂的审批流程、有限资源等各种约束，首席创新官如何协调各部门跨职能协作，以及组织内外资源来推动创新工作开展。如果公司刚刚设立这么一个首席创新官职位，创新机制和流程尚不完善，尤其是公司上下还不能完全正确理解创新的规律，尚未形成一个合理的创新氛围的时候，那么作为首席创新官所要面临的挑战和困难可能超出想象。当然，不同的公司可能有不同的情况。理想的情况是公司运转良好，利润颇丰，而且有足够资源和耐心支持创新，不期望立刻有回报，愿意投入资源培养和提升企业创新能力。但也有正处于困境而迫切需要通过创新翻身的企业，首席创新官身负"起死回生"的大任。有的则是将创新作为公司最高事项，公司上下从 CEO 到每名员工都在满怀激情投入创新，首席创新官处于风口浪尖。而更多的则是公司刚刚认识到创新的重要性，但庞大的传统力量和组织惯性都让每一步创新行动都异常艰难。

另外，创新本身是个高智力活动，创新管理要求更高，它需要高素质复合型人才。除了要求深厚的专业知识和产业经验，还要深刻理解创新规律，十分清楚自己的角色，并具有足够技巧去推动创新。要具备丰富的企业运作经验和高超的管理、沟通水平，能够协调各种关系和应对各种复杂情况，而且是在没有明确规范的情况下独立做出决策。更何况组织和推动企业的系统化创新活动本身也是个相对新鲜的事物，目前尚没有足够成熟的经验和规则可以遵循，这都给首席创新官的工作带来不少困难。如果再加上没有一个高水平的创新团队支撑，首席创新官的工作将更加步履艰难。

更进一步看，企业创新活动会遇到各种各样具体的困境和陷阱，通过百度搜索"创新大敌"可以看到近 200 万个相关信息，包括腐败、垄断、浮躁、迷恋可靠性、思维定式、以自我为中心、官僚作风、自信心不够等。

作为首席创新官，为了更好更有效履行自己的创新管理职责，应该理解企业创新的规律，学习相关的最佳实践，通过积极沟通和协调各方资源，理顺各方关系，逐步改善整体创新机制、文化和环境，让公司的创新和自己的工作实践进入良性循环。

（一）推动创新成为公司的战略选择和文化主体

除了强大的执行力，创新的成功还需要清晰的创新战略和丰厚的创新文化。首席创新官作为公司创新活动的首要组织者和领导者，如果能够推动公司将创新作为发展成长的主要驱动力和战略性选择，并培育形成开放的创新文化，将为自己的工作打下一个有利的创新支撑环境。其实很多创新管理工作中的挑战和障碍都是因为公司对创新缺乏一个明确的战略认可和强调，或者因为创新没有和公司的整体战略协调配合，以及公司的整体创新意识和创新氛围不足。因为公司的创新能力来自一个完整的创新系统，而如果没有创新战略的统领和引导，各种创新努力顶多是一系列的"最佳实践"，市场、销售、业务单元和研发等各创新子系统各行其是，而没法最终做出合理的优先决策和协作。创新成功关键在于领导力和文化，而文化不是一时可以改变的。如果缺乏合理的创新文化，再强大的创新领导者都无法获得创新的最大成功。同样也是因为缺乏健康合理的创新文化，以至于有太多对创新的误解和理解不够，创新人才的匮乏，让创新活动变得磕磕碰碰，步履维艰。对于缺乏创新战略和创新文化不足的企业来说，首席创新官应该勇敢挑起这个重任，虽然这是个最为艰难和漫长的过程。

一旦创新成为公司的战略选择和文化主体会怎么样？我们知道，企业发展的驱动力有很多种，包括依靠出口驱动、投资驱动以及劳动力等要素驱动，而创新一旦成为公司发展的主要驱动力，这意味着公司的重大转型。这时创新成为公司的内生动力，企业追求产品的差异化和高附加值，通过商业模式创新赢得竞争优势和开拓新的增长空间，形成以科技创新为核心的全面创新，产业结构升级，产品组合得到优化，企业增长质量得到改善，技术研发与产品创新能力大大提升，企业逐渐实现可持续的有机成长和新的不断跨越等。这需要公司精心制定创新战略，规划清晰的创新路线图，不断探索和沟通创新愿景，树立积极的创新价值观和宏伟远大的目标，并建立科学的创新流程和可靠的支持系统。尤其是形成大胆开放的创新文化。形成支持创新、鼓励冒险、容忍失败的创新文化，领导者应该明确地支持创新，对于员工在探索和创新中出现的失误应予以理解、信任和支持，并共同找出问题的症结。更重要的是，领导者应勇于承担责任。另外就是对创新行为给予必要的认可和奖励，并鼓励他们参与管理和决策制定，为他们拓展更好的发展空间，给予员工一定的工作自由度和自主性，增加其对工作的兴趣，提升创造力。必要的信任和责任感将更容易激发员工的创造力。总之，创新一旦成为企业成长发展的主要驱动力和战略主体，并建立一套稳定的创新机制和创新平台，包括创新战略和创新计划、预算方案和创新管理措施等的制定，全公司上下形成良好的创新氛围，则创新将成为一种可重复的过程，企业的创造力将逐步得到释放，作为首席创新官的工作也将变得合理和可预期。

推动公司创新战略的建设尤其是创新文化的形成不是一蹴而就的。除了要基于创新战略的一般开发流程，还要基于公司所处产业、市场和竞争环境，确定创新在公司战略中的角色，明确能够带来可持续竞争优势的创新类型，以及期望创新所能带来的价值。这个时候要确保足够宽的视野和更多人参与进来，如果将创新范围定义得太窄，业务管理者可能会说和他们的业务没有关系。但如果创新能够不断发现新的价值源，并用大家都熟悉认可的词汇描述出来，那么管理者们就会主动参与进来一起审视他们当前流程中新的价值源，组织力量去探索和开发这些机会，并确保有结果产出。当然，推动创新成为公司战略只是第一步，后面的挑战是创新活动与公司战略是否一致，这也是后面在管理层沟通和创新度量方面要注意的。

案例

战略性创新驱动康宁公司长期发展

总部位于美国密歇根州的康宁（Corning）公司是一家主要从事特殊玻璃、陶瓷、光学物理技术研发生产的公司。在其160多年的历史中，康宁不断通过突破性创新实现变革转型和开发新市场。它在纽约州北部苏利文工业园有一个中央研发实验室，在那里完成了一系列基础研究，这对很多其他企业来说也许是早已放弃的事情。而且康宁在制造技术和工厂方面投入巨资，保持强大的制造能力，而不是跟随潮流将生产外包。

如果从战略的角度看，康宁具有一条完美的创新之路。该公司的商业战略聚焦于向市场提供那些能够大幅改进客户复杂系统产品的"基石性器件"，形成清晰合理的研发战略加上超前的市场布局。执行这样的战略需要康宁在其主业领域如玻璃和材料科学保持领先地位，这样才能解决客户超出预期的难题和探索创新技术的新的应用机会。这些都需要在长期研究项目方面保持较高的投资水平。通过统合各种研发资源，康宁确保了不同领域的技术专家能够联合起来，目前苏利文工业园已经聚集了大批从材料科学应用到工业问题解决的各种专家。由于新材料经常需要一些补充性工艺创新，康宁也投入精力在制造及相关技术领域，确保研发成果能够顺利转移到制造和批量生产阶段。

康宁在研究方面的长期投入是有风险的。20世纪90年代末期电讯业泡沫破碎几乎摧毁了康宁的光纤通信业务。但康宁坚持清晰的创新战略并认识到其重要性。没有这种创新战略，可以想象很多提升公司创新能力的计划很可能就会被放弃或终止。"耐心资本"四个字可以对康宁公司163年间不断发明创造的历史进行概括。从没有一种玻璃配方被视为一场偶然发现或是真正的失败，因为康宁公司相信"耐心资本"，这是一种对未经验证的技术进行投资的理念，即使它无法短期快速获利。在康宁内部充斥着这样的故事，即新发明被束之高阁几十年，直到合适的时机出现才重见天日。抗风化的硼硅酸盐玻璃原本被设计用来制造铁路信号灯罩，但它催生出了派热克斯（Pyrex）耐热玻璃厨房用具。康宁公司发明了一种名为Pyroceram的微晶玻璃技术，它曾被用于制造CorningWare品牌的砂锅以及导弹的鼻锥。大猩猩玻璃的故事当然也是这样，它于20世纪60年代被发明出来，原先被用于制造汽车挡风玻璃和监狱窗户，现在它是15亿台智能手机和平板电脑的外保护层——康宁公司可以从每一块玻璃屏上获得3美元的收入。

"我们会基于奇怪的理由发明各种各样的东西，它们然后变成了另外一些东西。"亚当·埃里森（Adam Ellison）说道，他是康宁公司的研究员和科学家，负责协助领导大猩猩玻璃产品项目。康宁的产品理念就在于"经过独特工艺制造的独特材料，是我们的未来，也是我们将继续存在又一个162年的方式。"

资料来源：Gary P. Pisano，You need an innovation strategy，HBR，2015.06；"揭秘与创新者为伍的康宁公司"，福布斯中文网。

（二）与CEO及企业管理层建立良好的沟通协作关系

设立首席创新官的本质意义就在于能够在公司董事会或管理层中树立代表创新的声音和面孔。因此首席创新官的重要职责之一就是确保创新管理工作得到管理层面尤其是各业务领导者的支持和获取明确的聚焦。创新成功的一个关键条件就是得到CEO的坚定支持和时间、精力的投入。苹果公司被奉为创新的典范，其前任CEO乔布斯先生可以说是创新的灵魂人物，其实他本人就承担着首席创新官这样一个角色，海尔的张瑞敏也是如此，但毕竟这种由CEO同时承担首席创新官职责的只是少数，大部分公司还是独立设置首席创新官（或创新副总裁），并纳入公司管理委员会，直接向CEO汇报。作为公司CEO，最要紧的事务也很难只有创新一个，那么对于首席创新官来说，应该获得CEO或公司管理委员会的授权，全权负责创新，并有责任和CEO、其他管理委员会的同事以及各业务单元的主要负责人建立一个良好的沟通协作关系。让管理层明白，创新不是一种异常和例外，而是公司不可分割的部分。如果管理层意识不到这一点，那么他们几乎就成了创始人遗产的管理员，这样永远不会产生什么好结果。因此首席创新官必须要有出色的沟通技巧，和 CEO 保持良好的合作，以确保有足够的资源和资产来验证你的创意是有效还是无效的，负责和 CEO 建立一个良好的合作关系来进行进度讨论和创意分享，让 CEO 可以在财务上面对你将来的试验提供支持。

但需要说明的是，即使首席创新官获得了足够的重视，如果身处一个传统的功能架构系统或者矩阵架构中也会遇到各种掣肘和阻碍。那种垂直汇报体系的组织，员工的职责定义、绩效评估、奖励和激励往往都是来自职能部门领导，结果导致创新项目在执行过程中的职能分割，相互之间的沟通和协作变得异常困难。而实践证明取得创新成功的企业其组织架构往往更加扁平化，并且强调跨职能的协作。首席创新官的职责就在于推动跨职能、跨领域的协作创新，确保更好的创新绩效。

除了和 CEO 保持良好的沟通之外，首席创新官还需要和其他管理层，包括各业务负责人同时保持良好的沟通和协调，说服他们愿意投入时间和资源参与到创新项目中来，让他们理解创新活动能够给他们带来好处，有助于帮助提升他们的工作业绩，让他们认识到创新项目的重要性。这是因为在大型、多业务单元的集团性公司，首席创新官一般属于那种权限有限的角色，他们要做"影响力型"领导者，和各业务单元负责人建立同盟协作关系，获得他们的授权和支持。对于没有职能权限的首席创新官来说，重要的是如何树立自己的威信，或者让自己成为一个关键影响者，能够影响和带动其他人，不管来自哪些部门。在日常运作和创新项目规划中和他们建立职能性协同。总之，这意味着首席创新官还要和各业务单元的负责人（有些也是管理委员会成员）一开始就保持良好的沟通合作关系，最佳状态就是建立创新同盟。将业务部门的管理者视为重要的客户和同盟，帮助他们节省成本、提升绩效，提供情报和洞察等手段，以他们接受的语言方式保持沟通，努力成为他们可以信任的高级创新顾问。这里关键是深刻理解这些高级管理层和业务领导者的真正需求。下面是在和这些利益相关方的沟通中需要考虑的问题：

1）这些管理者的职责是什么？

2）他们做决策时需要什么样的信息情报？

3）他们每天最关心的是什么？

4）他们做评估时基于的关键目标和时间框架是什么？

5）他们的关键价值驱动力是什么？

6）我如何能给他们带来价值？

7）他们可能会问我哪些问题？

当然，为了和这些内部业务负责人建立跨职能创新联盟，除了在语言上和他们保持共鸣，在行动上也要展现出真正的价值所在。

1）通过识别那些未来 5 年、10 年甚至 15 年存在的战略性机会，帮助制定基于趋势的远景规划。

2）就他们当前的产品组合提供自己的观点、解释和建议，帮助他们思考那些棘手的问题，包括组合与战略的一致性、有机增长目标等。

3）适时发布创新衡量标准和尺度，帮助他们提升决策信心。

4）构建创新能力并和那些核心业务分享创新带来的好处。

5）为那些来自各业务单元的满足创新标准的项目提供补充支持基金。

另外，要提升自己的创新或创意推销技能，除了上面提到的专注于合作伙伴或客户的价值主张，开展针对性的沟通，还应在创新或开发过程中及早让对方参与进来，为创意讲个好故事或创造一个原型，并努力第一次沟通就改变对方的观念，但也应坚持不懈，并能应对异议。

但不得不说的是，现实中公司里总是存在对创新的抵制力量，首席创新官也不可能和所有管理者都达成默契后才启动创新工作。这里需要一定的策略，包括选择认可和支持你的思想的人作为最佳合作伙伴，多支持那些真正的创新者产生成果，重点说服一些能够主导变革的关键管理者，选择最佳合作项目和话题，积极推进项目确保有所进展和成果，让成果说服更多人，让他们作为你的同盟者进一步去说服其他人，吸引更多人的兴趣。总之，真实的创新成果是最有说服力的，在此之前不要耗费太多精力在那些抵制或根本就不相信你的创新思路的人那里。

（三）不断挖掘企业的创新需求与张力

创新的动力来自创新需求，适当的创新张力会激发公司上下积极投入到创新中。现实中人们更愿意停留在舒适区，可这正是创新的天敌。对此，首席创新官需要有意识地深挖公司的创新需求和挑战，让公司的创新压力和张力显现，带领员工，尤其是那些中高层管理者进入非舒适区，刺激他们寻求创新方案的激情和斗志。

实践证明，创造性张力常常能够刺激创意产生，就像电影里通过情景张力设计来吸引观众一样，创新中的张力也有助于吸引人们注意。需要注意的是这种张力不是压力，让人感到压抑便会产生相反效果。关键是给人造成一种因为差距而带来的不舒适感，让人产生去改变这种不足或缩小差距的冲动，产生创造的能量。一旦经过努力找到创新方案，问题得到解决，他们的张力和能量就能得到释放，带来成就感和自豪感。

那么企业的创新需求来自哪里？如何让公司的创新张力显现？一般来说，企业的创新需求主要来自三个方面，即市场竞争的压力、用户需求的拉力和技术发展的推力。很多公司的创新活动是因为面临激烈的市场竞争，他们一旦意识到存在被竞争对手超越的风险，便会被迫启动一些创新项目和制胜策略，这种创新行动虽然具有被动性，但只要将竞争压力和潜在风险明确出来，仍然能够让公司的创新机器发动起来，对此首席创新官需要加强情报和竞争分析方面的工作，并反思自身产品的不足和需要提升的地方。而有的公司则会积极探索市场需求的变化，以用户为中心，洞察用户的需求演变和挖掘未被满足的潜在需求，让管理层和开发团队及时看到新的商业机会，促使他们启动新的产品开发项目，这种创新方式更加主动，重点在于及时发现新的用户需求并将其转化为可以预期的商业机会，这需要形成以用户为中心的市场研究和用户研究能力。对于一些具有较强研发能力或者对技术发展比较敏感的公司来说，它们会及时研究和发现技术发展进化带来的新的机会和被颠覆风险，通过不同技术获取策略和转化机制形成公司新的突破性创新产品和为未来长远发展布局，这种创新方式更加超前，需要首席创新官具有前瞻性预见能力，并和技术研发专家保持积极的合作。总之，首席创新官应该深刻理解这种创新需求的来源机制，根据公司实际情况选择其中一种或综合几种途径持续挖掘公司的创新机会和增长源泉，激励更多人投身到这种富有挑战但更有意义的创造性工作中去。

但这些创新需求和机会最终都应符合公司创新战略方向或者被公司创新战略明确定义下来，因此对首席创新官来说，更应该从公司创新战略的角度和更高的层面激发全公司对创新的追求和期望，让公司的创新活动更加持久和系统协调。创新战略设定了创新愿景和目标，指出创新方向和创新路线图，解决为什么创新的问题。一旦设定公司的战略使命和对未来的期望，同时又清楚评估和了解公司的真实现状，差距就可以清晰地看到，创新的张力就会出现，创新行动就会产生。马丁·路德·金博士的"我有个梦想"引起黑人的共鸣，带来反对种族歧视和争取平权的运动，创新也是如此。首席创新官需要不停地去宣导和沟通，将当前的工作与未来的愿景关联起来，让大家理解二者之间的关系和存在的差距。著名企业管理顾问梅耶曾指出："保持现状和未来目标之间的持续张力可以有效激发创新。强调当前工作的重要性会让人们聚精会神地工作，而将它们与未来发展愿景相关联则可以激发人们的创新动机。"人们一旦将自己的工作与公司的愿景和目标关联，一系列因素就会被激发和关联。尤其是当前信息技术的高速发展让人们的想象空间更加宏大，也激发了诸如颠覆性创新、大爆炸式创新、指数型增长等新的快速发展模式。萨利姆·伊斯梅尔等人在《指数型组织》一书中提到实现指数型增长的一个核心概念就是拥有一个崇高而热切的目标，即"宏大变革目标"（Massive Transformative Purpose，简称 MTP），这种足够鼓舞人心的 MTP，会激励公司上下的创造激情，产生突破性创新成果和强大竞争力。埃隆·马斯克创造出特斯拉电动汽车、可回收火箭 SpaceX 和每小时 1 200 千米的真空高铁项目，都是从不可思议的设想开始，给人们带来巨大的想象空间和创造空间，一步步逼近现实。

另外，创新和解决问题一样，了解问题情境至关重要，如果不了解为什么、是什么和如何做等基本要素，那么我们就无法找到最佳解决方案。问题情境包括目的是什么，问题边界是什么，解决问题的能力和系统架构是什么。一旦明确真正的创新张力，我们也就接近了创新方案。对创新情境的分析可以按照以下步骤进行：

1）创新的目的是什么？它对整体使命的贡献在哪里？它的首要功能和价值在哪里？

2）设定创新活动的边界，创新验证方法和引导规则，确保赋能和治理来释放创造力，提升创新可以发挥的边界和空间。

3）打造创新需要的相关能力和技能，包括建立合适的创新流程和引入必要的创新方法。

4）明确负责创新各关键环节的角色任务，并确保一致。

其中澄清创新的目的是首席创新官的责任，需要首席创新官能够协调各种资源，并确保产出，达到目标，缩短现实与愿景之间的差距。如果不是这样，那就需要回头进一步提升创新张力，这是一种重要的领导任务。再就是要相信每个人都可以成为创新者，设定创新张力，激发他们的创造力。另外，失败也是张力的来源，应巧妙利用失败，不能只盯着乔布斯和他的骄人的创新产品，也应该想到当初他被苹果公司逐出的情境。失败可以提供动力和新的动机。

谷歌的"往大处想"的创新思维

也许是出于天性，也许是出于企业的本质，多数人仍然囿于循序渐进的思维方式，而不敢天马行空地大胆思考。

曾任美国国防部先进研究项目局（DARPA）主管的瑞吉娜·杜甘从摩托罗拉离职后又加盟了谷歌。她说，创意往往产生于"巴斯德象限"之中，在这个象限中，人们致力于兼顾基础科学的发展和实际问题的解决。然而，多数公司却往往陷在完全相反的象限之中。在这个象限中，"科学知识枯燥无味，没有人想把知识用在实处，人才无处立足，项目也多以失败收场"。

埃里克和拉里在谷歌产品评鉴会上经常会用"你想得不够大"这句话来刺激工程师和产品经理。"你想得不够大"这句话后来被拉里·佩奇的"把想法放大10倍"取代，这两句话可以帮助人们从老旧思想中跳脱，包含着将不可能变为可能的艺术。

毋庸置疑，往大处想的思维方式赋予了创意精英更多自由，解开了羁绊，激发了创意。如果你要造一款省1/10汽油的车，只需对现行设计做些改动；但如果你想造一款每加仑油可以跑500英里的汽车，那就得从头开始了。仅仅通过思考"我该如何从头开始？"这个问题，就可以刺激你萌生从未有过的想法。

除此之外，往大处想还有其他微妙的好处。赌注下得越大，成功的概率往往也越大，因为企业无法负担失败的损失。如果你下了一连串较小的赌注，没有一个能威胁到企业的安危，那么你便有可能以平庸告终。

iPhone之所以能够获得如此之高的人气，正是因为这是苹果公司制造的唯一一款手机。如果新一代iPhone的研发遇到什么问题，想不出解决方案，团队中的任何人都不会回家。苹果公司的产品线精之又精，这并非巧合，因为每一款产品都"输不起"。

较大的问题通常也较容易解决，因为挑战越大越能吸引顶尖人才。巨大的挑战和资质过人、精于技术的人才之间存在着一种共生关系。也就是说，优秀人才能够解决问题，又能从中得到满足。把巨大的挑战交给不适合的人，就是在制造压力。而选对了人，你就是在播撒快乐。这些人乐于面对挑战，因为他们喜爱挑战。

巨大的挑战往往是吸引以及留住创意精英的强大磁场。

（四）建立共同创新语言，及时沟通创新进展

实践证明，很多时候创新障碍源于人和人之间的沟通不畅和信任不足问题。在公司范围达成对创新活动的统一理解，包括制定一套客观清晰的创新度量标准，并保持积极有效的沟通和透明化，将有助于消除误解，确保创新项目顺利推进。

因此首席创新官应该思考如何构思一种共同的语言，将它运用于整个企业中，创建一套被大家认可的创新原则。这种共同语言的构思出发点是：将它作为一种对创新的沟通和协作平台，其基础则是大量创新理论研究和创新实践总结。为了让创新语言更有实践价值，这种共同语言不能只是通过口头传播，必须由企业高管、经理和相关的专家召开研讨会和战略商讨会进行审核，最终以文案的方式形成决议。通过这种方式，可以确保企业内部正确理解创新内容并达成共识，在将创新原则运用于实践时不会出现偏差。另外，首席创新官还要对负责培训企业管理人员的培训者进行监督，确保企业共有的创新语言、创新原则得以广泛传播并运用到实践中。

关于企业中创新的共同语言建设，其中关键一点就是建立和推行一套创新度量标准，来评估创新项目和创新过程中的各个方面，尤其是创新的过程产出和进展情况，而且要尽早实现。本书有关创新评价方面已做论述，可以看出关于创新的评价标准和企业传统的常规评价标准有很大不同，那么如果创新的工作成果仍然被人们以经济效益产出为中心的传统方式进行衡量显然是行不通的，将无法做好创新工作。对于首席创新官来说，重要的是能够及时识别和发现创新进展，以创造性方式积极展示创新成果，让大家感受到并被吸引和激励，让创新工作获得各方的认可和支持，聚集更多资源推动创新进程。因为创新的本质就在于价值创造，但它不是简单的最终经济效益。很多人认为创新单位是个成本中心，而不是利润中心，首席创新官应该着力纠正这种观点。只是要注意尽可能用大家容易认可和接受的语言清晰定义创新及其进展和成果标准，让大家更容易达成一致，同时确保让创新努力和公司及业务单元的商业目标保持一致。另外，一旦有积极的创新成果或者进步，应该及时奖励和表扬团队及关键成员，通过表扬和奖励彰显对创新的衡量标准和原则。

有了共同的创新语言和衡量标准，首席创新官应该积极大声地为创新活动

呼喊助威，并与关键利益相关方进行沟通宣讲。在沟通关于创新的进展和成果时要注意几个方面：明确创新项目的战略性目标，表明它是与公司和业务单元优先目标一致的。沟通时明确目标对象及其要点，规划好沟通的要点内容和希望传达的信息。比如公司或业务单元年度目标是提高销售收入10%，那么可以明确通过创新项目发现新的用户需求和新的销售机会。要有一定策略，比如从创新组合的角度去汇报进展，而不是只让大家看到个别项目的失败或不成熟。再就是选择合适的沟通方式、时间和渠道，尽可能保持沟通渠道的稳定性和有效性。

三、首席创新官实践经验探索

显然首席创新官这个角色还是个新生的事物，只有十多年的历史，无论其理论基础还是实践探索都远远不够，对于打算从事类似工作的创新领导者来说，或许更需要先行者的经验分享，包括他们是如何启动类似角色和职责的，遇到什么样的问题和挑战，又是如何解决的和应对的，他们都有哪些实践经验和技巧可以借鉴和学习。本书最后部分搜集整理了一些目前典型的首席创新官先行者的访谈，以及相关的专题研究和总结，希望能给读者更直接的启发和参考。

（一）首席创新官崛起——领导转型创新之路○

就在不久前，"首席创新官"还没有被提升到应有的高度。然而，由于激烈的竞争、紧张的预算以及新技术，创新被视为合理且重要的业务流程，该岗位的地位最近几年已经大大提升。这就给创新负责人赋予了新的重任，他们要鼓励创新，并推动结果的产出。

1. 寻求真正答案

全球化、经济衰退以及用户更容易获得信息这一事实，无疑已经创造了一个更加拥挤、竞争更加激烈的商业版图。公司在实现按节奏发展、走在务实的预算前面，以及从以往拥有的资产榨取最大价值方面承受着巨大的压力。

○ Chloe Green. http://www.information-age.com/it-management/strategy-and-innovation/123457889/rise-chief-innovation-officer-leading-way-transformational-innovation

为了确保处于竞争前列，企业必须要持续创新。拿亚马逊来说，公司 1998 年作为单纯的在线售书商参与互联网革命，之后一直在自我重建（比如引入隔天配送）以及自我再造（推出 Kindle Fire，进入平板电脑市场），直到成为今天的综合型的在线零售巨头。

为了确保持续的进步，公司内的决策制定者必须要问正确的问题，比如组织、行业的当前状况怎么样，以及未来会走向哪里等问题——显然，很多企业并没有恰当地做到这一点。

而对于这些问题的回答及其相关的解决方案，更是很少被掌握。而能否成功回答这些关键问题，取决于对组织内现有资产的有效利用——那就是对人才的利用。

2. 企业责任

对于实现创新，哪位高层领导负责确保基础设施和流程能够到位，以帮助促成创新，并确保公司利用每一个可能的渠道来实现进步最大化？

CEO 负责公司的方向和战略，CIO 负责 IT 和信息管理，CFO 负责成本管理和预算。在业务部门内渐进式创新是普遍的，但是，尤其在大型或多元化组织内，需要有人管理涉及整家公司的转型战略创新，他拥有来自 CEO 授权的控制权，能够激励整个团队。

正是如此，高层管理中出现了一个职位，他连接传统的 CEO、CFO、CIO 角色——也就是首席创新官。首席创新官已经从 CIO 职位演化成为独立的高管职位。

首席创新官被视为企业未来成功的关键，而并非是"光杆司令"（没有下属的高管）。简·斯诺登博士提供了一个很棒的真实的例子，他是 IBM 第一位被任命的首席创新官。

3. 工作描述

首席创新官的主要角色是持续地为创新"击鼓助威"，本质责任是识别及建议一些领域，在这些领域，技术、公司架构和日常实践可以结合并且优化以推动公司达到其目标。一个合格的首席创新官必须要掌握多项技能——传统的 CIO 或 CEO 通常由于不能满足该要求而无法胜任首席创新官的工作。

作为商业领域一个相当新的角色，当前首席创新官角色承担的职责通常会偏向技术。然而，在未来，首席创新官将会是 CEO 的潜在接班人，他们能够应用其多种技能以及广博的知识应对不同的商业情况。对于非技术公司来说尤为如此。

首席创新官了解需要通过创新来解决组织内的最大问题，而且他们对于寻求外界的输入也更加坦然，因为他们明白最好的想法可能产生于任何地方。

首席创新官必须从战略上理解并能从事短期战术运营，同时也对长期的战略规划游刃有余。他们坚信创新的价值，但可能不一定是创新或创意的提出者。

他们的关键角色是创造一种环境，重视、允许并推动创新者发挥作用，实现最佳效果。最终，今天的首席创新官对于组织理解得很透彻；他们了解怎样进行最好的运营，怎样让大家各司其职，顺利完成事项。

人类的个人技能、技术智慧以及更好的业务理解并不是天然结合在一起的，这也是对创新高管的要求越来越高的原因。

4．从创意到行动

世界上很少有公司不欢迎内部创新，不希望看到更多的想法转化为现实。普华永道以及咨询机构公司管理委员会曾进行了一项研究，61% 的 CEO 声称创新是重中之重，75% 的高管认为创意不够。

大部分的组织依然缺失相应的架构及态度，首席创新官通过应对该问题来推动创新走向前台。

首席创新官应该能够帮助有效应对这些前沿挑战，而对很多公司来说仍然缺乏应对架构和策略。

鼓励跨公司合作是一个很棒的例子。很多公司保留着固有的自上而下的思维模式。总是会有高层领导和低层的员工按照自己的方式通过努力逐步升职，这种科层式的设定不应当被应用到创新上。

好的想法可能来自任何地方，不同的视角会带来新的想法和解决方案。改变"老学派"公司文化及其对水平方向合作持有的反对态度依然是个很大的挑战，但至少我们可以通过许多其他方式来获得创意。

5．众包创新

合作使得公司可以通过众包的方式创新，确保公司能够将劳动者创造的价值最大化。首席创新官可以使用大量的战术确保参与和取得结果。

设施方面，可以通过智能办公规划实现合作（比如开放的规划办公室，放松的会议区域）。公司范围的创新可以通过协作技术软件以虚拟的方式推动。比如Mindjet 的 Spigit Engage 工具使得公司能够挑战整个业务，并以全球的规模，对关键问题或挑战寻求答案。

游戏化是一种越来越有效的方法，它将来自老板的问题或者命令转化为游戏式的挑战。创新项目可以通过游戏式的积分系统得到推动，鼓励员工间的有序竞争以及参与，或者通过奖励机制的引入（从简单的奖项激励到职业发展激励）提高参与度。

6. 结论

首席创新官涌现的背后有数据支撑。首席创新官甚至有自己的网站！公司的竞争在后衰退时代有增无减，它们对创新追求的力度也在加大。因此首席创新官这一职位被列入所谓"毫无意义的岗位"清单上的可能性微乎其微。

（二）做一个首席创新官究竟意味着什么[⊖]

越来越多的公司正在研发部门之外设立正式的创新岗位。2012 年，凯捷顾问公司对 260 个组织做了调查，43% 的受访者说他们设有首席创新官或类似的岗位，而 2011 年，仅有 33% 的受访者表示设有该岗位。在高管层之下也在设立专门的创新角色，职位名称为创新经理、创新主管或者创新副总。越来越多的人（涉及各种职能）现在面对着就职创新工作的选择。

一个明显的问题凸显出来：如何胜任这样一份工作？

我在过去的 8 年中一直在研究公司创新的实践性，通过该工作，我有机会见到了很多的创新领袖。有些人通过该工作获得高层领导角色或其他好处。然而，不幸的是，还有一些人被边缘化、被解雇，或者走入职业生涯的死胡同。创新工作与从事创新工作的人一样，彼此各不相同，但我想象它们至少有一个共同的主题，即如何在工作中衡量自身的进步。

⊖　Thomas Wedell-Wedellsborg. What It Really Means to Be a Chief Innovation Officer. https://hbr.org/2014/12/what-it-really-means-to-be-a-chief-innovation-officer

具体来讲，成功的创新领导者应做到两件事。首先，他们致力于衡量自己对真实世界的影响，即使这比使用诸如"产生创意数量"之类的过程度量或类似的方法要更加艰难。其次，他们并非马上就使用度量方法，或接受外部的方法。相反，他们会从在自己的角色中创造灵活性开始——通常会花费一年或更长的时间，这就意味着他们有时间来定义自己对成功的度量。

如果你从事销售，你将会看到一个可喜的、直接的、每日的迹象表征，表明你是否在创造成果。然而，在某些类型的创新工作中，恰恰相反。虽然很少有人公开提及，但很多人多年从事创新工作，却从不确定他们是否真正地为公司创造价值。在这些情况下，通常会看到很多的创新团队下大力气管理对价值创造的感知——这与创造真正价值非常不同。

比如，对于很多创新机构提供的创意培训工作坊这个主题，在针对该主题的现有一项研究的大规模评论活动中，Ginamarie Scott、Lyle Leritz 和 Michael Mumford 发现，艺术、非商业方法并非都非常有效。为了达到最好的效果，你应当针对人们有可能在未来工作中遇到的问题进行培训。然而，很多公司培训师会避开这种单调的方式，而倾向于形式更为华丽的培训。这种现象的原因，有可能是培训师更关注优化工作坊体验，而不是工具的真实有用性。

我曾经在其他的创新单位见到过类似的情况，比如公司内部的智囊团更关注写报告而不问他们的知识是否得到应用；或者创意部门乐于看到他们能够推出颠覆性项目，而没有真正地关注这些想法并不会被企业所接受的现实。仅仅关注那些容易收集的绩效度量，会让你很快误入歧途。

相反，我曾经合作过的成功的创新者并不会仅仅依赖过程度量。他们持续关注创造真正且最终的影响，他们经常会脱离固有的方式寻求新的度量方式。

Jordan Cohen 是辉瑞公司的一名经理，开发了一个新的内部服务工具，称为 PfizerWorks。他努力地设定了开发流程，这样他能够24小时接收来自真正用户的反馈，持续地评估如何让其创新工作在实践中可行。另外，Cohen 还招聘了一名具有20年实地工作经验的员工加入其开发团队。结果，他的项目取得了内外部公认的成功，Cohen 也登上了《商业周刊》《快公司》《哈佛商业评论》以及其他杂志。

Prehype 是我现在正在研究的一家风险开发公司（我是该公司的免费顾问），

该公司认为，很多在创新领域的服务提供者过于关注计费工时以及短期的交付物。基于此，创办人 Henrik Werdelin 开创了一个新的商业模式，让他的团队能够为公司客户产出长期可衡量的价值，收取较低的初始费用，但在新的风险项目中占有股份。该方式已经帮助 Prehype 获得了诸如新闻集团、可口可乐、英特尔、Mondelez 和乐高这样的客户，并且已经帮助 Wedelin 建立了在其领域作为思想领袖的地位。

在三星的欧洲创新团队，Luke Mansfield 和他的两名创始团队成员 Jerome Wouters 及 Ran Merkazy 同样关注证明他们的价值。基于此，团队投入大量的资源，以开发一个更好的方法论对具有前景的项目价值进行评估；最终使得系统能够预测真实的销售，偏差在 $-12\% \sim 12\%$。他们还同其在韩国的领导合作，设立了一个会计系统，将他们整个项目对三星做出的贡献通过在货币价值中的具体数值体现出来。截至 2014 年，该团队已经创办 3 年半了，其贡献的数值为 7 亿美元。正如 Mansfield 告诉我的一样，最终最大的问题是，如果没有你的参与，公司去年是否依然能够取得同样的利润？这是创新团队需要回答的问题。

到现在为止，人们广泛认可的是，如果你开发一个新想法，你必须在最开始就保持灵活，并且随时准备偏离原本的计划。在建立创新部门的时候，这点同样重要，而只有少数人意识到了这一点。如果你在一开始就把自己绑定于一个特定的设定、模型或者度量标准，那么麻烦就会随之而来。

我见到了一名经理，她负责处理来自公司内部创新网站的创意。她的奖金取决于一个关键的度量：收集的创意被采纳的概率，该概率的目标是 5%。不幸的是，好主意与坏主意的概率要低于 1/20——这就意味着如果她想要获得奖金，就要将一些坏的想法付诸实施。

相对而言，我提到的上述创新领导们均没有过早地做出承诺。Cohen 审慎地利用一年半的时间推进项目，以便有充分的时间改善服务。Werdelin 则在 Prehype 的前两年对商业模式进行试验，直到一切都走上轨道。当 Mansfield 在三星就职之时，他申请了 3 年的宽限期，在此期间，他无须为结果负责；KPI 就是在此期间设定的。他告诉我："很多创新团队并没有为创造结果承担起相应的责任——这让他们很受伤，因为他们没有被审慎地对待，他们也度过了艰难的时光来吸引足够的投资。因此当我就职该工作时非常明确地申明，如果 3 年后我们没有创造出任何结果，我将会退出；我对于就职一份我不能够产生真正影响力的工作毫无兴趣。"

总之，如果你即将从事一份创新工作，应确保为自己留出一定的时间，然后利用这段时间努力带来变化。

（三）Cambia：90 亿美元健康公司首席创新官分享变革秘密[一]

Cambia 健康解决方案公司重新定义了自己——从一家传统的健康保险公司变为了"动机"导向型的全面健康解决方案公司，创新成为核心价值。Mohan 的团队将三个全新的业务注入到了 Cambia 的创新组合中。这一创新水平保证了企业与时俱进的视角。学习一些他们的经验也许会为你的公司带来突破性创新，详见以下内容。

Larry：可以请您简单概述一下 Cambia 健康解决方案公司以及您作为首席创新官发挥的角色作用吗？

Mohan: Cambia 健康解决方案公司是一家非营利的公司，总部位于俄勒冈州的波特兰市，负责监管一系列健康管理业务组合，其中包括四个健康保险公司以及一个投资机构，该投资机构目的是促进健康管理的改革，打造一个聚焦于个人而又经济上可持续的体系。

这些年里，我发挥的作用一直在改变，从七年的市场运营到两年的健康计划项目。让我持续投入和激励我的是 Cambia 对包括很多事情的"动机"的不懈坚持，比如我们的做事方式，对新投资的决策方式。

10 年前我加入了 Cambia 当时叫"摄政"的小组。在会上我们重新定义公司，聚焦于一个共同"动机"，它要求我们不能再仅仅是一家健康保险公司。如今我依旧携带着当时会议上用到的那张沾着咖啡污渍的纸条。

作为首席创新官，我和我的团队（创新力量）一直致力于鼓励所有的员工要视创新为珍宝。员工们也有自己的方式来支持这个"动机"，我们设计了一个变革性的未来场景，通过推动他们的工作创新让他们的想法变为现实。

Larry：定义一下创新吧，健康管理领域的创新指的是什么？

Mohan：发明即创造。创新就是将各种创造组织起来，变成一种实际的解决方

一　Larry Myler. Chief Innovation Officer of ＄9B Healthcare Company Reveals Transformation Screts. http://www.forbes.com/sites/larrymyler/2014/06/09/chief-innovation-officer-of-9b-healthcare-company-reveals-transformation-secrets-mohan-nair/

案——包括渐进式和变革性的创新。我的工作就是在 Cambia 创造条件，让大家各尽其能，得到最大限度发挥。医疗健康行业过去曾经很有创新性，但现在这个系统迷失了方向。创新让我们回到起点，思考我们为什么要做这些。

Larry：那么可以采取什么样的步骤来提升创新文化呢？

Mohan：没有快速的解决方案。对于我来说，这个旅程在 10 年前就开始了。我参与了转型准备的过程。创新是进行转型的必备要素。我们引入外部创新者，同时也鼓励内部创新者一起设计及创造未来。我们保护这些团队，带领他们将大胆的想法快速付诸实践并展示成果。其中的一个想法就是让客户能够以透明的方式查看医疗服务费用和选择治疗方案。9 年后，该创新已经成为提供透明信息和社交技术的领军者——Health Sparq。

如今，我们正处在创新的下一个阶段，我们参与并鼓励应用社交技术的内部想法。我们组建了"创新力量"（一个多样化且跨领域的团队），致力于鼓励创新想法并加快其转化为解决方案的速度，以及规划与创立新公司。

Larry：什么事最让您兴奋？

Mohan：未来让我兴奋不已。应当把医疗保健的焦点从系统转向客户。这需要我们共同提出新的方向。我有机会带领"创新力量"这一创新团队，堪比"海豹突击队"，他们视医疗保健世界为机遇而不是障碍，他们天赋异禀、训练有素、有能力将梦想变为现实。

Larry：您对其他首席创新官有什么建议？他们应该怎样消除推行新想法的阻力？

Mohan：首先，如果你的汇报对象不是一个致力于创新并持有创新价值观的CEO，请重新考虑你的角色！我很庆幸拥有这样一个上司。其次，你要明确为什么创新，创新背后的原因是什么。如果与核心价值观一致，变革努力就会成功。只有这样，改变的最大效益才能显现出来。再次，重新审视那种只靠投资新兴创业公司的方式，因为这仅仅是创新解决方案的一部分。很多人尝试购买创新，而不是做创新。做创新是解决方案的另一部分，这需要内部文化的改变。我们常常责备他人保守，但要想克服阻力，我们就必须以身作则，先改变自己。

（四）空客的创新理念：敏捷和速度

空客首席创新官 Yann Barbaux 分享他的观点：当公司的使命声明提到"促进

科技进步"，首席创新官的角色对于组织来说变得更加重要。

作为 Simpli Leader 系列的一部分，Simpli Flying 同空客 SAS 的首席创新官 Yann Barbaux 进行了深入的谈话，探讨集团的创新理念、创新在空客内的角色、最新的成就、公司未来面对的挑战和机遇。

Simpli Flying: 让我们首先谈一下空客的创新理念吧。您认为空客的创新理念是什么？

Yann: 空客的创新理念体现在很多方面。敏捷和速度是我们理念的两个重要特征。我们总是在寻找针对公司现有流程的新的解决方案，关注销售飞机的核心业务以及获得盈利情况。我们不断挑战信息孤岛，让敏捷变成我们创新的一部分。

我们的创新关注减少产品的上市时间，推动 A350 项目的开发；相比推出新平台，我们更关注改善当前平台的可用性——根据客户的需求充分利用这些平台是我们的重中之重。

Simpli Flying: 上次我们见面，您告诉我们您的目标是推动 10 倍的创新——在效率和产品方面 10 倍的改善。自那之后，您取得的最大成功是什么？

Yann: 我们正在关注三个主要的想法：

（1）10 倍的影响——这是通过关注有限的项目资源，最大化影响力。

（2）我们正在寻求今年在服务方面为空客推出全新的业务线。目标是从 0 开始，最终获取 50% 的市场份额。计划在 2015 年下半年启动该活动。

（3）我们在全球尝试快速推动各种活动，让组织更加机敏，不管是金融、人力资源、采购或其他任何部门，所有的支持职能都是重要的。我们同事也致力于改变内部工作的方式，精简组织，以及不影响面向客户的创新。

Simpli Flying: 您迄今取得的最大的成功有哪些？

Yann: 我们工作的方式有了很大的变化。我们同航空伙伴引入了 β 测试解决方案，使得方案能够更快地被采纳。这是通过冲刺方法论来实现的，我们也建立了原型。截至 4 月份，我们将会看到这项发布的新服务的实验结果，如果一切顺利，它将会在今年年底之前顺利上市。我可以告诉你们的是，该服务是为了挖掘飞机数据。

关于创新网络的部署，我们在全世界多个业务领域已经有 100 多个分析人员了。我们的目标是在 2015 年年底让这一数字达到 200。这些人是专门的人员，负责推动他们的部门进行进一步创新。

另外一项活动是我们的 Biz Lab——这是一个实体的空间，空客在这里欢迎创业项目。空客团队共享该空间，通过将创新项目从体系中区分出来，促进了快速原型的试制，同时还通过培训和提供方法论加速这一进程。

空客风险投资（Airebus Ventures）是该项目的一部分，用以评估创业公司。迄今有 70 多家创业公司已经接受了审核，它们在世界各地运营。

Simpli Flying: 在创建创新文化的过程中，您面临着哪些挑战？

Yann: 同诸如空客这样的大公司现有的流程进行斗争。新的项目需要特定的工作方式，我们主要的挑战就是要让 6 万名员工相信并理解新的流程。旧的流程同创新不再有任何关系。我们的目标是同时开发出更加简单的创新流程。

Simpli Flying: 这很棒，我们希望您能够披荆斩棘，顺利应对面前的所有挑战。告诉我们，您认为创新活动的投资回收率怎么样？

Yann: 我们做的一切都是由我们的业务需求驱动的。就一个创意想象出合适的商业模式。我们承认有一定的风险，我们需要对此进行平衡。两个最近的影响重大的产物就是跑道超运保护系统和航空公司保险费的降低。这些最终会帮助推出创新，同时推动创新想法的采纳。

Simpli Flying: 在 2015 年及之后，您认为您所在集团面临着哪些大的机遇？

Yann: 我们正在创造工具来支持和鼓励创新，我们对此踌躇满志。我们网络的开发以及飞机的生产率的提升——这些是我们在未来一段时期的重大机遇。

（五）大都会人寿：人寿保险行业第一个颠覆性创新中心[○]

LumenLab CEO 以及 MetLife 亚洲首席创新官 Zia Zaman 同《人寿保险国际杂志》编辑 Ronan McCaughey 进行交流，谈到了 LumenLab（创立于 2015 年 7 月）是如何成为 Metlife，以及全球人寿保险行业的第一个颠覆性创新中心。

○　Ronan McCaughey. The Big Interview: MetLife's LumenLab chief innovation officer speaks to LII. http://www.linkedin.com/pulse/big-interview-metlifes-lumenlab-chief-innovation-speaks-mccaughey

Ronan：您能否解释一下建立 LumenLab 的目标及其基本思路是什么？

Zia：整个行动是 Metlife 亚洲总裁 Chris Townsend 的思想产物。Chris 带领大家努力，将 Metlife 在亚洲的业务分为四个主要支柱：数据分析、健康、数字和创新。

Chris 承认人寿保险公司需要经历业务和文化转型，保持长期的竞争优势。他认为由于技术、社会和客户引领的诸多因素的综合作用，亚洲市场已经足够成熟，面临被颠覆的风险。因此，投资颠覆性的创新带来完全不同的商业模式应当马上进行。

他做了大量的功课，思考应当如何在《财富》杂志排名前 40 的生命和健康保险公司构建世界级的创新中心并付诸实践。

很多行业仅仅考虑我们如何扩展昨天的商业模式来解决明天的业务问题。这种线性思考是不够的；真正的商业模式创新将会改写我们的行业。

证据就在我们眼前。消费者的期望和我们（行业）能够提供的东西之间有差距，而且该差距逐年扩大。

原因是在同客户的实质性对话中，客户预期开始成为"黄金标准"，而且客户正在变得越来越见多识广。如果我们看一下亚马逊或者奈飞公司的体验，它们创造独特的个性化体验的能力是超乎想象的。

让我们同典型的金融服务公司做一下比较，它们会说"这是我们的产品。联系我们吧"。

面对消费者的期望，相对于那些了解并且频繁涉及客户真正关心的事物的公司或其他品牌，我们的行业更加脆弱。

颠覆性的创新指的是真正的商业模式的改变。70% 发生在我们行业的创新都是渐进式的，是很容易摘到的果实，是我们应该做的事。

研究表明做其他人正在做的事，你并不会从中创造很多的价值。你只是简单地保持。

颠覆性的商业模式为之前没有被服务到或者服务不周的地方提供服务，它能够做到恰到好处，或者通过价值、便利性、成本及简单性方面的优势取代现有的商业模式。

Ronan：LumenLab 是否已经开发出一些新的创意，改变了 Metlife 已有的产品或服务?

我们允许人们全身心投入我们识别出的问题。关于这方面,有些是我们专有的见解,我们不能够分享。但是随着你更加深入地融入一个环境中,你就会发现这不是简单的问题,而是客户应面对的不可调和的矛盾和问题。

比如,他们的痛点是什么?也许更重要的是,他们为某一问题的解决方案付款的意愿如何?

我引用的一个例子是,我们一直在关注日本的老龄化问题,并且假设一个先验问题是:"他们65岁的时候,应该拿自己的钱做什么?"当我们真正地触及核心洞察的时候,我们意识到这些人并不想成为家庭的负担。这是真正要解决的问题。

当你真正着手去做的时候,它看起来很简单。所以我们现在研究的一些产品是关注降低痴呆率的。如果你能找到一种方式让人们感觉到他们并不是家庭的负担,这是金钱无法衡量的。这项活动并不是通过保险公司来做的,这是我们独立的业务,这也正是我们存在的理由。

Ronan:您在创新中失败过吗?

Zia:我们是组合方式的推崇者,也做好了迎接各种失败的准备,每一种失败都能教会我们一些新的知识。

Ronan:亚洲只是推出 LumenLab 的一个特殊地区吗?此外,您本人和 LumenLab 在未来五年的目标是什么?

Zia:选择亚洲是基于一个特殊的原因。"需求亚洲化"在各个行业都在涌现。此外,新加坡提供一个强劲的公私合作模式,也是吸引全球创新人才的磁铁。

针对 LumenLab 之类的项目会提供单独的专用空间。比如,我们不仅有来自 LumenLab 的专门人员,我们还有来自 MetLife 日本的人员,我们称之为"宇航员",我们把他们带到新加坡开发他们的项目。

我的目标是向这些人介绍新鲜的想法,然后要么让他们启动,要么回到旧有模式。

Ronan:您觉得未来几年在人寿保险行业是否会有新的进入者?

Zia:是的。这些新的进入者在发挥真正的影响力之前还需要几年的时间。我担忧的是我们的行业还有盲点。

（六）通用磨坊：创新如何获取第一桶金，创新中的失败与度量⊖

关于开放式创新以及先导试验，很少有公司在这方面的成就能够与位于明尼阿波利斯市的通用磨坊相媲美。这家市值176亿美元的食品巨头有时会把空的包装袋放到架子上，了解客户是否会选择拿起它到收银台结账。那里的高管谈到创造"柠檬汁摊位"，作为一种测试新产品概念的快速廉价的方式，而不是进行所谓"爆炸式"的产品发布并寄予厚望。

该公司坦然接受失败，了解任何一种新产品要进入客户的厨房，失败是其必经的崎岖道路。首席技术开发官 Jim Kirkwood 说："过去，如果你失败了，一切就都结束了。但是现在，正是我们的失败构筑起通向成功的阶梯。"如果产品上架前，你没有经历过一次失败，他说："你也许没有进行足够的测试。"

下面是由"创新领导者"（Innovation Leader）的联合创始人 Scott Kirsner 主持的完整的谈话内容。

Scott：很明显，通用磨坊拥有研发职能，也许在很长时间内会保持一个很大的研发团队。

您是怎么看待创新的？研发是创新的源泉吗？创新总是伴随着研发吗？稍微谈一下二者的关系。

Jim: 研发在过去通常是创新的来源。但是我们已经了解到创新实际上是一个团队的活动，它不仅涉及那些深入了解技术需求的研发人员，还同客户洞察、营销和商业模式的财务有着广泛联系。

比如，我们知道墨西哥玉米粉圆饼有很大的问题。如果墨西哥玉米粉圆饼里面放了太多的西红柿以及湿润的食物，人们吃的时候，拿起一个看起来很棒的卷起来的圆饼，然后想要咬上一口，这种时候你通常会弄脏自己的衬衣。

我们知道需要做一项客户工作，尝试让墨西哥玉米粉圆饼在吃的时候不会弄脏衣服。这里有一个很大的商业模式问题，因为墨西哥玉米粉圆饼非常便宜。从工程和运营的角度来看，对于如何改变墨西哥玉米粉圆饼制作工艺面临技术问

⊖ General Mills VP on getting to the first dollar fast, failure, key metrics. https://www.innovationleader.com/general-mills-vp-on-getting-to-the-first-dollar-fast-failure-key-metrics/

题。我们作为一个团队来到一起，创造了站立内凹的墨西哥玉米粉圆饼。它是一个船的形状，你可以放进去一切东西，吃的时候，汁液也不会溅到衬衫上。

通过我们的营销客户洞察，结合研发技术能力，我们识别出了一个非常基本的客户需求，并通过我们的工程和运营提高其实用性和经济性。

结果我们取得相当巨大的成功，尤其是在欧洲。现在该业务确实在蒸蒸日上。

1. 组织架构

Scott: 这是一个很棒的例子。您能否谈一下组织架构，以及您的职位？我们曾经跟 Peter Erickson 谈过，我认为他是通用磨坊的创新和质量高级副总裁，他是您的上司吗？

Jim: 是的，他是我的领导。他领导整个技术和创新工作。我们还有"战略和创新团队"，这是一个非常小的团队，它聚焦于帮助我们所有人更加以客户为中心。他们做了很多的工作，确保我们所有人能够直接跟客户进行互动。不管你是在车间工作的技师，还是在油脂方面的博士、科学家，又或者你致力于产品线扩展，有机会同客户直接联系或者交谈是非常重要的。

2. 跟客户连接

Scott: 您能否谈一下客户洞察以及客户研究前沿有什么新进展？可以想象通用磨坊是世界上客户研究做得最好的公司之一，包括通过调研、焦点小组法等，甚至会进入人们的厨房去观察他们如何准备饭菜。

但是在跟客户联系或者理解客户方面，通用磨坊有什么新的方式吗？

Jim: 你提到了走进厨房。我们已经采纳了真正的人类学的方式，花费时间走入客户的生活。我们跟着他们一起去购物。

我有非常特别的机会，在一个每年家庭花费不到 3 万美元的客户家里待了一段时间。我跟她一起去购物。她家里有四个人，一周的花费有 20 美元。观察她的行为确实给我带来了很多深刻的思考，告诉我什么是我们通常所说的"有价值的产品"等。我们需要非常尊重这些产品，因为它们在人们的生活中扮演了非常重要的角色。

我们已经尝试将一些客户跟我们非常资深的科学家联系起来。我们曾将一群人带到科学家面前，这些人说："我讨厌粮食，我不喜欢粮食，小麦不好，小麦涨肚子。"有很多书现在探讨被妖魔化的粮食。我们让这群人跟我们的资深碳水化合物和研磨科学家直接接触，这样科学家们可以倾听、了解，并且感觉到人们讨论的内容。

我们确保科学家们不会反驳发言者，并且说："你是错的。"只有倾听才能够使我们明白这些人对于粮食有哪些顾虑，以及我们应当如何做才能改变人们的想法。

要知道与消费者对话的参与者们并不是那些仅仅从事营销与客户研究工作的人，他们都是资深的科学家。

3. 让世界成为我们的实验室

Scott: 我觉得您已经是向外部创意打开公司大门的先锋。我不知道这是 Peter Erickson 自己的话还是他从其他地方借鉴过来的，但是他确实说过："在通用磨坊，实验室通常就是我们的世界，现在世界就是我们的实验室。"我曾经听人们引用过这句话。

Jim: 是的，我觉得大概七八年前吧，通用磨坊经历了一场真正的革命，我们开始比较孤单，最后引起了所有人的共鸣。

最开始，我们有内部企业家，他们的工作是针对每一个平台，针对每一个诸如 G-Tech 组织的职能部门，他们的工作就是走出去与外界联系。他们有另外一份工作，就是教组织内的其他人怎样与外界联系。

今天，我们不再有内部企业家，我们将走出去与外界连接变成了所有人的职责。我们还是有一个小的与外部连接的创新团队，因为在某些领域我们确实需要与外部进行深入的联系，我马上就会讲到这一点。

我们需要让所有人（不管他们的职位是什么），在付费走出去解决问题之前，首先愿意拿起电话，看看是不是有人之前已经解决了问题。

比如，我们的汤有个大问题，人们说我们的汤太咸了。但问题是，如果你不放盐，人们根本就不会喝，因为那太难喝了。

我们需要解决一个大问题。该团队与一个第三方的外部生态系统联系起来，从另外一个行业借鉴了一些搜索发现技术，这使得我们可以从数百万的天然化合物中过滤出那些可能有咸味，但并不含钠的化合物。

我们识别出一些味道，能够真正激发咸味，我们正在进行商品化，以减少我们生产的汤中的钠。

4. 散点收集，连点成线

Scott: 您能不能谈一下与创新伙伴如何在一起合作？您现在合作的公司是中小型公司还是大公司？

Jim: 它们实际上是更小的公司，属于完全不同的行业。这些人是在我们前进的道路上发现的。我称之为散点收集之旅或者连点成线之旅。

在这些散点收集之旅中，你会遇到特定的人，他们跟你也许有着很大的不同。他们也许从事一个完全不同的行业。如果你在食品业，他们也许属于制药业。我们与 NASA 的人也交流过。

在交谈中，你可能突然灵光一闪："嗨，我们可以在这方面合作，用你之前在行业中所使用的传统方法来解决我的问题吧。"

在某些特定方面，我们想要保有我们的知识，但是我也可以向他方开放，以其他方式拥有它，这样我们可以创造一个在特定情况下各方共赢的局面。

Scott: 请谈一下什么是连点成线。

Jim: 连点成线，我有时候称之为亲吻数只青蛙（遇到王子前，你需要亲吻很多只青蛙），因为你完全不知道你发现的想法是否与你的业务相关。

然后，你也许会走上连点成线之旅，你会了解你在寻求什么，你知道那里的人，你说："我需要把这些点连起来，我知道你能够把这些点连起来，我也知道另外一家公司可以做到，这将使得我们三方或者四方都受益。"

你也谈到了大公司，这很有趣。我们跟大公司也有合作，甚至跟其他零售包装产品公司合作。我们在某些领域存在竞争关系，但是在这里我们可以开拓并构建一个共同的项目，通过这个项目开发一些对双方都有意义的东西。

一个例子就是我们同另外一家 CPG 公司合作，开发制作全新包装的技术。一旦该技术实现商业化，它将会改变客户对我们很多产品的看法。

它使得我们能够投资一些仅凭我们任何一方无法做到的事情。它使得我们能够综合利用合作双方对各自产品的了解，创造出使得双方受益的事物。在这些情况下，1 加 1 确实等于 3。

5. 让每个人都可以合作创造

Scott: 我听很多人说："看，这是一个很棒的概念，但是在现实中，你要让律师参与进来，让有意愿的人参与，以至于最后，你的厨房里有了太多的厨师，这事实上会减缓而不是加快创新的速度。"

Jim：我觉得我要说的第一件事可能是你必须要建立互相信任的关系。你合作的伙伴必须与你拥有同样的价值观。如果他们与你价值观不同，合作过程中将会争斗不断。

我们有一段伙伴关系，当时我们与另外一家大公司合作。这是一个非常复杂的情况，当时他们大量的制造设备可以从该技术中获益。而我们的制造过程可以从该技术中获益。在特定领域，我们有一些潜在的竞争。

我们团队坐在一起说："我们要么走法律程序，就每一种可能性进行斗争，最后达成协议，这需要花费6~9个月的时间；我们要么可以表达双方达成一致的意愿，正视对方、相信彼此能够就商业模式达成一致。但是我们在定义该商业模式之前，应当先定义技术。"

"让我们允许从技术团队合作开始。同时，随着技术团队的了解，我们将会有一个商务团队对我们的产出进行检验，并考虑：我们如何进行调整？如何进行改变？怎样从商业的角度拟定我们之间的协议，并让它真正发挥作用？"

非常关键的是你重视双方的协商一致，你同意并且已经构建了这种信任关系，只有这样，你才能够做到。如果在工作前，你没有建立任何信任关系，而仅仅关注自我的话，你永远也无法完成工作。

6. "快速获得第一桶金"

Scott：关于你们所说的快速获得第一桶金，把产品放到客户面前看他们是否会买，而不是在焦点小组房间或者实验室对产品进行测试。

你们会怎么做？显然，你们所在的行业有其规则，质量和安全明显很重要。

Jim：我们已经尝试在我们的组织内将一些精简的流程整合起来，能够很快地进行小规模测试。我们在尝试创造一种产品，并称之为最低可行性产品（MVP）。

我们只需要将产品快速展示出来，尽可能快，并能有所发现即可，不一定达到包装级别，只要完成产品的80%~90%即可。

我们实际上把产品放到袋子中做测试——这些刚刚制作的产品会被堆放到杂货店的货架上，拿下来，送到人们面前。测试人员会向顾客询问："你会买这个吗？你会为它付多少钱？"诸如此类。

　　这种最低可行性产品可能来自生产中的任何工序，从非常接近成品到刚刚开始制造。事实上，有一次，我们想要快速了解如果把汤放到盒子里，人们是不是会买。我们在盒子里装满水，把它们放到架子上，然后观察顾客走过来，购买它们。

　　显然，我们没有让顾客把盒子带回家并喝掉汤。我们把顾客拉到一边，说："你为什么要买这个？究竟是什么原因驱动你做了这个决定？包装上的什么东西告诉你这是你感兴趣的食物呢？它是否正是你想要解决的问题呢？"这样，我们可以在进行投资之前，了解到我们的产品应当如何来做。

7. 构建假设和机会地图

　　Scott：这是一个很棒的例子。我们第一个听众问题是关于消费者洞察的。通用磨坊是如何将消费者洞察营销团队和技术团队连接起来的？有没有正式和非正式的流程？您有跨职能团队吗？

　　Jim：这也是一个非常好的问题。我们有平台。

　　Scott：请举一个关于平台的例子。

　　Jim：我们称之为"全球谷物"，就是世界各地同谷物相关的一切事情。

　　Scott：好的。

　　Jim：我们有多职能的团队，因此没有必要对某一个特定产品做该工作。我们针对特定的一套工作或者需求来做，我们想要了解我们的客户。

　　我们首先沉浸在了解关于产品种类的一切文献信息中。

　　我们获得了多年的谷物信息。我们通过一项名为"积极挑选"的活动，标出重要信息。我们实际上把标出来的纸条剪出来，把它们放在一起，看一下我们过去的工作有可能产出哪些思考。

　　然后我们就主要机会形成一些假设，关于我们的产品，今天还有哪些重要工作没有做？我们将会着手这些缺失的工作，设计关于它们的假设，然后走出去，一起到客户的家中——与营销人员、客户意见调查人员和研发人员一起。

　　我们是一个团队。你要走进去，真正倾听客户的声音。我们的这些假设是否正确？我们错了吗？我们应该做哪些调整？直到我们回来，当我们获得所有的信息时，我们才会就属于自己的机会进行创意开发。

　　然后我们制定出了"机会地图"，该地图综合了我们需要做的关键核心工作。在此之后，我们把有关如何实现这些工作的假设呈现出来。这些地图中的产品范围远远超出了"我需要今天推向市场的产品"。

在一定时期内我们可以参考该机会地图，对后续工作哪些更有价值进行排序。

当这些团队工作的时候，你不能够明确地区分出研发人员、客户意见调查人员或者市场推广人员，因为他们是作为一个团队共同探讨对产品的需求。

8. 创新商业模式

Scott: 除了基于产品的创新，通用磨坊有没有开发出新的商业模式或者服务？

Jim: 有的。我认为有很多机会去探索商业模式，看我们如何实现差异化。我拿我们几年前做的作为例子，它可以展示一个整体的概况。

我们认识到水果卷可以做得跟现在完全不一样。我们决定在水果卷的顶部打印图片、打印言语，我们可以把它做成画布一样。

我们构建了一个全新的商业模式，我们并没有在杂货商店销售它。人们可以上网，并且选择一个他们想要打印在他们水果卷上的信息，或者是他们喜欢的足球标志的图片，也可以是任何他们想要参加的比赛的标志。

他们可以预定产品，然后该产品就会配送到他们的家里。

我们测试了这个模型，这是一个非常有趣的模型。我们当时推出的这个活动有点超前，因为我们在 2005 年就做了这件事。我相信我们会重新启用这个模式。当时，亚马逊和其他的配送方式还没有像今天一样流行。

我们开发出这种超前模式，而且运作得确实挺好，只是它的劣势在于难以处理，但是我们看到世界今天的变化，我确信这个业务模式将会重新成为我们希望看到的那样。

有两点需要说明。第一点是我们已经在面对一个不同的业务模式；第二点是我们知道事物在被认可之前会有反复的尝试。

Scott: 这是一个有趣的点。我感觉很多人是在循环进行不同的创新努力和启动。下一个项目开始了，大家都忘记了上一个项目的测试，以及从中学到的经验教训。在对其之前进行的尝试工作的了解方面，一些大公司有时做得也不够好。

Jim: 事实上，关于您所说的，通用磨坊的研发部门做得还可以，因为很多的研发人员在他们所处的产品种类领域有着多年的从业经验。客户洞察和营销人员比研发人员轮岗更加频繁。研发人员通常被视为能够从过往经验角度提出观点的人。

9．"柠檬汁摊位"方式

Scott: Jim，我很好奇。您谈到将尚不存在的产品推向市场，你们会测试包装，或者把产品装到密封塑胶袋中进行测试。您能谈谈迭代吗？您怎样看待迭代？我发现有很多公司如果觉得第一次测试不成功，就会把这个产品丢弃，然后说"让我们看下一个产品吧"。

Jim: 我们确实在使用一个特定的模型。过去使用的"爆炸性方式"通常是我们对产品需求进行假设，然后开发产品、生产产品，并且进行标准的客户试验。然后大动作地推出产品，但我们却没有抓住市场。

我们现在使用"柠檬汁摊位"方式进行测试。我们走出去，生产第一批原型，尝试并销售它们。我们了解目标客户的想法，然后我们发现自己做错了。这跟创业者做事的方式一样。

创业者需要这么做，因为他们还处于"车库"（起步）阶段，但是我们也在尝试让自己处于这种状态。我们从第一个"柠檬汁摊位"中学到："哦，上帝啊！格兰诺拉燕麦卷的味道不应该是这样的。这根本没用。"

然后我们可以快速进行调整，我们转变，做出另外一个"柠檬汁摊位"。

我们可能做五个、六个、七个"柠檬汁摊位"，调整供应的产品以及概念，人们依旧使用现金支付的方式。一些典型客户在焦点小组中将会告诉我们他们想要什么样的产品。但是在真正购买产品的时候，客户的行为有时候跟他们之前的表达有出入。你距离杂货店或者购买人群越近，你获得的信息就会越充分。

过去，如果你失败了，一切就都结束了。但是现在，正是我们的失败构筑起通向成功的阶梯。这种迭代是你在产品道路上必须要做的。并不是所有的产品都是这样的，因为有些产品我们是非常了解的。如果你对产品了解的信息足够多，那么你可以去吃一顿大餐庆祝了，因为你可以确保该产品从现金的角度没有太大的风险。如果你有足够的历史信息（经验），就去做吧。

我们也了解并且真正创造了应对高风险的流程，具体来说，我们会持续地进行小规模迭代，直到我们发展壮大，可以解答大多数的问题。

10．失败和度量

Scott: 所以失败将会是创新过程的一部分吗？

Jim: 确实。你将会失败。实际上，如果你没有失败，也许是你测试不充分。

291

Scott：除了新发布的产品产生的收入外，您能否谈一下您在创新中使用的度量？您的高管认为什么东西是重要的？

Jim：对我们来说最重要的事情之一就是我们声称的"流通"。如果你没有在食品行业或者零售行业，你也许不知道那是什么，那是每周从货架上流通的单位量，也就是销售量。我们知道这是新产品在市场上的持续性的关键性指标之一。

我们将流通量看成最主要的指标之一。我们将持续性看成迟滞指标。该产品在市场中的存留时期是多久。总量当然是很重要的。营业额很重要，但是如果你有一个持久且高流通率的产品，这有可能会成为一个高产量、高营业额的产品。

11．小成功是文化变革的工具

Scott：最难的问题来了。"我们的公司正处于开放创新的初始阶段，我们在思考如何寻找有趣的初创公司以及外部伙伴来进行合作。我们的管理还没有完全到位。您对我们有什么建议？"

Jim：积累小胜利——试验你可能会展示成功的地方。定义你的需求是什么。高度关注你真正的需求。如果你想要得到一切，那么你会什么也得不到。去探索吧。围绕你关注的核心领域，尽量同其他人进行联系，做成功一些事情，向大家证明创新的作用。

在公司内，成功会带来更多的成功，这是很棒的。一旦看到成功的迹象，就向大家宣传，称赞它，让大家了解它。

通用磨坊基本上就是从此开始的。一开始，少数人对创新项目进行试验。后来，当我们成功的事迹在季度会议中，当着所有的研发成员的面进行宣传之后，人们就争相参与。就这样，你改变了文化。

（七）施耐德电气：快速决策是硅谷的关键因素⊖

法国跨国公司施耐德电气在硅谷建立创新中心，仅仅成立两年，就已经开始帮助这家年入300亿美元的公司尝试新的服务和商业模式。

一个案例是在消费者的家里使用连接设备帮他们节省电费。创新副总裁 Paul Campbell 把它比作类似优步在叫车服务中已经做过的和爱彼迎在预定空闲客房中

⊖ Stephen Ellison. https://www.innovationleader.com/schneider-electric-exec-quick-decision-making-key-silicon-valley/

正在做的工作。

Innovation Leader: 施耐德为什么决定在硅谷打造创新中心？

Paul: 施耐德电气一直在海湾地区寻求扩大其创新和技术项目，现在时机很好。我们的核心是 IT 与 OT（运营技术 Operational Technology——各种物理设备的软硬件控制）技术的融合，比如智能建筑、智能电网、智能家居和智慧城市。

Innovation Leader: 创新中心的关注焦点是什么？它取得了什么样的进步？

Paul: 一开始我就有一个设想：到底需要什么？

（1）对创新有一个通常的定义——地平线 1/2/3（代表三种创新类型，分别是当前核心业务，正在兴起、未来可能成为核心的明星业务，以及尚处初期的机会或创意，可能成为未来增长引擎），或维持/渐进/颠覆性的创新等。

（2）理解在当前应该如何创新——针对地平线 1/2/3 不同创新类型分配资源，提升开放式创新的成熟度等。

（3）定义要解决的问题——是否缺乏创意或者执行力太差？

（4）为未来成功建立良好的环境。

我们从第 4 项工作开始。首先，我们建立了一个内部加速器来了解如何把创意和技术转变成企业的快速成长。我们组建了个小团队，它位于旧金山的 RocketSpace。然后，我们与所有施耐德的业务部门进行协调，并且开始原型设计、组织创意竞赛和启动用户探索项目。所有项目都以设计思维、精益创新和商业模式创新为原则。等加速器运作良好时，我们计划扩大开放式创新项目，但由于我们位于 RocketSpace 这个地方，周围有 200 家初创公司，很多公司来我们这里访问。这导致我们的开放式创新项目比预期提前启动，并且很快获得巨大成果。

Innovation Leader: 你们以何种方式来改进施耐德电气的创新途径？创新以前是什么样的？

Paul: 在创新方面，施耐德是引领者。从历史上看，我们的大部分业务部受到法规和电气规程的管理。然而，随着物联网和可再生能源作为连接能源和自动化的重要组成部分，我们的用户在如何与电力和基础设施建设互动方面有了更多的选择。对此，我们与很多初创公司合作，为他们创造出了非常好的以用户为中心的解决方案。最近，我们在其中一个核心业务领域内搜索初创公司，因为该业务领域的长期发展路线图上存在缺口。大约在三个月时间内，我们评估了200家初创公司，发现有10家公司不仅弥补了我们先前发现的不足，还弥补了我们不曾知道的差距。我们完成几个投资项目，并与这些公司建立合作关系。我们已经启动了几个试点项目并且已经创造收益。

Innovation Leader: 让我们来讨论来自创新中心的一些工作成果吧，比如你们已经推出的产品或项目，或者实施的新战略。

Paul: 我们最近推出的一个项目是智能家居2.0。具体说来，我们把家庭电力基础设施看作是一种可被访问和可被货币化的资产。想想爱彼迎是如何把空闲的卧室货币化的或者优步是如何把你的车货币化的。二者都是通过提供一种这样的服务来赚钱。我们想要在智能家居2.0上做相同的事。我们与一家富有才华的公司OhmConnect合作，支付给消费者一笔钱来节约能源（这种合作叫"聪明之家"Wiser Home）。这并不像陈旧的模式——你从物业账单中省出几分钱。实际上，我们每年支付给消费者大约100美元，消费者用这笔钱能够买他们真正想要的东西，从而能够节省物业费。这创造了双倍收益。我们认为这是一个非常聪明的项目。我们还处于早期阶段，但是我们认为在智能家居领域这个是最具破坏力的方案。

Innovation Leader: 你们得到了什么经验教训？

Paul: 在大公司工作的员工都知道说服核心业务部门腾出资源追求新的机会是一种挑战。因此，一个创新项目成功的关键是创建一个加速器，并为它赋予专用资源和预算。和著名的加速器模型一样，施耐德电气的加速器接收内部和外部的项目，并以冲刺的方式快速验证这些创意或技术，从而产生第一笔收入或先导项目，然后扩大规模，并且在合适的时间准备转移到核心业务中去。最后一点是关键。我已体会到其艰难，决定将项目转化成业务时必须非常谨慎。这里有一个项目转移的"黄金时刻"，其他任何时间都有可能导致项目被叫停。我们的一个标准是，业务不仅是创收，而且是实现正向现金流。

Innovation Leader: 实验室有多少名专职员工，预算是多少？

Paul: 我们这里有一个小的全职团队，但有一个庞大的虚拟团队遍布整家公司。我们有一笔小的专用预算，但有机会利用所有业务部门的研发预算。

Innovation Leader: 你会给开发类似项目的人提供什么样的建议？

Paul：在硅谷成功的一个关键是必须要有决策权限。创业公司和投资者需要快速行动，他们需要知道决策很快就能做出来，而且是由他们可以约见和认识的人来做这个决策。我们创新中心的核心要素就是在这里建立本地决策责任，以适应硅谷的快速步伐。我们赢得一些业务也是因为我们比别的公司行动快。

（八）壳牌创新中心 TechWorks：都是关于"部署"⊖

荷兰皇家壳牌公司（Shell）把创新中心 TechWorks 实验室设在了马萨诸塞州坎布里奇。作为中心总监，Murphy 正监督员工绘制行业的频谱，从航空航天、国防到机器人、水下勘探和数据存储。壳牌 TechWorks 的使命是加快壳牌业务的新技术解决方案。简单地说：为了公司的发展寻找更便宜、更快、更安全的方法来钻探石油和天然气，以及未来的能源。

但首先，Murphy 必须让他们接受壳牌（安全健康事故）零目标的政策。简而言之：不伤害自己；不伤害他人；不伤害环境。该原则通过"12 个救生规则"进一步强化，被张贴在公司内，其中包括从"工作时需要有有效的工作许可证"到"不要在吊起的重物下行走"等一切事宜。

Murphy 解释道："这些都是不可违背的规则，这是公司里最重要的事情，这在我们的目标中都有所体现，无论是 CEO 还是门卫都应该遵守。"

这甚至对于 Murphy（一位来自非营利国家安全太空实验室德雷珀实验室，2013 年加入到壳牌的连续创业者、天体物理学家）来说都是一个新的概念。"我以前从事的所有其他行业，包括带进公司的那些只有创业公司工作经验的企业家，都绝对没有这样的经验。"

1. TechWorks 起源

当壳牌打电话来时，致力于卫星和无人月球任务的 Murphy 已经忙了好几年了。有超过 94000 名员工的壳牌要求 Murphy 为波士顿地区的实验室提出建议。

Murphy 很兴奋可以在壳牌名义下创建他理想中的实验室。Murphy 说："壳牌是真的想要解决世界能源问题。"但在壳牌压力也是存在的，尤其随着较低的油

⊖　Patricia Riedman Yeager. http://www.shell.com

价促使裁员，降低利润，投资降低。

Murphy 说："新实验室的灵感来自于施乐帕克研究中心、德雷珀和以 U－2 侦察机和 SR－71 黑鸟等著名的原洛克希德·马丁公司。"然而，并不是所有东西都是按照他原来的想法建立的，最终实验室建成，在名字和功能上更多地模仿 Skunk Works。Murphy 说："我们想模仿非常成功的东西。"Skunk Works 项目就是有一小帮人几乎一夜之间改变整个行业。

Murphy 说："如何把一些学术或者实验室验证过的东西转化成商业产品？这是很难做到的。99% 的产品死在这里。正确和有效地去做，而又不超出预算，这是关键。它需要做很多不同的事情，这是该公司最大的任务。"

自从它开放以来，在 Murphy 的领导下，实验室的员工数量已经从不到 10 个发展到 75 个，Murphy 有意将实验室建成一个多学科中心，员工来自 NASA、Draper、Bluefin Robotics、Raytheon 和 EMC 公司。

2. 早期项目

在最初的两年半，他们推出了 7 个项目，这速度对于大多数行业来说是疯狂的。显然，只有当你将不同学科背景的人聚集在一起，树立明确的目标和使命，并以此激励他们行动起来，才有可能获得以上成就。这是个高压力工作，很难掌握所有事情，但它的回报更大。

吸引来的员工大多数来自石油和天然气之外的行业，使得壳牌公司可以获得新的技术、方法和企业家精神，并将它们以新的方式应用到更大的团队中。比如，目前在坎布里奇实验室测试的一个方案是一个管道检测系统，它的技术灵感来自 Xbox 360 电子游戏控制台里的相机。这不仅仅是游戏，它涉及在大型设备附近的石油钻机平台上降低伤害风险。Murphy 说："使用机器人除了降低伤害的风险，还可以增加效率，因为没有工人的疲劳。"

他说："它可以走得很快，因为它不是人类操作的机器，你可以让机器以最佳性能持续运行，并且你可以提高精确度。这样，你就会以非常便宜的技术享受整个系统带来的好处，而且该技术也确实适合这种应用场景。"

Murphy 说，在荷兰赖斯韦克小镇的壳牌工厂测试的技术，目前在向厂商招标，一旦所有的签约和技术转移确定，他希望该技术在今年某个时候被启动。

另一个项目是壳牌的 TechWorks 实验室与壳牌的勘探和深水操作业务单元以

及一些外部公司合作使用质谱仪设备检测碳氢化合物（石油）储量，用于勘探，也可以用于现有操作设备的泄露检测。壳牌的科技能够实时探测识别出从海底自然渗透的碳氢化合物。或如墨菲所说："基本上，嗅着水底的碳氢化合物就能实时辨别出它们。这是一场革命性的发展，因为常规的方法通常要 3 周时间。"

此外，这种技术不接触地面，所以不会打扰水下海洋生物，因此对环境更好。因为它比传统的二维扫描产生更快更准确的数据，所以它更具有成本效益。

3. 建立一个具有凝聚力的团队是个挑战

将来自不同行业的人带到一个实验室有很多好处，同时也带来挑战。Murphy 说："无论是来自国防部或者半导体行业，他们都带着自己的流程和见解来到这个平台。每当你强调文化，你就得考虑通过一个凝聚战略来协调不同的个性，这将给你正在做的事情带来数倍的效力。"

Murphy 说："将团队团结在'零目标'政策下是达到这一目标的主要步骤之一。"他说，强有力的领导也是必不可少的。若是一个笨拙且粗鲁的管理方式，"他们会把你生吃了。他们会问：'这小丑是谁？我离开了我职业生涯的巅峰来这里接受 MBA 101 （基础）课程吗？'"

甚至用到性格测试。在壳牌 TechWorks 的员工采用 Myers-Briggs 的 MBTI 性格测试来帮助更好地理解他们的个人优势和劣势以及如何把自己融入团队结构中。Murphy 也将一些管理者的思想用在 TechWorks 的架构上，包括 Stephen Bungay，他写了如何通过将决策权分散到不同层级来激励鼓舞员工，让他们成为企业家。同时，他补充说："你必须非常清楚自己的使命。如果你没有一个明确的使命，事情将会崩溃。"

Murphy 认为摧毁先入为主的偏见是 Skunk Works 最擅长的，壳牌 TechWorks 试图效仿。但是他承认这并不容易。人们被鼓励这样做，他们生来就这样，突然间我们现在要求他们打破这些，使用不同的文化的混合体来创造新的东西。

4. 来自业务部门的资助

与其他实验室不同的是壳牌 TechWorks 是如何被资助的。Murphy 说，TechWorks 只使用壳牌的启动种子资金的10%，现在完全自给自足。他说"我们的成长取决于我们的业绩"，收入每年增长一倍。"我们没有从老板那里要一美元。我们需要走进业务了解业务，他们资助我们的所有项目。这是因为壳牌是一个大的生态系统，你可以做的是促进创业和创新，因为你不依赖于上层的资助这根拐杖。正如你在一个自由的市场，你只需要写项目建议，然后执行项目。"

5．汇报关系和工作动机

Murphy 向创新和新能源技术副总裁 Chris Laurens 报告。他说："我们有季度会议，两天的会面时间。我们谈论的是总体战略，世界上发生了什么？我们的创新组合如何？我们如何互动？我们如何加速传递？其他能源公司在做什么？"

Murphy 将他的工作形容为"每一个人都可能拥有的奇妙工作"，部分原因是因为其意义重大。"我们知道，到 2050 年世界人口将要超过 90 亿，能源的需求将会增加 4 倍，我们要减少 80% 的二氧化碳排放。"达到这个目标需要在目前的业务中寻找高效运营方案，并产生现金投资于较长期的项目。他说："这既是一个非常复杂的技术战略，又是一个商业战略。"

谈到是什么在激励他和团队，Murphy 提到："主要是执行。如果看不到他们的产品被开发上市，企业家是不会满意的，不能仅仅写些学术文章和做些 PPT，这是企业家的基因特质。"

（九）如何当好首席创新官[⊖]

10 年前，你一定很难在任何一家企业的领导团队中找到一位首席创新官。而现在，你能在一些行业领先企业中发现"首席创新官"的位置，比如超微半导体公司 AMD、美国花旗集团、美国杜邦公司、德国乳品集团胡玛娜、瑞典玻璃纤维公司欧文斯康宁等，这些企业都有自己的首席创新官。而在另一些知名企业中，比如强生集团，即使没有首席创新官，也会有其他职位的高层管理者专门负责创新工作。

这并不是说"创新"在企业里是一种新生事物：自从企业存在以来，"创新"就存在了。为什么现在要设立首席创新官呢？其中有多方面的原因，但主要原因有三点：

⊖ 如何当好首席创新官，Mark W. Johnson，小冬译．新营销，2011.06.11，http://finance.ifeng.com/news/industry/20110610/4134682.shtml

第一，20 世纪 80 年代开始出现数字化变革，而数字化变革的影响力在 20 世纪 90 年代被大大增强了，因此颠覆性创新的速度和规模进一步加快和加大。在 1958 年，一家企业在标准普尔 500 股票指数榜单上平均能保持 57 年，而到了 1983 年降为 30 年，到了 2008 年，只能保持 18 年。

第二，企业的意识越来越强，它们认识到必须了解可持续创新所带来的商业潜在力量，并以此振兴创意，创造全新的商业机会。美国通用电气（GE）承诺实现"绿色创想"战略，按照该公司领导人的说法"绿色就是美元"，而这只是对人们一个最初的告示：可持续性发展已经进入商业主流，并且其创新战略势在必行。

第三，我们现在对创新的动力作用有了更好的理解，同时对于创新带来的市场威胁和机遇有了更好的认识。这要归功于许多商业学者和企业管理者开展的市场调查工作。他们不仅得出了许多关于破坏性创新的认识理论，同时将相关理论运用到工作实践中进行验证。因此，企业能够更好地了解如何进行创新管理，以及作为企业高层的首席创新官应该如何行使自己的领导力。

因为首席创新官的职位相对比较新颖，因此关于该职位应该行使怎样的职责还没有统一的定义。由于每家企业都有自己不同的情况，因此首席创新官必然会因为各个行业和各家企业的不同情况而有所差异。但是，对于所有的首席创新官而言，有三个必须承担起责任的关键创新领域：语言、学习和长期发展组织。

1. 构思共同的创新语言

构思一种共同的语言，将它运用于整个企业中，创建一套只属于自己企业的创新原则。这种共同语言的构思出发点是：将它作为一种对创新的实践诠释。我个人倾向于将创新描述为创造一些新事物，即创造一些可用于盈利的产品、服务、流程、商业模式或者以上内容兼而有之的事物，因为它能够为用户解决必须解决的问题。不管你运用了怎样的创新语言，你必须注意一点，即针对核心业务的创新和针对新业务利润创建平台的创新是有区别的。认识到这两种创新之间的差异非常重要，因为设立首席创新官的原因就是为了引领企业实现新业务创新，同时又必须确保企业能够持续生存和发展。

为了让创新语言更有实践价值，这种共同语言不能只是通过口头传播，必须由企业高管、经理和相关的专家召开研讨会和战略商讨会进行审核，最终以文案的方式形成决议。通过这种方式，可以确保企业内部正确理解创新内容并达成共识，在将创新原则运用于实践时不会出现偏差。

此后，首席创新官还有一个主要任务，即对负责培训企业管理人员的培训者进行监督，确保企业共有的创新语言、创新原则得以广泛传播并运用到实践中。

一旦企业拥有了一种关于创新的共同语言，那么一旦面对关于企业核心业务的创新问题，面对那些看似矛盾的运营或是创新理念问题，这种共同语言能够帮助企业理清思路，抓住创新的根本，同时为未来发展奠定创新的基础。关于核心业务的创新问题通常主要是执行过程的问题——由于企业是依靠传统渠道开展业务，加之要处理与合作伙伴之间的关系，因此在这样一个传统的合作团队中通常会出现这种问题。企业按照自己的创新思路开展工作，然而创新的工作成果仍会被人们以传统的方式进行衡量。无论如何，对于新业务的创新必须以一种截然不同的方式进行管理和衡量，因为新业务的创新涉及一系列内容：对假设进行测试；当证明假设毫无根据时，要调整思路；在创新的过程中随着新知识的迅速积累，要创造性地改变创新方向。除非你能清楚地认识到上述这两种创新之间的差异，以及了解针对这两种业务类型的创新必须有双重的管理系统，否则你就无法做好企业的创新工作。

2. 假设与商业原型测试

首席创新官要做的第二个重要领域的工作是：在开展针对企业业务增长的创新工作时，对其中的整个学习过程进行管理。核心业务创新的收益主要来自市场、用户、竞争者和自己能力的信息库，企业可以通过扩展信息库从而创造一些有助于规模化经济的新事物。而新的业务创新收益主要是由于企业立足于某个市场，开展了一些小规模、带有控制性实验性质的活动——针对的是较小地域范围人群或较少数客户人群，这被视为一种低成本实验方法。首席创新官必须让这些市场实验活动免受企业核心业务的干扰，因为这些实验项目可能就是未来的创新项目；同时，还要允许创新团队享有一定的特权，迅速判定商业创意是否可行，或者是需要改进还是立刻放弃。

这些由首席创新官监督的示范项目，目的是为了证实哪些商业假设是可行的，哪些是不可行的。比如，有一种新的商业原型，它也许能够帮助企业判断用户是否愿意为某一项产品或服务埋单，同时通过这种商业原型了解其他信息，包括用户如何使用新的产品或服务，用户的购买频率，以及用户在功能、价格和便利性之间的取舍。开展这样的实验项目可能需要组建一个焦点团队，同时还要开展深入调研工作，在产品设计或业务设计中有可能涉及一些潜在的用户参与调研工作。这种新的商业原型一旦证明可行之后，将会经过一个高层管理者的审核探讨过程，此时首席创新官必须和企业的首席知识官或职责相当的高层管理者进行紧密合作。

因为目标是学习，所以应该相应地对学习进展进行衡量。正如首席财政官有一套衡量财务状况的指标，首席创新官也应该运用学习指标：团队成员学到了什么？学习情况如何？学习了多少知识？学习进度如何？学习的知识对于开展新的业务有多大的帮助？通过设定学习衡量指标，首席创新官能够明晰地判定现有的学习情况和企业共有的创新语言之间的关系，而这二者也起到了相互强化作用。

3. 利用创新组织释放创造力

失效率，这是一个关键的学习指标。在学习的过程中，失效率有可能很高。一般而言，如果业务创新的过程中缺乏一种结构性的开发方法，那么 10 个新创意中大概只有一个能产生结果。通过"实验—学习"的方法，首席创新官能够提高新创意的命中率，达到 3/10——这样的命中率在核心业务创新中或许是不及格的，但在新业务创新中这样的命中率能让你赢得良好的创新名声。

构建一种长期的创新组织，这是首席创新官的第三个重要职责，这种长期的创新组织既能对企业共有的创新语言进行诠释，同时能让创新学习过程转化为一种可重复的流程，通过创新组织培养、释放企业的创造力、拟定创新预算方案、明确创新章程、制定明晰的创新管理措施和创新工作目标，新业务创新模式才能最终成型。

这种组织不仅仅是取决于执行流程，还取决于执行人员。首席创新官必须培养合适的人才：这些人处在不明确的情况下也能处理好事情，而且能从失败中吸取教训。另外，即使是所处区域的信心指数和成功措施与核心业务的情况相差甚远，这些人仍能够很好地适应这种情况。当然，首席创新官必须让自己成为这些独特人才的优秀引领者。

如果一个首席创新官能够依靠一种共有的创新语言和学习方法，组织、管理好企业内部各种各样的创新者——在一个有着恰当规则和纪律且高效率的环境中共同取得成功——那么就将创造一种企业创新文化，依靠企业创新文化，不管是现有的业务还是新业务都能蓬勃发展。

（十）CEO如何成为首席创新官

罗兰贝格管理咨询公司曾开展一项高端创新访谈，访谈了一些极具创新精神的公司的CEO——博世、基因科技、Infosys、RIM、SAP、3M、丰田、联合利华，发现了CEO驱动"创新飞轮"的关键力量。

1. 创新四项修炼

修炼一：CEO也要是首席创新官

所有的CEO受访者都很清楚：创新开始于CEO的办公室。

CEO们列举了创新领导的三个本质特点：积极的鼓励、宽容对待失败和耐心。无论是博世公司的"构造正确的框架和正确的精神意识"，还是Infosys信息技术公司的引导"高级管理者为创造友好的氛围，对创意持谦恭、鼓励和帮助的态度"，支持创新都是至关重要的。

接受失败，但不要重复犯同样的错误，这与鼓励创新延展是孪生关系。3M公司CEO巴克利说："你必须接受失败，将失败作为宝贵的财富，从失败中吸取教训，然后继续前进。"联合利华CEO塞斯考同意这一观点，他说："如果你不能接受失败，如果你不鼓励冒险，你就不可能实现伟大的创新。"

耐心这一古老的美德可以帮助重要的创新随着市场和新技术的迅速发展成熟起来。每位CEO都有他们自己的方法来应付受挫感和压力。我们要有耐心，必须冷静，因为重要的创新可能需要孕育很长一段时间。比如，博世公司花了15年引入电子稳定程序刹车技术，花了20年使高性能的柴油射入系统做到完美。

但是，"现如今，几乎商业的方方面面都迫切需要速度，"巴克利说，"你怎样以更快的速度实施创新，你如何以更快的速度进行创造？答案是你必须承担更多的风险。因此，风险管理和对风险的容忍度是公司成长和加速创新的关键因素。"张富士夫认为竞争压力大大增加了对速度和复杂化风险评估的需要："在如此紧张激烈的情况下，不可能冷静、放松、不慌不忙地集中精神寻找解决方案。我们被迫边跑边思考。这种情况本身就是我们必须面对的挑战。"

创新是变化的另一种表达方式，许多人发现自己很难接受变化，更不用提理解变化了。CEO 应该通过担任公司的变革先锋这一方式运用外交和激励技能。为了帮助组织适应变化，提倡渐进、主动的变化。摒弃"如果没有被打破，就不要去修理"这种观念，因为这是对自满的描述。"挑战和质疑"当前的思维习惯对于大型机构而言并非易事。

张瑞敏称，鸡蛋从外面打破只是人们的食物，但从内部打破就会是新的生命。

熟练孕育了创造性，CEO 和高级管理人员对其产品、服务和用户越熟悉，CEO 就越有可能将公司引入有望成功的创新领域。"我认为，如果你不具备创新性，你就应该看看各个流程——信息如何共享？如何相互协作？员工是不是没有完全遵照事实，而只是告诉你你想听到的事情？"吉姆·巴尔西利说，"当你创造了这种类型的事实，所有自然的、有力的、有效的力量就为你所用了。"

CEO 应该注意以多种方式阐述创新义务，最有效的一些方法仅仅是拜访研发实验室、部门和研究中心，并对样品进行评论。张富士夫建议道："定期拜访研发场所，与在研发领域工作的员工交谈，这是 CEO 的另一项重要职能。"创新提倡者巴克利说："我会花 5%～10% 的时间用于创新，同工程师、科学家讨论流程、产品、科学上的突破和工作的优先级别。"

正如前文提到的那样，CEO 应该为创新表现确定标准和预期。映射成功发明的模式——1% 的灵感加上 99% 的汗水才能获得成功，定义创新政策和优先级别只是个开始。当 CEO 不断向组织重复创新信息时，就会获得成功。

在中国，企业的成功则往往是建立在某个人或者某几个人的管理思想上的，就好像张瑞敏之于海尔，任正非之于华为，他们富于思考；精力旺盛，能够不断创新并完善新的管理思想和经营理念。同时，在中国的企业中也往往能够找到一个一人之下、万人之上的人物，将这些思想落实到公司的每一个角落，履行着一个 CEO 的角色。

而这些 CEO 通常善于在执行中不拘一格，能够及时发现问题，并解决这些问题，或许更适合称呼他们为首席"执行创新官"。企业家在获得创新的灵感后，通过他们进行实际的执行，而同时首席"执行创新官"又能够在执行中找到创新的灵感，并应用到执行中。

至于为什么不称其为"创新执行官"，因为他们大都在执行中总结出一些思想和流程的创新，虽然不一定达到最理想的程度，但对于当时的人、事、地、时、物，可能是最务实的做法，因此叫他们"执行创新官"。

修炼二：弘扬创新文化

随着时间的推移，文化是如何产生、发展并开花结果的；公司是怎样把行动同时评价为种子和肥料的，这是所有公司最为神秘的部分之一。所有 CEO 均不约而同地将真诚地招募员工和促进创新作为促进公司实现目标和使命的关键价值。高级管理人员不应该将创新看作一项偶然的活动，而应该把它看作由适宜的精神意识孕育的公司特色。公司的价值和使命声明是最直观的指示。

在其 120 余年历史中的绝大部分时间里，在没有公开的价值或使命声明作为指导的情况下，博世公司生产出大量的创新型产品。在 20 世纪 90 年代末，由于公司非德国雇员人数的增加，高级管理人员觉得有必要将公司创始人定义的公司价值编制成书，并经几代管理者成功地传递下去。这些价值被压缩在精炼的使命声明中："BeQIK，做得更好，彰显博世特色。""Be"代表经营成果，"Q"表示质量，"I"表示创新，"K"表示用户导向，这些都简要地描述了创新型公司的特征。

高质量标准，规范和独立思考是有利于创新表现的其他价值，CEO 对于这些价值也认同。高质量标准与创新是最佳拍档，因为为了改善质量，人们总是要求在制造、服务技巧或产品功能方面进行创新。

"我们的灵感就是我们的可能"，这句话使 Infosys 信息技术公司前途一片光明，所有 CEO 都拥有雄心壮志。"超越"竞争，"在下一次浪潮中脱颖而出"的强烈欲望是其在技术、商业模型和服务中寻求突破的表现。但在对当前思维习惯的挑战刺激了想象力之时，冷酷的现实分析却将梦想转化为市场上的成功。讽刺的是，尽管全世界的公司每年斥资百万用于市场研究，他们有时却忽视了解释数据的免费工具：无偏的理性思考。大量心理障碍会干扰到清晰透彻的分析。巴尔西利在引用 RIM 公司黑莓手机的成功时说道：我要说，我们都被事实支配，这是最关键的原因。技术和电信行业充斥着夸大其词和对事实的歪曲，但最终，物理学和经济学事实是不会说谎的。因此，对待分析认真负责，真正做到精确严密，这才是核心动力。

虽然很多中国企业也都不约而同地把推动创新看作核心价值，由此推动公司的目的和使命，可是在中国的组织结构是否能够真正适应不断创新的需要，形成新企业管理结构下的具有创新精神的企业文化，仍然需要时间去检验。企业高管人员不应该将创新看作是偶然的活动，而应该把它看作是由正确的思维孕育的公司特色，公司的价值和使命是最直观的表现。基于创新文化而建立的创新体系，才会是保持创新可持续竞争力的有机体。

在腾讯目前众多的产品中，网络游戏、电子商务、无线增值以及门户网站等都能找到这种"模仿式创新"的影子。和其他许多尝试多元化而最终遭遇失败的互联网企业不同，不断扩张的腾讯却几乎在所有的领域都获得了成功。在成功地进行模仿创新并搭建起公司内部的创新体制以后，腾讯公司正在步入自己全新的创新之旅。"我想创新不仅仅局限于技术、产品等方面，还包括商业模式的创新，以及用户体验的创新。"马化腾认为腾讯通过创新文化的建立，将进入下一个全新的阶段。

修炼三：鼓励年轻人保持挑战者的精神

Infosys 信息技术公司注重引导年轻人参与到开发新软件、改进现有程序的竞赛之中。穆尔蒂建议道："我们必须鼓励年轻人，因为年轻人总是有很多新的想法。我们必须营造这样的氛围，让年轻人自信满满，让他们精力充沛、充满热情地为公司创造更多价值。"不仅公司的精英文化欢迎专业才干，Infosys 信息技术公司还宽泛地定义了"创新日"，并为这一节日预留了长达三天的时间。在这一天，只有不到 30 岁的人才能向高级管理人员陈述想法和建议。这种做法给年轻人以尊重，使他们说出自己的想法，并证实 Infosys 信息技术公司真正想要鼓励的是最底层员工的创新。

巴克利说："拥有重新创造自己未来的能力，这定能使你热情四射。"持续的创新使人精神愉悦，但人的本性是：成功会削弱重新创造的渴望。"员工在经济萧条时容易理解创新的迫切需要，"穆尔蒂解释道，"在一切顺利、销售额迅速提高时培养创新的紧迫意识，这是更大的挑战。"

在中国企业中，年轻人往往陷于级别和流程的桎梏，特别是对于非互联网相关的高科技类的企业，年轻人通常很少真正地被充分运用并参与到企业的创新中来。因此，企业必须要鼓励年轻人进行思考，提供让年轻人发挥创造力的舞台。而当年轻人的天赋被激发之后，企业就会源源不断地获得丰厚回报。

修炼四：勇斗"创新大敌"

以下是 CEO 们面临的一些潜在的创新障碍。

（1）官僚作风和特权阶级阻碍着资源配置。官僚作风有时就类似急流，而成功的创新就像努力逆流而上的小鱼。如果水流异常湍急，或者鱼缺乏毅力或体力，它们就可能会被冲走。在 Infosys 信息技术公司，其创始人穆尔蒂就指出："随着公司越做越大，我们专注于规模越来越大的活动，那些被组织内广泛认可的创新获得大量投入，而较小的创新则被这种强大势力撇开不管了。"Infosys 信息技术公司将财务激励与新的创新计划捆绑在一起，以便提醒高级管理人员不要扼杀在未来可能会带来巨大收入的小的创意。另外，公司内会存在各种优越感和自满情绪，相信自己拥有诸如受保护的市场、产品线或客户忠诚度等特权，而忘记了向外看。其实就创新而言，保持外部导向和多样性是非常重要的。

（2）执行力不足和执行压力大。常规的项目可以依赖常规的流程顺序执行，而创新项目往往因为其模糊性和高风险而迟迟得不到执行。RIM 公司曾经为了推动创新项目的执行，试图在一年内将工程师人数提高一倍。而联合利华公司不得不采用项目筛选策略，几乎以 5:1 的比率削减项目，这样，组织就可以集中资源执行更为可靠的计划。筹划和资源分配的要求使执行对于成功创新而言更为重要。另外，质量控制总是关键的要素。让创新产品通过制造流程、质量控制和市场测试进入分销领域需要众多步骤和高额投入，这还要看具体的行业或服务的性质。

（3）研发资金投入无法持续。"为了赚钱，你不得不花钱"是一句古老的格言，有一部分也适用于创新。但抵抗财务压力和保持持续投入资金却是个不小的挑战。高级管理人员在经济萧条时就会面临削减资金的压力，逐渐失去耐心。对此博世集团董事会主席弗朗茨·菲润巴赫曾说道："环顾世界，你就会了解公司业绩表现不佳的原因。它们开启了许多新的项目和有望成功的创新研究工作，但一遇到金融危机的威胁，它们便终止了所有工作，又回到它们已经熟悉的产品和服务。这样一来，这些公司就不再具有竞争力了……对创新的财务支持必须持续可靠。"

除了以上分析的各种客观挑战和外部因素外，CEO 们还应小心尽可能避免犯一些典型的错误，这包括但不限于以下几个方面：

- 为创新而创新，缺乏清晰的战略考虑。
- 陷入大量创新项目而无战略性计划。
- 拒绝分享信息、洞察、影响，不听建议，不放权。
- 因创新而自负，把创新当作表现，追求形式，忽略价值创造才是创新的目的。

- 避重就轻，总想抄近路，忘记创新总是有挑战的。
- 总是盯着别人的成功，没有集中精力和资源关注自己。
- 迁怒于难以避免的失败，缺乏持久激情和耐心。

2. 鼓励创新是公司的一种内部斗争——3M 公司主席、总裁兼 CEO 乔治·巴克利的创新实践

问：在推动创新的过程中，您发挥了什么作用？

巴克利：在 3M 公司，CEO 是真正的技术啦啦队长。但对我而言，CEO 的作用要远远大于这些，因为我还有一些小的项目……是我非常喜欢的事情……这些事情真的把我迷住了，无论何时只要可以，我就会推动这些工作的开展。但是无论是在会议上面向投资者，还是在公司内部或其他任何可能的地方，我的主要工作都是推动创新。我让所有人都清楚我绝对且毫不含糊地支持创新。

问：与您之前的领导者相比，您的创新方法似乎有很大改变。引入这种变化是不是很困难？

巴克利：让我与你说说我们的情况。我们需要改变，六西格玛是选择的手段。但在我们继续沿用六西格玛原则大约 5 年的时间之后，我们的许多研发人员都觉得这一原则减慢了创新的步伐。他们认为无论六西格玛原则意味着什么，它对于"新 3M 公司"都没有任何价值。过度使用控制板和测量法，在包括研发职能部门在内的公司各处使用六西格玛，这就是那段时间的特点。

现在我明白了，从哲学方面来说，我支持戴明博士提出的经典观点——任何未经定义的事情都无法度量，任何未经度量的事情都无法控制，任何未经控制的事情都无法改进。我完全支持这一观点。

但有了创造性，还要有自由感，自由当然不是不实施管理，但如果你想让员工发明新事物并具有创造性，就必须要有自由感。六西格玛原则中的 DMAIC 部分与自由感互相冲突，因为 DMAIC 的基本目标是被控制、被限制。

六西格玛原则应该用在持续的流程中，但从本质上讲，发明和创造是非持续的流程。即使出于善意，但一旦你加入过多的控制束缚了创造性，就会产生各种无意识的结果：幻灭、人员流动、提前退休和抑郁，这就像飞轮失去了动力。因

此，我的工作就是让飞轮重新运转起来。实际上，完成这一任务所花费的时间比我想象的要少得多。

问：您如何帮助激励创新？

巴克利：第一件事情是梦想的重要性。现在，让我来解释一下。通常，我会提及电影《南太平洋》来解释这一问题。在这部电影中，有一位名叫布拉蒂·玛丽的巴厘岛女性，她在海滩上为一群美国飞行员唱歌，歌名叫作《开心的交谈》。那首歌的歌词为"开心的交谈，交谈，开心的交谈"。谈论你喜欢做的事情。你必须拥有一个梦想，如果你没有梦想，你又怎么能让梦想成真呢？

因此，你必须从梦想出发。你也必须具有持久的信念——你能创造出比现在拥有的更好的事物。你不仅必须具有能创造出更好的事物这一信念，你还必须愿意抛弃旧的事物。通常，我们把这称为自蚀。但是记住，如果你是一个创新者，如果你要花费5年、10年、15年的时间在某个产品上实现突破，那么你就应该自己把它丢到垃圾堆里，说这还不够好。要相信他们现在所做的事情是正确的，也要相信他们昨天所做的工作可以做得更好，创新者必须在这两个信念之间实现平衡。这是个沉重的心理负担，有时也是需要承载的矛盾的负担。

有能力重新塑造自己的未来，你便会充满热情。能够应付这样的事实——是的，我知道我昨天设计了这支笔，但我今天能设计出更好的笔——并且不会因这一事实受到伤害。你必须孕育出这样一种文化：为了推动梦想向前可以摒弃旧事物。但是首先，人们需要有做梦的自由。

在某种意义上讲，创新和创造几乎就像是对信仰的探求。作为一个发明家，你必须具有这种与生俱来的信念，相信自己可以创造出尚不存在的事物，相信自己愿意为此在个人的声誉和精神上冒很大的风险。一次成功总是伴随着此前的多次失败，有时对员工而言这么做是非常困难的。引用萧伯纳的一段名言，他说："除非失败的后果非常严重，否则就不值得一做。"从心理学上讲，可能就像这样：一个研究者在突破上押下了赌注，然后突破没有实现或被证实是幻想。你必须接受失败，将失败作为宝贵的财富，从失败中吸取教训，然后继续前进。

问：对于试图提高创新水平的公司，您有什么建议吗？

巴克利：我认为公司需要抵制两个巨大诱惑：第一个是当形势好的时候，追加不必要的投资和成本的诱惑；第二个是当形势不好的时候，停止研发的诱惑。必须抵御做其中任何一件事情的诱惑。

因此，当你的产品获得难以置信的成功时，当你从新产品中获得极大的增长率时，此时也正是你该重新塑造该产品的时刻。正如他们所说的那样："太阳闪耀的时刻是更换房顶的最佳时机。"这件事情对于公司而言很难办，对于员工而言也很棘手！如果你不为自己塑造新的未来，就会有其他人去做这件事。

总的来说，创造一个接受梦想、理解创造性的氛围是很艰巨的工作。我认为这是公司内部斗争的一种。在这场斗争中，人们总是期待创新能被压缩为一个流程。当然现在有一些要素可以作为流程的一部分。基本上你总要从发明阶段无序的事情着手。最终，你必须将其转换为高度规范的事情，也就是制造，这是任何创造型公司都要面对的两难问题。

3. 创新就是与困难局势抗争——丰田汽车公司主席张富士夫的创新实践

问：丰田公司具有创新表现的主要原因是什么？

张富士夫：当我们在公司谈到创新时，有一类创新极其重要，那就是与技术开发有关的创新。换句话说，就是你能在我们的产品中发现的创新。当我们研究生产工程或生产计划时，创新是流程中非常重要的一部分。

让我们首先来谈谈与丰田产品和我们的研发活动有关的创新。我必须谈谈（创新的）主要原因，该原因就是由全球变暖引发的商业环境的变化。这（商业环境的改变）在我们出售汽车的世界各国的法律和法规中有特别明确的表述。2008 年和 2009 年，欧洲宣布引入每千米二氧化碳排放量 140 克的限制。在诸如美国、中国和日本这样的国家中，相似的限制要么被引入，要么变得更加严格。如果汽车制造商不能恰当地应对这些外部限制，它们恐怕就无法存活。

商业环境的另一个变化是局势，丰田公司曾发生过这种变化。当油电混合动力车越来越受用户欢迎时，销售额很快暴涨。在这种情况下，作为一个在环境技术方面表现出色并积极将技术应用于产品的品牌，丰田品牌提高了认知度。品牌形象的改善不仅提高了油电混合动力车的销售额，还提高了其他车型的销售额。

回到我们最初的问题。我相信最简单的答案是：与需要注意的困难局势抗争。

我相信，创新可能在各种场景或可能的环境集合下发生。当我们思考当前汽车行业周遭的环境时，首先会发现多种类型的需求。通过努力满足这些需求，我们完全专注于工作。我们应该把这些需求作为我们的首要任务，此外别无选择。

问：您如何奖励创新的个人？

张富士夫：在日本公司，很少会奖励个人。我们确实拥有一个内部的"雇员改良建议系统"，每当雇员提出与他们日常工作相关的好的改良建议时，该系统就会给予其奖励。但是，这与很小的改进或持续的改良有关。

然而，说到主要的开发，就像我们的油电混合动力车普锐斯一样，它不是个人的开发成果，而是开发项目团队的开发成果。在这种情况下，我们不会奖励团队里的单个成员。

问：关于改善创新表现，您对其他 CEO 有什么建议吗？

张富士夫：我认为基本原则没有什么新的内容。因此，对于 CEO 而言，创新最重要的是必须为公司的员工确定一个清晰的方向。

此外，我要提出的建议是：员工必须遵循几个原则。

第一个原则是现地现物。实际上，负责制造样品的人必须设法用他们拥有的品牌使用或促进现地现物原则。他或她需要亲自检查，亲自应用，或者至少亲自监管必要的修正方法的运用。

第二个原则是测试次数要充足，然后尽快将产品发布到市场上并实现商业化。在测试和将产品引入市场之间寻求良好的平衡，这是十分重要的。你不该投机取巧，不该设法降低测试的次数——否则你可能无法发现重大问题。

但另一方面，如果你不断测试，耗费了太多的时间，延误了商业化和产品的发布，这样也是糟糕的。因为当你错失商业机会时，该创意依旧只是一纸空谈。在两个活动之间寻求适当的平衡是很困难的。

定期拜访研发场所，与在研发领域工作的员工交谈，这是 CEO 的另一项重要职能。

（十一）首席创新官的 100 天计划⊖

祝贺你！你的能量和大获成功的个人业绩让你获得这么一个领导创新的首席

⊖ Scott Anthony，Robyn Bolton. The Chief Innovation Officer's 100-Day Plan，Harvard BusinessReview，2014.09.17

创新官职位。期望是高的，但是在公司里的一些怀疑者认为创新是一个过分吹嘘的时髦语言，从来没有真正的证明。因此，你如何才能在自己的首个100天中让自己首战告捷呢？

在过去的10年中，我们通过100天计划帮助了很多领导者。凭借着我们的经验，尤其与一些曾经和我们一起工作的非常老练的创新实践者的深入交谈，我们建议首席创新官们应该将以下5个方面放在他们自己的100天工作任务单中。

1. 投入足够时间和执行委员会每个成员建立良好关系

毫无疑问，有件事是至关重要的，那就是与CEO，各事业部主管，还有其他关键的执行主管建立良好关系，充分理解公司的战略，从而保证你的创新思路和创新项目与公司的总体目标相一致。数年以来，Brad Gambill在LGE、SingTel和TE Connectivity这些公司中一直从事战略和创新领导者角色，他认为："首个100天是一个非常理想的时间去问一些愚蠢的问题和掌握基本的业务情况。"他特别强调的是，一些事情人们认为是理所当然并且自认为是明显的，但对于来自外部的人来说并不是那样。因此，不要害怕去问决策会议为什么这么开，或者去挑战制定一项战略或开展一个项目的背后逻辑依据。

理解执行主管以下两个方面的观点是至关重要的，一是创新在帮助公司达到增长目标中扮演的角色；二是你在领导创新中的角色。创新的目的是提升和扩大现有业务，还是意味着要重新定义公司或者公司所在的行业？企业主管们是希望你建立并培育一个新的增长点，还是作为教练去指导现有团队，或者聚焦于为公司建设创新文化，从而让新的创意可以自然浮现？

随着你和执行主管们接触时间的增加，你应该理解自己的创新工作与现有业务的组织性关系。领导者是否愿意投入一些人力和财力去提升创新？你是否被期望从公司内部和外部招聘组建一支独立的团队？或者你是否被期望在没有专有资源的情况下发现金矿？如果你的建议需要在人员、结构、流程和路线图方面做出重大改变，这时领导们还会支持你吗？还是有人期望你能通过某种不引人注意的方式来改变每件事呢？

2. 消除影响创新的至关重要的组织性障碍

有时，你在向每个人提出同样的问题后可能得到不同的答案。这些执行主管们彼此之间有分歧的地方，对你来说往往意味着最为直接的机会和挑战。

在首个 100 天内，你要尽快深入发现一些潜藏的错误和危险。尤其注意对于公司真正战略有决定性作用的三个潜在因素：如何投资项目并配置人力资源？如何衡量并奖励员工的业绩？如何分配总体预算？清晰理解在什么地方公司实际投资和鼓励的与领导们的优先项并未匹配统一，这将帮助你识别出那些在达到自己的长远和近期目标的过程中的最大障碍。

3. 坚定自己目标的同时也要兼顾灵活性

在一开始你不需要将什么问题都完美解决。但是你应该有一个想法，即在第一天就得考虑作为一个创新领导者如何能帮助企业顺利地达到自己的战略目标。寻求各种方法去突破各种创新探索的约束，但也不要忘了你不是 CEO 或者 CTO。你需要 CEO 或 CTO 的支持，而不是让他们担心你在抢他们的饭碗。为了建立这种信任，Gambill 给了一个建议："永远不要提出一个没有解决方案的问题。"

要在两个方面合理地分配自己的精力投入，一方面是发展创意，支持各种创意；另一方面是创建公司的创新文化。这两方面是相关联的但是又有明显的不同。不要太执着于自己的最初目标，特别是当处理一些具体的创意时要尽可能灵活适应。

4. 拥有自己的关于公司创新愿景的见解

在沃尔格林、金宝汤、强生和慧俪轻体的创新和战略方面担任领导角色的科林·瓦茨建议，理想的情况是将市场定义建立在用户洞察之上。公司倾向于依据它们竞争的领域或者提供的产品来定义它们的世界。而用户只是寻求最佳方式解决自己的问题，并不在乎解决方案归于什么领域或种类。懂得用户如何做出选择常常能够揭示如何做完全不同的竞争者，比如重新定义公司运营的市场、它在市场中的角色以及商业成功的基础等。

瓦茨也建议瞄准有潜力重塑你的市场的毗邻领域。孤立的市场已经不再存在。通过创新的棱镜，你有可能看到核心业务可能错过的改变的早期信号。

5. 形成一个涵盖短长期项目的原始组合，它允许计划中的快速放弃

当然，你的关键工作内容之一就是提出一系列创新建议，有些可能已经在进行中，还有些可能已囤积一些想法有待开发。可能原始的素材会有些粗糙，仅仅

存在于人们的脑海中。无论如何，在前 100 天中，你总是要对自己计划开展的一些具体工作形成一个清晰的设想。有些可能是非常具体的建议，比如为一些新技术探索产品与市场的匹配模式。有些可能涉及调研更广阔领域的各种机会（比如可穿戴技术）。还有些则是关于开发特定能力的。

　　聪明的创新领导者会在设定一些长期探索性项目的同时，快速抓住一些短期可见收益的当前商业机会。如果你的项目组合全是短期项目，那么一些公司核心阶层的人们会认为这些事他们也能做，何必找你来做呢？并且你也可能会错失一些非常令人激动甚至具有颠覆性的想法。但如果你的项目组合里都是那些遥远的想法，那么当你辛辛苦苦、长期投入到这些项目时，你可能面临着公司的耐心消耗殆尽的风险。

　　当期望快速制胜的时候，不要逃避快速的失败。真正的创新需要一家企业不要害怕犯错并且能够在错误中学习到有价值的东西。但是任何人都害怕失败。要有足够的耐心去坚持容忍快速失败，但同时不要破坏你的整个创意漏斗。当一个项目明显不可行的时候，记住你和你的赞助者应该大声和自豪地为第一个关停的项目庆祝。

　　对于 100 天来说，要做的事好像很多，当然也确实是这样的。创新有能力去让一家公司积极转型，但可没有人会认为这是一件容易的事。

参考文献

［1］　陈劲，郑刚. 创新管理：赢得持续竞争优势［M］. 3 版. 北京：北京大学出版社，2016.

［2］　Hunter S T, Cushenbery L. Leading for innovation：direct and indirect influences［J］. Advances in Developing Human Resource, 2011, 13(3)：248 – 265.

［3］　Kumpe T, Bolwijn P T. Toward the innovative firm—challenge for R&D management［J］. Research-Technology Management, 1994, 37(1)：38 – 44.

［4］　Boston Consulting Group. Innovation 2010：A return to prominence and the emergence of a new world order［J］. BCG report, The Boston Consulting Group, Inc, 2010.

［5］　Di Fiore A. A chief innovation officer's actual responsibilities［J］. Harvard Business Review, 2014.

［6］　T Randolph Beard, George S Ford, et al. A valley of death in the innovation sequence：an economic investigation［J］. Research Evaluation, Volume 18, Issue 5, December 2009：343 – 356.

［7］　特罗特. 创新管理与新产品开发［M］. 陈劲，译. 北京：清华大学出版社，2015.

［8］　奥斯特瓦德，皮尼厄. 商业模式新生代［M］. 黄涛，郁婧，译. 北京：机械工业出版社，2011.

［9］　Richard Whittington, Patrick Régner, Duncan Angwin, Gerry Johnson, Kevan Scholes. Exploring strategy［M］. Pearson Education Limited, 2011.

［10］　Pisano G P. You need an innovation strategy［J］. Harvard Business Review, 2015, 93(6)：44 – 54.

［11］　哈尔，法鲁克，普罗伯特. 技术路线图——规划成功之路［M］. 苏竣，等译. 北京：清华大学出版社，2009.

［12］　McGrath R G. The end of competitive advantage：how to keep your strategy moving as fast as your business［M］. Havard Business Review Press, 2013.

［13］　O'Reilly Ⅲ C A, Harreld J B, Tushman M L. Organizational ambidexterity：IBM and emerging business opportunities［J］. California Management Review, 2009, 51(4)：75 – 99.

［14］　Nagji B, Tuff G. Managing your innovation portfolio［J］. Harvard Business Review, 2012, 90(5)：66 – 74.

［15］　瑞夫斯，洛夫，蒂尔曼斯. 战略之战略［J］. 哈佛商业评论，2012，90(9)：76 – 83.

［16］　Cooper R G, Edgett S. Ideation for product innovation：what are the best methods？［J］. PDMA Visions Magazine, 2008：12 – 17.

［17］　Piller F, Roberts D, Luttgens D. Mapping the impact of social media for NPD pratice：an evaluation of the PDMA comparative performance assessment study［J］. Journal of Product Innovation Management, 2016.

［18］ Tuker R B. Driving growth through innovation：how leading firms are transforming their futures ［M］. San Francisco：Borrett-Koehler, 2002.

［19］ Sommer A F, et al. Improved product development performance through agile/stage-gate hybrids：the next-generation stage-gate process?［J］. Research of Technology Management, Jan-Feb 2015.

［20］ Deschamps J P. 9 different models in use for innovation governance［J］. http://www. Innovationmanagement. se, 2013/05/08.

［21］ Chesbrough H, Brunswicker S. Managing open innovation in large firms. Survey report on open innovation, 2013.

［22］ 黄, 霍洛维茨. 硅谷生态圈：创新的雨林法则［M］. 诸葛越, 许斌, 林翔, 等译. 北京：机械工业出版社, 2015.

［23］ Chesbrough H W. Open innovation：the new imperative for creating and profiting from technology ［M］. Harvard Business School Press, 2003.

［24］ O'Reilly Ⅲ C A, Harreld J B, Tushman M L. Organizational ambidexterity：IBM and emerging business opportunities［J］. California Management Review, 2009, 51(4)：75 – 99.

［25］ Cohen W M, Levinthal D A. Absorptive capacity：a new perspective on learning and innovation ［J］. Administrative Science Quarterly, 1990(35)：128 – 152.

［26］ Erkens M, Wosch S, Piller F, et al. Measuring open innovation：a toolkit for successful innovation teams［C］. Performance, 2014, 6(2)：12 – 23.

［27］ Henry A Landsberger. Major social issues：a multidisciplinary view. New York：Free Press, 1978：575.

［28］ 陈劲. 永续发展：企业技术创新透析［M］. 北京：科学出版社, 2001.

［29］ 张赤东, 李新男, 张杰军, 等. 创新型企业评价理论与实践［M］. 北京：经济科学出版社, 2015.

［30］ Guan J, Ma N. Innovative capability and export performance of Chinese firms［J］. Technovation, 2003(9)：737 – 747.

［31］ Lawson B, Samson D. Developing innovation capability in organisations：A dynamic capabilities approach［J］. International Journal of Innovation Management, 2001, 5(03)：377 – 400.

［32］ Zawislak P A, Cherubini Alves A, Tello-Gamarra J, et al. Innovation capability：from technology development to transaction capability［J］. Journal of Technololgy Management and Innovation, 2012, 7(2)：14 – 27.

［33］ 格里芬, 塞莫尔梅尔. PDMA 新产品开发工具手册3［M］. 赵道致, 译. 北京：电子工业出版社, 2011.

［34］ 罗兰·贝格国际管理咨询公司. CEO 如何成为首席创新官?［J］. 中国企业家, 2009 (22)：113 – 120.

［35］ 伊斯梅尔, 马隆, 范吉斯特. 指数型组织［M］. 苏健, 译. 杭州：浙江人民出版社, 2015.

［36］ 罗伯特·塔克. 创新驱动企业成长［Z］. 2016 清华企业创新管理前沿论坛，2016.

［37］ Boztepe S. User value：competing theories and models［J］. International Journal of Design，2007，1（2）.

［38］ 李剑力. 探索性创新、开发性创新及其平衡研究前沿探析［J］. 外国经济与管理，2009，31（03）：23 - 29.

［39］ 齐严. 商业模式创新研究［D］. 北京：北京邮电大学，2010.

［40］ 施密特，罗森伯格，伊戈尔. 重新定义公司：谷歌是如何运营的［M］. 靳婷婷，译. 北京：中信出版社，2015.

［41］ Pisano G P. You need an innovation strategy［J］. Harvard Busienss Review，2015，93（6）：44 - 54.

［42］ Toogood G. 让创新实实在在地变成公司政策［J］. IT 时代周刊，2007（22）：74.

［43］ 施密特，罗森伯格. 像谷歌那样去创新［J］. 清华管理评论，2015（10）：14 - 20.